味蕾上的乡情

其闲散轻松的文字，既是对美食的品味，也是对乡情的抒怀、对楚地地理风貌的写真。

曾庆伟 著

北京日报出版社

图书在版编目（CIP）数据

味蕾上的乡情 / 曾庆伟著.—北京:北京日报出版社，2016.1

ISBN 978-7-5477-1920-6

Ⅰ.①味… Ⅱ.①曾… Ⅲ.①小品文-作品集-中国-当代 Ⅳ.①I267.3

中国版本图书馆CIP数据核字(2015)第278186号

出版发行：北京日报出版社
地　　址：北京市东城区东单三条8-16号　东方广场东配楼四层
邮　　编：100005
电　　话：发行部：（010）65255876
　　　　　总编室：（010）65252135-8043
印　　刷：保定金石印刷有限责任公司
经　　销：各地新华书店
版　　次：2016年1月第1版　2016年1月河北第1次印刷
开　　本：880毫米×1230毫米　1/32
印　　张：9.25
字　　数：230千字
定　　价：32.80元

目录

诗意“桂花肉”

在中国，不管是在传统社会还是在现代社会，桂花树都是个招人喜爱的树种。人们喜爱它终年枝繁叶茂，一年四季有着绿色的树姿。桂花更是因其“浓、清、久、远”俱全，清可涤尘，浓能透远，被推为上品……桂花是中国人心目中有诗意的花。在中国漫长的历史长河中，历代文人墨客吟咏桂花、桂花树的诗词歌赋数不胜数，并且佳篇连连，稍稍有点文墨的人，都会知晓几句吟咏桂花的佳句。

譬如唐王维的“人闲桂花落，夜静春山空。月出惊山鸟，时鸣春涧中”，李贺的“联翩桂花坠秋月”，虞俦的“桂子飘香月下闻”，李峤的“枝生无限月香”，宋之问的“桂子月中落”，白居易的“山寺月中寻桂子”，李商隐的“昨夜西池凉露满，桂花吹断月中香”，杨万里的“不是人间种，疑从月里来”等等，不胜枚举。

桂花有诗意不假，但如果我说，以猪肉为食材制成的菜肴也富有浓郁的诗意，你信吗？

譬如，以桂花冠名的一款猪肉菜肴“桂花肉”，从菜式形状到色泽再到味道，既让人赏心，又让人悦目，还能让人享受味觉之美，说它富有诗意大概不为过吧？

前几日，我去汉口的“艳阳天旺角”酒店参加中国烹饪大师卢永良召集的“第十五届中国美食节暨第二届中国餐饮产业博览会”筹备会议，到了午餐时间，卢永良设宴招待各位与会者。席间所上的20多道菜式，从色泽到香气再到味道，每一道都有讲究。依我看原因也不复杂，一是入席的人，个个都是业界内行，作为烹饪大师的卢先生没有道理马虎待客。二是这家“航母”级的酒店，卢先生是其顾问，菜品好坏，关乎他的名声。毕竟，他有一大堆在中国烹饪界响当当的头衔顶在那儿，由他自己安排的菜式，必定是他的得意之作无疑。

面对一桌讲究非常的菜品，我窃喜蹭上了一餐好饭。

桌上的每道菜，从食材的选用到做工再到装盘，都有说道的理由，但从“食无定位，适口者珍”的美食原则出发，我在本文只说道“桂花肉”——仅就我个人而言，比较喜欢这道猪肉菜肴。

我曾看过许多资料，都说“桂花肉”是一款浙江菜式，理由是这款菜品乃甜酸味型，有明显的浙江菜系特征。其实，把“桂花肉”归于湖北菜系也有道理，因为它在湖北也有着悠久的历史。湖北“桂花肉”起源于湖北的“南大门”咸宁市，而咸宁有一张人所共知的地方名片：“桂花之乡”。八月桂花遍地开的“桂花之乡”，能够产生“桂花肉”这样的菜式，从逻辑上讲应该是合情合理的吧？

在湖北咸宁坊间的传闻中，“桂花肉”的诞生与咸宁一位明代的女名人钱梅窗有关。

史实中的钱梅窗（1489—1544年）是马桥（今咸宁市咸安区）人。因她在兄弟姐妹中排行第六，人称钱六姐。六姐天资聪颖，5岁入私塾读书识字，工于诗词歌赋。稍长，喜欢与兄长的文友一起吟诗作赋。咸宁当地的《钱氏宗谱》载有钱梅窗诗作千余首，光绪年间《咸宁县志》称她为“邑才女”，乃至后来被咸宁人尊为历史上的一代“才媛”。

作为大户人家的闺秀，钱六姐不仅精于琴棋书画，还学得一手好女红，烧得一手好饭菜。有一年的中秋佳节之际，六姐之兄的一帮文朋诗友相聚于钱府。是日，丹桂飘香，流动的空气似乎也被桂花的香韵浸润出了盈盈的诗意。雅士聚集，雅趣必不可无，他们商定就地取材，围绕钱府院中栽种的桂花，每人做一件雅事，可吟诗作赋，亦可有其他形式，规则是每人必得是现场完成“作业”。

轮到钱六姐交“作业”时，太阳正当顶，已到午饭时间。六姐要求去厨房帮厨，先解决大家的饱腹问题。

文友们笑笑说：“好个六姐，真个滑头。”

众人各就各位入席坐定。钱家佣人开始上菜，鸡鸭鱼肉莲藕豆角，荤菜素菜一大桌。佣人向主人示意：菜已上毕，大家已可用膳。

众人正举杯动箸，六姐从厨房回到客厅，手里端着一盘菜，说：“且慢，我这里还有一道好菜。大家看好了，它是我今天的作业《桂花赋》。”大家凝神看去，但见这盘菜式色如糯米之白，米白中泛有微黄；形状如同一朵白花，白花之上，星星点点，缀着朵朵新鲜桂花。众人伸箸一尝，满嘴猪肉的香味中夹杂着桂花的芬芳。大家从没见过更没吃过这道菜，于是纷纷问六姐：“此菜何名？”

六姐笑答：“这道菜的学名是南朝范云的句子‘南中有八树，繁华无四时’，它既是我的厨艺展示，也是我今天所交的‘作业’，俗名‘六姐桂花肉’也。”

众人一听乐不可支，六姐当众上交的“作业”符合规则，且创意独特，从形而下到形而上，都与桂花相关，大家一致的评价是一个字：美。

五百年时光过去了，当年由钱六姐始创的“桂花肉”制法，由钱府流传至咸宁的城乡，逐渐成了咸宁地区一道传统菜肴。每到中秋临近，咸宁遍植的桂花开时，那些嫁姑娘娶媳妇的人家，便摆开酒席，宴请宾客。嫁娶的喜席之中，断不会少了咸宁名菜“桂花肉”……

我在“艳阳天旺角”所吃的“桂花肉”，是卢永良在传统“桂花肉”制法的基础上进行整合创新的结果。比如，咸宁地区的通山县有做捶肉的习俗，卢永良便将捶肉技艺引入“桂花肉”的烹饪中来，目的是让“桂花肉”有爽、嫩、滑的口感。

客观地说，“桂花肉”的制法有些繁复，对厨师操作上有一定的烹饪功底要求，其烹饪技法的核心运用，我认为一是“捶”，二是“炸”。

食材选用的是猪的坐臀肉。把肉切成厚 0.5 厘米的长宽形状，用刀背在肉面上捶敲，使肉纤维松开，然后用刀面拍平，再用刀口排出菱形刀纹，使肌肉纤维不至于断开。把捶好的肉切成片状放入容器里，加盐、料酒、味精、蛋黄，以及少量桂花蜜、水拌匀，然后撒入一些干面粉、干淀粉，挂糊。

炒锅在旺火上加油适量，烧至七成热，将挂糊的肉片逐块散放入油锅中略炸。炸时须不时用漏勺捞起肉片抖动，然后捞出。油烧至七成热，再投入肉片炸，并用漏勺不停翻动，使它受热均匀，色泽一致，熟后捞出。油再烧至八成热，投入肉片，用漏勺不停翻动，炸至外表呈皱纹形，颜色如同银桂般的米黄色，捞出装盘，点缀新鲜的桂花上桌，是为“桂花肉”。

菜品“桂花肉”给我留下印象，在于它的味道为复合型，有回味。肉质硬、香、松、脆、鲜，味道咸、甜、酸，闻之有淡淡的桂花香味，其形其神皆具植物桂花之韵，确实能让人生出几分诗意。

这款菜式，也能阐释卢先生一贯倡导的“做文化菜，做故事菜”的司厨理念。

宴毕，卢先生介绍，我们当天尝到的“桂花肉”，确切的名字应该叫“银桂肉”。植物中有金桂、银桂、丹桂、四季桂之分，菜肴当然也可以制成“金桂肉”“银桂肉”“丹桂肉”等不同的款式，卢先生预约下次再品鉴“金桂肉”“丹桂肉”等。

这是喜讯，这一餐吃了好东西还不算，下一餐好席又预约下了，对于一个以品鉴美食为乐事的职业好吃佬来讲，这肯定算是件值得上心的好事啊。

水清有银鱼

大风乍起的农历九月一到，我心里就惦记起黄石市阳新县仙岛湖的一泓碧水。说句实话，不仅是惦记那一湖好水，作为一个对美食饶有兴趣的“好吃佬”，还巴巴地惦记着吃仙岛湖出产的银鱼呢。

传统观念认为，至清至洁之水虽纯净养眼，但未必能有好鱼鲜出产，这种看法以汉代的班固为最，他在《汉书》卷六十五《东方朔传》中说：“水至清则无鱼，人至察则无徒。”这句话流传了两千年，影响深远。我以为这话可分两头说。一说“人至察则无徒”确是至理格言，在我们这个十分讲究人际关系的人情社会里，一个人若待人处事太聪明，必定寻不到志同道合的同类，难以结交到推心置腹的真心朋友，从古至今，这已被无数事实证明过了。二说“水至清则无鱼”的论断，依我的生活经验看，这话未必准确。我曾看过许多名山大川的溪水深潭，远离尘世的侵扰，水的洁净程度无可比拟，事实是在这些至清的池潭里，却都悠游着尾尾小鱼。我去过多次的阳新仙岛湖，以水质清澈而著名，按现行的饮水标准衡量，仙岛湖的水可以不经过任何处理就能够直接饮用，应该够得上古人所说的“至清”标准了。按说水清无鱼，但就这么一湾好水，并不乏鱼鲜出产，尤以出产的美味银鱼享誉三楚。

银鱼是淡水鱼，别名面丈鱼、面条鱼，亦称冰鱼或玻璃鱼，见于东亚咸水和淡水中，历来被人们视为水中珍品。书上说“银鱼体细长，似鲑，无鳞或具细鳞，很少长于 15 厘米，口大，牙大而尖利，掠食鱼。”银鱼生命周期短，通长只存活一年，但生殖力和定居能力都很强。银鱼最大特点是对环境变化敏感并且反应迅速，换句话说，不是至清至洁的好水，难以养活娇贵的银鱼。大面积出产银鱼，自古就以水阔湖深的太湖最具有代表性。明代时，人们就把松江鲈鱼、黄河鲤鱼、长江鲥鱼与太湖银鱼一起，并称为中国四大名鱼。银鱼古称脍残鱼，又名白小，唐代大诗人杜甫曾有《白小》诗说：“白小群分命，天然二寸鱼。细微沾水族，风俗当园蔬。人肆银花乱，倾箱雪片虚。生成犹舍卵，尽其义何如。”这首歌咏银鱼的诗写得很贴切，很形象。湖北有许多湖泊，过去也盛产银鱼，武汉周边的武湖，过去水质好的时候，出产的银鱼也是非常出名的，只是近几十年，武湖被过度开发，水体恶化，武湖银鱼绝迹，成为老武汉们一个逝去的念想。银鱼是极富钙质的鱼类，营养学家将它列为长寿食品，李时珍在《本草纲目》中说：“彼人尤重小者，曝干以货四方。清明前有子，食之甚美；清明后出子瘦，但可作鲊腊耳。”李时珍高度总结了当时渔人们捕捞银鱼的时间和加工制作方法。古医书上说银鱼有“补肺清金、滋阴补虚劳”的功效，有很高的药用价值。银鱼又是一种高蛋白低脂肪食品，高脂血症患者食之亦宜。医家认为银鱼味甘性平，善补脾胃，且可宜肺、利水，可治脾胃虚弱、肺虚咳嗽、虚劳诸疾。由此看来，说银鱼是水产珍品，绝非虚妄之言。

地处鄂东南的仙岛湖原本是个人工筑就的大型水库，蓄水量大，水面宽阔，周边没有工厂，绝少污染，现在是湖北一个著名的旅游风景区，这个风景区的主要看点就是一湖碧水。也有当地人以水生财，从事渔业养殖，在湖心里拦网养银鱼。到仙岛湖观山色湖光，乘坐机帆船游湖，到湖心水深处，可以看见一丛丛用网围成的网帐，这便是人工饲养银鱼的所在了。湖边的旅游餐馆，多有以银鱼制成的菜式招待游客，各个副食品商店，将袋装的银鱼当礼品售卖，这就是所谓靠山吃山，靠水吃水的具体例证了。在别的地方银鱼入肴是席上珍馐，很难品尝得到，来仙岛湖，就轻易能有这样口福。银鱼的通常吃法有“银鱼炒鸡蛋”“银鱼炒韭菜”“银鱼烧豆腐”“银鱼包饺子”和“汆汤”等，我个人的口味喜好，比较偏爱“银鱼炒鸡蛋”。仙岛湖旅游开发公司的老总王义平是我的朋友，每次去仙岛湖旅游，都会去叨扰王义平一番，王义平必会用仙岛湖银鱼招待我等一行。酒席之上，少不了有“银鱼炒鸡蛋”一款菜式。“银鱼炒鸡蛋”，是家常做法，制法极简单，是个炝火菜：将银鱼洗净，控干；把鸡蛋打散，稍微撒些食盐，待用；起油锅烧 5 成热后，倒入葱白和姜末爆香；香味既出，倒入银鱼，大火翻炒，喷入适量料酒去腥，继续翻炒，直至酒香挥发，撒入适量食盐；稍后，将鸡蛋滑入，改为中大火翻炒；当鸡蛋快凝固时，撒入大把香葱，翻炒均匀后，即可出锅。也不需要多搁调味品，原食材原味道，只要不炒过头，菜式的味道就不会差到哪里去。简单菜式“银鱼炒鸡蛋”，好看又好吃。这款菜式黄白相间，鸡蛋黄亮中透出些微红色，一看便知是当地的土鸡蛋；银鱼雪白，加寸葱，红黄白三色搭配，色泽赏心悦目，很能激起人的食欲。伸箸一尝，鸡蛋中有银鱼的鲜嫩味道、香葱的清香味道。寸长的银鱼滋味细嫩，有点像虾米似的微腥，那是一个用“鲜”字还不能完全概括的味道，其鲜劲回味特别长久，又因了鸡蛋的鲜香和小葱的清香，食材的原汁原味得到了充分体现，吃起来确实是味蕾的享受。

阳新有仙岛湖，仙岛湖有好水，这是上天对阳新人的厚爱，清水养银鱼，仙岛湖把特产珍馔奉献给了我们这些好吃佬，这是仙岛湖对我们的厚爱。大自然送给我们的这份情，还是应该铭记于心的。对于靠着仙岛湖吃饭的人们，我衷心希望，要一如既往地保护好这一泓好水，保护好银鱼，让喜爱吃银鱼的人，常吃常新，不能重蹈像武湖等许多湖泊的覆辙，让水体遭受污染，让珍贵的银鱼绝迹。

徐古“蘑菇宴”

徐古是武汉市远城区新洲一个镇的名称，在武汉版图的最东端，与湖北的麻城市毗邻，新洲在县改区和麻城县改市之前，这里是个被称为“一鸡啼鸣两县和”的地方。在没去过徐古镇之前，我不知道这个地名，更不知道这里还是一个以盛产双孢蘑菇而扬名的“蘑菇之乡”。

因为有朋友想在蘑菇产业链上找一片“蓝海”，图谋大的发展，便在徐古投入了不小的资金和精力，一年中待在徐古的时间，远远超过了待在汉口写字楼的时间。朋友三番五次地邀我去徐古看他的项目，但我一直磨磨蹭蹭没能成行。有一天朋友无意说到在徐古能吃到“蘑菇宴”，这话一下子调动了我去徐古的积极性。说句没出息的话，我对朋友投资蘑菇产业的兴趣，远没有对吃“蘑菇宴”的兴趣大。

其实，我对“蘑菇宴”并没有完整的概念，既没吃过，也没看过。即便是吃单个的蘑菇菜，印象也比较零碎，积累的经验也只是在集贸市场上看到过诸如平菇之类的品种，或在小餐馆里吃个“平菇打汤”什么的，但对蘑菇菜新鲜的滋味是有过体验的。朋友说在徐古能吃到“蘑菇宴”，便让我兴味盎然了，一拨好吃佬便在夏初的一个周末去了徐古。

走马观花地参观完了朋友投资的蘑菇深加工项目，很快就到了中午的饭点。朋友把就餐地点安排在镇政府的招待餐厅。我心里还在犯嘀咕：一个镇政府的招待餐厅，说到底也就是个基层政府机关的食堂，又能够做出什么好的吃食？但我忘了徐古有一个能够出品蘑菇菜的必要条件，那就是徐古是个“蘑菇之乡”，尤以产双孢蘑菇闻名，有了食材供应保证，徐古的厨师们就有了能够做出别致“蘑菇宴”菜式的可能。

有资料显示，双孢蘑菇的栽培始于法国，中国的双孢蘑菇栽培，1935 年始于上海，之后陆续推广到江苏、浙江、福建、湖北、湖南等地。徐古大面积栽培包括双孢蘑菇在内的蘑菇品种是近 20 年的事情，由于徐古的气候条件适宜蘑菇种植，所出产的蘑菇外观形状美、内在质量好，徐古便成了远近闻名的蘑菇出口基地，有“蘑菇之乡”之称，徐古双孢蘑菇亦被评为湖北地方名优蔬菜。

因而，即使做“蘑菇宴”的厨师司厨本事不算上乘，而具备优势食材的先天条件，足以能弥补厨师司厨水平之不足。更何况这里的厨师们天天都做“蘑菇宴”的菜式，熟能生巧，日久成精，所以端上桌的一席“蘑菇宴”，颇有些让我开眼。色调主要由白、微黄、茶色为主，淡雅养眼。“香菇土豆炖鸡块”“奶油蘑菇汤”“干煸茶树菇”“鸡腿菇香芹”“香菇烩海参”“白灵菇扒菜心”“干锅葱烧蘑菇”“鲜百合猴头菇” “干锅葱烧台菇”，还加一口鱼片蘑菇涮锅……大盘大碟 16 道菜式，把一张圆桌撑满，主食材清一色由蘑菇担当，猪肉、鸡肉、草鱼、海参成为配菜。蘑菇原本味淡，不夺动物类食材的本味，有点甘于“待到山花烂漫时，她在丛中笑”的平淡，不抢动物类配菜的风头。“蘑菇宴”的烹制方法有炒、烧、烩、炖、扒、干煸，湖北菜式中的烹饪技法，在做“蘑菇宴”时大多用得上，烹制蘑菇菜的过程中，较少用了胡椒、味精、鸡精等调料，突出了不同食材原有的滋味，算得上原生态的菜式。吃“蘑菇宴”最好选用麻城的米酒，这种酒进口微甜，度数又不高，特别爽口，据镇上陪我们吃饭的本地人员说，麻城米酒配“蘑菇宴”可谓是相得益彰，最佳搭配。吃过这一桌“蘑菇宴”的总体感受，用一个字总结，那就是怎一个“鲜”字了得。

吃“蘑菇宴”不仅是味蕾的享受，还特别符合现代健康的膳食理念。被称为只有“一条腿”的菌类现在越来越受到人们欢迎。菌类的蛋白质、氨基酸含量丰富，是脂肪含量极低、维生素及微量元素较多的食品。徐古的“蘑菇宴”给我留下了深刻的印象，投桃报李，我向陪同我们吃饭的当地领导提了一个建设性的意见：徐古镇既然是“蘑菇之乡”，不妨把蘑菇菜式加以整理，让其单独成为品牌并花费力气加以推广。果如此，一来可以丰富湖北菜系，让更多食客享以口腹之乐；二来也是拓展蘑菇销售的渠道，如果武汉的餐馆乃至湖北的本帮餐馆都成了徐古蘑菇的销售终端，挂牌推出“蘑菇宴”菜式，徐古的蘑菇销售数量势必可观。毕竟，栽培出了新鲜美味的蘑菇，最终被人吃进了肚里，才能最终实现蘑菇栽培者花费苦心栽培蘑菇的最大价值。

成都肥肠粉

《四川烹饪》杂志一编室的主任田道华先生是我刊发在《四川烹饪》杂志上数篇文章的责任编辑，是资深的业内人士，与他在成都相聚，他看我对成都小吃饶有兴致，推荐我尝一尝成都人早餐吃得最为普遍的一种小吃搭配——肥肠粉加锅盔，这两款小吃，尤其是肥肠粉，非常能体现成都人嗜辣嗜麻嗜鲜香的口味喜好和把吃食做得夸张有形式感的特点。

把肥肠粉划归在小吃类别，是成都人的划分方式。这款小吃若搁在武汉，兴许就会被划归在菜肴里头，或者叫个“肥肠粉丝煲”也无不可。成都肥肠粉实际上由三大部分组成，苕粉、麻辣鲜汤和几片肥肠加香菜配料，盛粉的器皿选用的是大汤碗。

据说，这款小吃源自成都市双流县境内的白家镇，起源于清朝末年，至今已有100多年的历史。这款小吃被成都人喜爱是有道理的。四川气候湿润，光照不足，四川人为了祛除湿气，活络筋骨，开味提神，或许也是为了刺激一下平淡的慢节奏生活，饮食口味偏重麻辣。成都人的中餐和晚餐，吃火锅、麻辣烫者为数众多，乃至于有人说，成都街道上人流量不大的原因，是因为有半个城市的人，要么在茶馆里喝茶，要么在火锅店里吃火锅。火锅是休闲饮食，吃一餐火锅得耗费大块的时间，虽然成都人很喜欢吃麻辣味道的火锅，但早上时间毕竟有限。于是，既能满足成都人吃麻辣鲜香的嗜好，又不需要耗费大块时间的食物应运而生，作为火锅形式衍生出来的小吃品种——肥肠粉广受大众欢迎。

据行家介绍，做成具有老成都传统风味的肥肠粉，是个耗时费力的活计，具体说得有三关要过。首先得把“臊子”猪肥肠打理好：把煮熟的肥肠切成斜刀片，将水发玉兰片、胡萝卜切成片，油菜切成段，葱切成象眼块，姜和蒜切成末，香菜切成段，冬菇切两半。把酱油、醋、花椒水、绍酒、味精、湿淀粉、鸡汤兑成汁水。锅内放猪清油，油热八成时，将肥肠倒入锅内小爆片刻，沥油，锅内放少量油烧热，用葱、姜、蒜炸锅，放入玉兰片、油菜、胡萝卜、冬菇略加煸炒，接着将爆好的肥肠倒入锅内，将兑好的高汤汁水烹上，再放入香菜段，翻炒几下出锅，装在海碗里待用。其次，要像料理火锅汤料一般制好鲜汤：将猪筒子骨、牛棒子骨洗净后敲破，鸡爪骨洗净，生姜拍破，大葱挽结；然后将猪筒子骨、牛棒子骨、鸡爪骨入沸水锅中焯水，捞出，再放入清水锅中，加入生姜、大葱、料酒，用大火烧开后，转用小火熬至汤色乳白，沥去料渣不用，即得鲜汤；接着调入鸡精、味精，另将干辣椒、花椒投入炒锅内加菜油炒香，随后搁进大汤锅内，放在中火上慢慢熬，一熬就是几个小时，直到汤面泛起一片红润之色，香飘满屋才告汤成。第三是做出入口筋道的苕粉：先用上等红薯粉和熟成偏稀的红薯粉团，用一柄铁制漏瓢将和好的红薯粉团盛起，人站在板凳之上，举着漏瓢，隔三岔五地以手拍打红薯粉团，让湿湿的红薯粉从漏瓢的圆眼中沥出，自然下坠成为线条状，落进盛有温开水的锅里，稍待片刻，即成苕粉；然后用捞子将苕粉从锅中捞出，放在冷开水里浸泡待用。

有食客要吃肥肠粉了，店家便将水中浸泡的红薯粉捞起放进沸腾的肥肠汤锅里来回荡几下，再用竹捞子捞起来，倒入已放好肥肠和调料的大海碗里，最后从汤锅里舀一大勺沸汤朝苕粉浇去，再往碗里放几粒花生及一点儿葱花和香菜，一份成都风味小吃肥肠粉就做成了。

小吃肥肠粉是以味美制胜的。其特点是粉丝晶莹剔透，汤碗红白分明，入口麻辣鲜香。我们湖北人的饮食特点，一大碗的麻辣汤，是专治宿醉的还魂食方。前日酒一喝多，翌日头涨如斗，浑身乏力，口味不佳，早上过早，大口饮进一碗麻辣鲜汤，暖胃润脾，喝了舒服，又刺激了胃口，食物可咽下喉。事实上仅吃一碗肥肠粉并不管饱，通常还要搭配着吃一个烤制的锅盔。花上 9 元人民币，干稀搭配，吃饱喝足，成都人才心满意足地离开过早摊点，上班的上班，上学的上学，泡茶馆的去泡茶馆，打麻将的开始筑方城。也可以说，许多成都人的安逸生活，从每日吃一碗肥肠粉时就已经开始了。

匙吻鲟全鱼宴

由于沾了老天爷赐予武汉“百湖之市”的光，武汉江河湖塘的鱼鲜出产丰富，“无鱼不成席，无鱼不称鲜”就自然成为武汉人的饮食习惯。嗜吃鱼菜以至于变着花样地吃鱼，几乎是能吃会吃的好吃佬们一个共同的饮食特征。

当然，好吃佬们能够享有这个口福，还得益于湖北菜本身就具有“水产为本、鱼菜为主、口味鲜醇、南北皆宜”的特点。鱼菜在武汉餐饮市场上有旺盛的消费需求，餐饮企业作为为市场消费提供产品的一方，为了满足消费者对鱼菜的需求，似乎只有采取两种手段才能达成目的。一是从鱼菜的食材上寻找出路，不仅要继续以湖北本地传统出产的鱼类作为食材，而且还要花大力气扩大到更大地域范围去挖掘鱼类食材，并以传统出产和挖掘的鱼类食材为基础烹制菜肴。二是在烹调鱼菜花样品种的方法上加以创新，施用不同的烹饪手法把本地传统出产和新引进的鱼菜食材，制成花样繁多的鱼菜品种，用以满足餐饮市场对鱼菜的多层次需求。

近日受朋友邀请，到新近在汉口建设大道赵家条附近开业的“楚鱼王”试菜。“楚鱼王”主打鱼菜，朋友安排我们一行人吃了一桌匙吻鲟全鱼宴，使我们感受到了“楚鱼王”对鱼菜食材资源的挖掘努力和烹饪鱼菜技艺追求的心迹。

按照渔业专家的分类，鱼类分为冷水性鱼类、温水性鱼类和热水性鱼类三种。我们湖北人通常食用的如鲤鱼、草鱼、鲫鱼等因适温范围比较广，被划分在温水性鱼类的范围；近些年引进的罗非鱼、淡水白鲳、彩虹鲷等因适应的水温必须不低于15摄氏度，所以它们被划分在热水性鱼类的范围；冷水性鱼类对水温的要求，须低于20摄氏度，否则难以存活，这类鱼种尤以生活在8至12摄氏度之间的水中最为适宜，所以叫冷水性鱼类。

大型淡水鱼种匙吻鲟属于冷水鱼的范畴。

匙吻鲟鱼不是由湖北本土出产的，其原产于北美洲，其显著特点是吻呈扁平桨状（俗称鸭子嘴），特别长。匙吻鲟全身是宝，肉可入菜，鱼鼻、鱼脸、鱼骨、鱼尾所成之菜，风味各有不同；鱼子可做酱，在欧美市场上售价不菲；鱼皮能制成皮革，可制成男女包饰等。匙吻鲟的优游姿态，有很好的观赏性，因此匙吻鲟还可以作为观赏鱼出售。当然，现今的餐馆大多是把匙吻鲟当作鱼类食材对待的，匙吻鲟肉质鲜美，吻部富含胶原蛋白，营养丰富，是宴席佳肴。上世纪80年代末匙吻鲟开始被引入我国，长江流域的湖泊、水库、池塘都适合于匙吻鲟鱼的生长，其产量逐年增大，于是，越来越多的餐馆将匙吻鲟搬上了餐桌。正因如此，我们今日才能在餐桌上吃到以匙吻鲟为食材做成的匙吻鲟全鱼宴。

匙吻鲟全鱼宴由“脆爽鱼鼻”“香酥鱼皮”“红扒鱼脸”“山药鱼骨煲”“刺身鱼片”“翅汤鱼片”“红烧鱼身”等菜式组成。品尝匙吻鲟全鱼宴，至少能总结出以下几个特点：一、其选用的主料单一，搭配的辅料极少，大概厨师这样做的目的，是为了最大限度地保持匙吻鲟本身具备的地道鲜味，不至于让辅料的滋味盖过了主料的味道；二、虽选用的是同一食材，却要做出不同味道的菜品，势必要用不同的烹饪技法才能保证菜式的不同味道，匙吻鲟全鱼宴就使用了红烧、扒、炖、氽、酥、煨等多种烹调手段，而多种烹饪技法的熟稔运用，如果司厨者仅只师承某一菜系的师傅肯定是做不到的。因此可见做匙吻鲟全鱼宴的厨师的烹饪功底；三、席面美观，色彩好看。菜上桌子，席面上红的、黄的、黑的、白的菜式，用不同形状的器皿盛装，摆放成席，视觉上极有美感，甚至有艺术化的效果，甫一亮相，菜还没进口呢，就让人生出好感来。

对嗜吃鱼菜的人来讲，吃匙吻鲟全鱼宴，就是要尝匙吻鲟那个食材本真的鲜，品那个匙吻鲟独特的味。如果是喜欢大块吃肉，大碗喝酒的主，匙吻鲟的花样做法、精致品相可能会让他们有些失望。

我想，吃匙吻鲟鱼菜的最佳选择，还是与鸡、鱼、肉、豆制品、蔬菜等其他菜式搭配为好，这样能照顾到更多消费者的需求就更好了。

湖乡“煎藕饼”

生活在长江流域和南方各省的人，对莲藕不会陌生，不管是居家饮食还是上餐馆吃饭，藕菜亮相在餐桌上的频率，算得上是比较高的一类。藕菜式样繁多，甚至很难说得清以藕为食材做成的菜式到底有多少款数。从烹饪技法上讲，用藕做菜，能烧能烤能炸能煨能炒能熘能煎，也就是说，一个厨师能学到手的十八般司厨手艺，都能够在做藕菜时得以展示。于我自己的喜好而言，似乎只要是以藕为食材做成的菜式，我就没有不喜欢的。正因为如此，不管到什么地方的餐馆吃饭，我都特别留意看看这家餐馆菜牌上的藕菜，有没有我没见识过的新花样。

我的餐饮界朋友刘现林与湖南人王友良先生，合伙在岳阳城里开了家规模进入当地三甲的餐馆——“沁园春”。应现林兄之邀，在不到半月的时间里，我走了两趟岳阳，承蒙现林兄与王友良先生的热情款待，一连几餐吃在“沁园春”，每餐陪客者众，菜式一大桌，几餐下来，把“沁园春”的招牌菜式一一尝过。别的菜式好坏这里暂且不表，且说道说道一款我以前没吃过的藕菜小品——湖乡煎藕饼。

湖乡煎藕饼给我留下了深刻的印象。

众所周知，湖南与湖北是以洞庭湖划界，洞庭湖以南称为湖南，洞庭湖以北称为湖北。洞庭湖畔的岳阳，是湘北重镇，在洞庭湖的北边，从岳阳南去长沙或北达武汉，远近的距离都差不多。岳阳是八百里洞庭濡养的城市，洞庭湖区的一颗明珠。湖南洞庭湖区与湖北江汉平原一样，都是天下闻名的鱼米之乡，自古以来，就有“湖广熟，天下足”之说，意即江汉平原与洞庭湖区的稻谷丰收，就能让天下的百姓吃个饱饭。洞庭湖不仅盛产鱼米，其出产的莲藕，也是湖南一绝。我们知道，藕是莲的地下茎的膨大部分，在中国主要分布于长江流域和南方各省，秋、冬及春初时节均可采挖。藕与水有缘，湖河沟汊多的地方，莲藕就多。莲藕浑身是宝，可生食也可熟食，生食微甜嫩脆，十分爽口。莲藕药用价值相当高，具有清热凉血、通便止泻、健脾开胃、益血生肌、止血散瘀的功效，是老幼妇孺、体弱多病者滋补佳品。

“沁园春”出品的湖乡煎藕饼，是沿袭了洞庭湖区乡风乡俗的一款藕菜。

早年，洞庭湖乡的风俗是，乡人之间走亲访友时，若有客人来家，主人为表示盛情，要给客人烧“茶”喝，这个“茶”不是指现在我们生活中普遍爱喝的绿茶、红茶等茶饮，而是做的一种吃食：阴米煮荷包鸡蛋。所谓阴米，也称冻米，是将糯米浸泡 24 小时后，上甑蒸熟成糯米饭，然后将糯米饭置于不见太阳光的阴凉处，花费一周左右时间阴干，阴干了的糯米饭就叫阴米。按照湖北与湖南部分乡下的习俗，一般做阴米的时节是在即将过年的腊月间，是为过大年置办的年货品种之一。早年，阴米算得上是年货中的奢侈品种，因为农人家种植的糯稻不多，且产量低，平时又不能把糯米当主食，因为糯米不易消化。阴米对人有较强的滋补功能，有治疗痢疾的显著功效。阴米可以炒也可以油煎成为米泡状。用铁锅炒出的阴米米泡，比用米泡机炸出的糯米泡颗粒要小一些，但比米泡机炸出来的米泡要香一些。用油煎出来的阴米米泡则更香。主人见有客人登门，就将腊月间做好的阴米拿出来，用油炸成米泡，用碗盛起，搁在一边。把水烧开，打上三个糖心荷包蛋（放入的鸡蛋数不能是双数，尤其不能是两个，给人吃两只鸡蛋是骂人的意思），待荷包蛋煮熟了，再把炸好的阴米米泡放进碗里，加上红糖做成一碗“茶”。客人喝过主人烧好的“茶”后，再和主人叙话，接下来才是吃午饭或是吃晚饭。在这里，主人以阴米煮鸡蛋做成“茶”，是给客人当作点心用的，客人远道而来，想必正好饥渴，但离开饭时间还早，烧碗“茶”给客人喝，是非常恰当的安排。这种待客习俗在两湖地区的农村，直到今天仍在延续。

湖乡煎藕饼，它的主要食材由藕片与阴米组成，制作方法与制作油炸藕夹相似：将莲藕洗净后切片，入开水锅中略汆捞出；两片一对做成圆饼状待用，藕饼中亦可夹肉末；把莲藕饼均匀沾裹上淀粉调制的浆汁，然后用阴米把藕饼全部包裹住。油锅置中火之上，待油烧至六七成热度，下入藕饼煎炸，改小火慢煎两三分钟，待藕饼通体泛黄时，即可起锅装盘。制作此菜掌握油煎的火候最为关键，火候不到，藕饼里面还未透热，油煎时间过长，藕饼表层的阴米就会焦煳，不仅成菜盘面难看，还会因为阴米被炸得梆硬难以入口。

看来“沁园春”厨师做的湖乡煎藕饼，火候功夫是到家了。成菜上桌时，鱼形白细瓷盘上一个圈圈一个圈圈斜斜地傍着，圆圆的藕饼穿着一袭黄金铠甲，色泽明亮，品相煞是好看。闻之，有一股浓郁的糯米香味，诱人食欲。伸箸一尝，阴米铠甲外层焦脆，内里藕饼却软糯，只吃一口，藕香和糯米香味便一起充盈着口腔与鼻腔，口感酥、香、鲜、糯，风味独特……湖乡煎藕饼可算菜式，也可算小吃或者点心，佐酒，是下酒的好菜；做主食，亦能填饱肚皮；若把它当作午后喝茶的点心，亦是不错的茶点。在“沁园春”，湖乡煎藕饼不算大菜，只是蔬食小品，但颇受食客欢迎，尤其是喜欢来“沁园春”喝上二两老酒的食客，食桌上就少不了一款湖乡煎藕饼。湖乡煎藕饼更是小孩们的最爱，他们喜欢阴米煎出的浓浓香味，喜欢嚼巴阴米铠甲时发出的脆响……

“沁园春”湖乡煎藕饼能受食客的推崇，也说明了一个道理，但凡一款菜式要想广受欢迎，必定要顺应当地的民风民俗，逆之，则走不了几步就会被食客摒弃。

红酒白鱼暮归

也不知道从什么时候起，武汉就有了“无鱼不成席，无鱼不成鲜”的习俗。以鸡鸭鱼肉入馔的菜肴，鱼菜是武汉人最为喜爱的菜式种类了，“萝卜白菜一大桌，不如鱼刺吮一吮”，这句俗言俚语，更是把武汉人对待鱼菜的嗜吃态度，表现得淋漓尽致了。

一方水土养一方人。由于有大江大湖的地缘优势，武汉人不仅能吃到一般常见的河鲜，还能吃到在其他地方显得非常珍贵的鱼类，比如，一离开水，很快就会死去的刁子鱼。刁子鱼在其他地区尤其是在北方，算得上是上等名贵的鱼种了，餐桌上能够吃上刁子鱼非常不容易。而在武汉经营本帮菜肴的餐厅，能吃到刁子鱼却是稀松平常。由此看来，武汉人能够随心所欲地吃鱼，而且还能吃到好鱼，不能不说是武汉人特别有口福了。

刁子鱼是具有区域性特色的淡水鱼种，主要生长在长江流域，形如柳叶，人们习惯叫它刀子鱼、白鱼、白刁鱼，俗称刁子、麦秆刁、昌刁、翘嘴鲌等。刁子鱼对生长的水域有较高的要求，通常适宜在比较大的水体如大湖泊、大水库的中、上层水面生活，并且对水的干净程度非常敏感。刁子鱼从外形上看有点像鳡鱼，但性情较温和，在生殖期有往江湖洄游的习性。野生的刁子鱼生长速度不快，生长的个子也不大，由于刁子鱼在古时人工无法饲养，而且鱼被捕捞起水后难以存活，肉质细嫩，味道鲜美，出品又少，物以稀为贵，古人便把刁子鱼划归到名贵鱼的种类去了。

古代流传下来的典籍可以证明，食用刁子鱼在我国有久远的历史，古人不仅很早就尝到了刁子鱼的鲜美滋味，而且对刁子鱼的食疗功能很有研究。唐代孟诜所著《食疗本草》说，白鱼“助脾气，能消食，理十二经络舒展不相及气”；宋开宝年间的《开宝本草》说，白鱼“主胃气，开胃下食，去水气，令人肥健”；清咸丰年间的王士雄所著《随息居饮食谱》说，“白鱼，甘温，开胃下气，行水助脾，发痘排脓，可腌可鲊。多食发疥，动气，生痰”……这些文著都表明古人对食用白鱼与调整人周身气血的关系有很高的评价。

刁子鱼还是古代文人墨客描摹和歌咏的对象。历朝历代流传下来的古诗词中，不乏歌咏白鱼的名篇。唐代大诗人杜甫云：“白鱼如切玉，朱橘不论钱”“白鱼困密网，黄鸟喧嘉音”；唐诗人白居易说：“青青芹蕨下，叠卧双白鱼”；宋代大词人苏轼说：“明日淮阴市，白鱼能许肥”“烂烝香荠白鱼肥，碎点青蒿凉饼滑”；“宋末三杰”之一的文天祥有“鸾凤不相待，白鱼困密网”的诗句；元人王冕也有“过淮浑酒贱，出水白鱼肥”的佳句传世。有那么多文人捧场，刁子鱼多多少少会被点染有氤氲之气了。

作为一款并非小众化的肴馔，刁子鱼能够大面积地出现在现今的餐桌上，应该是近些年的事情，原因在于刁子鱼已经可以进行人工饲养。湖北省丹江口市就是以人工饲养大白刁而闻名。上个世纪五六十年代兴建的丹江水利枢纽工程，拦截了两条发端于秦岭的水系——汉江和丹江，将原本是林木葱郁、群山含翠之地蓄水而成了亚洲最大的人工淡水湖——库容 290 亿立方米的丹江口水库，优良的水质纯净无污染，成为人工饲养大白刁的天然好地方，丹江口水库出产的大白刁 2008 年被评为中国国家地理标志产品。正由于刁子鱼的食材有了充足的供应，湖北的厨师们才能够把刁子鱼做出不同风味的菜式。大白刁可以做“香煎大白刁”“红烧大白刁”“酱烧大白刁”等多款菜式，当然最能够体现刁子鱼本味的做法，是清蒸。2013 年的国庆节放假期间，我曾到丹江口库区游览，受到友人的盛情招待，吃到过直接从湖里捞起的刁子鱼做成的“清蒸大白刁”，其鲜美的味道让我久久难忘。

能够清蒸的刁子鱼一定得是活鱼，而刁子鱼很难伺候，捕捞出水的刁子鱼不久就会死去，死了的刁子鱼以清蒸的方法成菜就不太合适了。限于刁子鱼的保鲜问题还一时难以解决，各个餐厅的厨师在做刁子鱼菜时，多半会以香煎、红烧、酱烧手法成菜，只要司厨得法，不管是香煎、红烧还是酱烧大白刁，大白刁鱼菜的味道就不会差到哪里去。

以我个人的经验，吃“红烧大白刁”，去与汉口新华路市人社局大楼为邻的“老街坊”餐馆是个不错的选择。“老街坊”是家以经营恩施土菜为主的农家菜馆，所做的“红烧大白刁”，亦是农家制法，选用 1 斤左右的大白刁，洗净的鱼用盐腌制 2 小时左右，大锅，中火，给少许油，先后放入一至两条刁子鱼，煎熟一面，然后翻过鱼身，煎其另一面，待鱼身呈油黄色时，把鱼扒在一边，爆香辣椒和姜片，把调料放入锅里，加入少许水，煮一下，让调料与水融合成汁，让汁浸透进鱼肉里去，大火收汁，然后放在一口大锅内，以微火炖着，如有餐客点用，便起锅盛在腰形瓷盘里边，撒上寸葱，上桌飨客。“红烧大白刁”色泽红润，汤汁鲜香，佐酒下饭，都算良肴。尤其是酒后用饭时，添加两勺浓鲜鱼汤，就汤下饭，就算平常饭量不大的人，也会增大饭量，不愿停箸。

如果抽空去作户外野游，有幸能到饲养大白刁的湖边体验一下渔民的生活，撒网捞鱼，然后湖水烹活鱼，真个有了苏东坡“青蓑黄箬裳衣，红酒白鱼暮归”的洒脱，那就是神仙过的日子了。

胡适一品锅

“一只大铁锅，口径差不多二尺，热腾腾地端上来，里面还在滚沸，一层鸡、一层鸭、一层肉、一层油豆腐，点缀着一些蛋饺，紧底下是萝卜、青菜，味道好极”。这是《雅舍谈吃》的作者、著名文人梁实秋先生在品尝了一款安徽绩溪的山乡农家土菜后的评语。备受梁实秋先生赞誉的这款菜肴，是徽菜的代表菜式之一，名叫“绩溪一品锅”，又名“胡适一品锅”。

绩溪是地处皖南古徽州一个靠近黄山的县份，真真是个山清水秀、人杰地灵的所在。绩溪的山清水秀就不去说了，它紧挨在号称“天下第一山”的黄山不远，自然景色的秀美，大凡到过绩溪的游人，都有过真切的体会。说绩溪人杰地灵，从绩溪走出的杰出人物即可证明。晚清时，绩溪的湖里村出了个富可敌国的红顶商人胡雪岩；上世纪的民国时代，绩溪上庄出了个“五四”时期新文化运动的标志性人物胡适先生。也就是说，地域面积并不宽广的安徽绩溪，却走出了天下最富的顶级商人和影响深远的顶级文人。所以把“山清水秀，人杰地灵”用来形容徽州的绩溪，可见是恰如其分的。

古徽州文化底蕴深厚，聪明的绩溪人非常善于借助名人效应来扩大地域的影响和推广自己的饮馔品种，比如，绩溪人把本地的山乡土菜“绩溪一品锅”贴上了著名文人胡适的标签，将其更名为“胡适一品锅”，从菜名上看，大俗的乡村土菜立马转身成为大雅的文化菜式，继而演变成了徽菜的代表菜品，跨省出国，扬名天下，就是一个很好的例证。

据说，“胡适一品锅”颇有些来历。

“胡适一品锅”是在安徽菜式“绩溪锅子”或“绩溪一品锅”基础上改良的结果。“绩溪锅子”或“绩溪一品锅”的缘起有两个版本。

有资料记载：深受儒家文化浸染的绩溪人，民风淳厚，绩溪当地山路崎岖，鲜有宾客。如有远方来客，好客讲礼的绩溪人便倾其所有拿出家里上好的野味与家珍，汇成一锅，用来款待宾客。浓郁的乡情和美味的肴馔，经常受到宾客的交口称赞。这一口由绩溪人做成的大锅菜因地得名为“绩溪锅子”，久而久之，好客的绩溪人与好吃的“绩溪锅子”，慢慢流传开去，渐渐演变成安徽名馔。这是有关“绩溪锅子”起源的第一个版本。

徽州就是徽商的发源地，商人以天下为家，每年农历新年的正月间，商人便要辞别故里，各奔东西，闯荡天下。到了次年的寒冬腊月，商人们才从四面八方回到阔别已久的家乡。难得的亲友团聚总该以家乡菜佐酒，家人为了表达思念团圆之喜，同时考虑到冬季寒冷，于是将鸡鸭鱼肉豆制品青菜组成的原料，一层层围叠起来做成火锅，寓意是祝愿来年生意红火。八仙桌上，放着热气腾腾的大铁锅，锅里荤素具备。宴席上各人说着自己的见闻，谈论着生意上的跌宕起伏，觥筹交错间千杯不醉。耗时长久的宴席，一种惬意温馨的情趣，弥漫于浓浓的乡情之中。这个火锅被取名为“绩溪一品锅”。这是有关“绩溪锅子”或“绩溪一品锅”起源的第二个版本。

胡适先生是绩溪上庄人，对“绩溪锅子”情有独钟。胡适夫人江冬秀女士，原籍就在与上庄只有一山之隔的江湾，因而她非常擅长烹制“绩溪锅子”。胡适任北京大学校长时，常在家中设宴款待客人，在招待非安徽籍客人时，当家菜就是这“绩溪锅子”。当“绩溪锅子”端上桌的时候，胡先生总是要郑重介绍一番：“此菜是本人的家乡名肴，务请诸君赏光，品尝一下，是地道的家乡味道。”胡适在任驻美大使期间以及上世纪五六十年代客居美国时，每每有贵宾来访，胡适必定亲自下厨，为客人烹制“绩溪锅子”。客人问起菜名，胡适总以“绩溪一品锅”答复，寓意“官一品接一品升，日子一天比一天好”。由于胡适的推介，“绩溪锅子”在国内及海外华人圈里广有声名。绩溪人感念胡适先生在推介徽菜走向世界、促使“绩溪锅子”成为一道名菜做出的杰出贡献，把“绩溪锅子”更名为“胡适一品锅”。

安徽菜式与湖北菜有很深的渊源，武汉人也很喜欢吃安徽菜，但现在安徽菜式对湖北菜式的影响日见式微。所以“胡适一品锅”在武汉餐厅里并不多见。2014 年冬，新开街的吉庆街上，上世纪 90 年代初因拆迁而中断经营的老字号徽菜馆“新兴大酒楼”开始复牌，对外飨客的招牌菜式就有“胡适一品锅”。

胡适先生一直是我尊崇的学人，以胡先生名字命名的菜肴，加上看过梁实秋先生对“胡适一品锅”的描绘，让我对品赏“胡适一品锅”有些期待。一日，有老友从四川回武汉，为他接风，又了解到新开街的吉庆街他没去过，于是拉上回武汉的朋友，先逛吉庆街，然后吃“胡适一品锅”。

如同所有外地菜式落户武汉所走过的路径一样，变脸为时尚餐厅的“新兴大酒楼”出品的“胡适一品锅”，也经过了改良。“胡适一品锅”用沙锅作器皿盛菜，与煤气炉一同上桌，此菜五颜六色，色泽养眼，红、绿、黄、白各种色调丰富明艳。此菜的食材也丰富，有鱼圆、鸡块、肉圆、香菇、西兰花、猪肚、冬笋、鸡蛋饺一锅烩。“新兴大酒楼”的“胡适一品锅”已经彻底变身为火锅，适应了武汉人的口味，一热三鲜。正月间里，气温不高，热气腾腾的菜很是受人欢迎。吃了“胡适一品锅”的菜，喝了“胡适一品锅”的汤，虽然没有特别的滋味让人久留余味，但味道总体上也说得过去。但说句大实话，眼前略显精致的“胡适一品锅”已经失却了山乡的自然风格，已经没有了梁实秋先生笔下“胡适一品锅”的乡土气息，倒更像是一道武汉本地居家市民家中过年经常做的一道湖北菜式“全家福”。

所以我的感觉，慕胡适先生之名来“新兴大酒楼”吃一次“胡适一品锅”不算冤枉，但让食客对这款菜式的消费产生忠诚度，巴心巴肝地总想着再来吃许是可能性不大，因为现在市面上有许多的火锅品种与“胡适一品锅”相近。菜肴品牌传播的规律是，不具备唯一性的菜肴，也就没有了核心竞争力。

生吃“炝虾”

绍兴是越地浙江省的一个城市，在现当代名头响亮，多半是沾了鲁迅先生的光。绍兴是鲁迅先生的故乡，先生在许多文著中，深情地描写过故乡的人物风情，包括吃食，因而读过先生著作的读者，多对绍兴的风物人情、饮食肴馔印象深刻。

当然，绍兴也没丢鲁迅先生的脸。现如今，绍兴是人气旺盛的旅游地，大凡去过绍兴的游人，无不对绍兴的人文环境和自然风光赞赏有加，无不对吃过的绍兴菜肴赞不绝口。

绍兴的人文环境这里就不去说了，且说说绍兴菜肴的独有韵味。绍兴菜是组成浙江菜系的重要支系之一，绍兴菜系的传统，以“糟、霉、醉、酱”为主，鲜咸合一，烹调常用鲜料搭配腌腊食品，佐以绍兴黄酒制成，由于有鲜明的个性，绍兴菜式一直在全国林立的菜系中占有一席之地。

一个武汉人，若想尝一尝正宗的绍兴菜是个什么味道，现在也不必千里迢迢去到绍兴，在武汉的家门口就能够享用。绍兴风味菜登陆武汉三镇，已经有不少年头了。

改革开放的这 30 多年，浙江商人趁势而起，不仅把浙江的经济搞得风生水起，而且放眼全世界，四面出击，哪里有发展的空间，哪里就有浙江商人的身影。

汉口六渡桥，从上个世纪20年代开始，一直就是武汉人气超旺的商业中心。现在，在六渡桥的周边，聚集着大量的浙江商人。据统计，常住六渡桥的浙江商人，有十万之众。生活经验告诉我们，在某一个地方长大的人，其总是难以改变自小养成的饮食习惯。现居住于汉口腹地六渡桥附近的浙江商人，有的来武汉时间已经超过了25年，按说早已经被武汉的饮食习惯所同化，但事实并非如此，他们的饮食口味已植根于骨子里。也因如此，经营浙江风味菜肴的餐厅，总是追随着浙江商人开疆拓土的身影，一路尾随而来，把餐厅开设在浙江商人频繁活动的半径里，忠实地为浙江老乡服务。在汉口前进一路、自治街等浙江人口居住密集的地方，就开设有几家经营纯正浙江风味的餐馆，如“温州人”酒家、“乐清湾”酒家、“绍兴老酒”等。

我的朋友圈子里不乏浙江商人，与我同岁的温州人李碎宝先生是与我交往比较频繁的温州商人。每每我去造访李碎宝兄，他都会领我等来人去汉口自治街“绍兴老酒”用餐。“绍兴老酒”主打绍兴菜和温州菜，以及绍兴特产——绍兴酒。绍兴酒分为四个品种：元红酒、加饭（又名花雕）酒、善酿酒、香雪酒。

老实说，对于浙江菜式，我并不算是很懂行，对温州菜式和绍兴菜式，也不是特别钟情。到“绍兴老酒”吃饭，我点的菜式，总是更接近于湖北菜的风味，比如，“绍兴老酒”的“炝虾”，是我每次来此用餐时的必点菜品。

“炝虾”又叫“醉虾”，全国的多个菜系中都有这款菜式。在不同菜系中，“炝虾”或者“醉虾”的工序大同小异，只是“炝”“醉”出来的虾的味道和加入的调料品种不同而已。这款菜式并不是今人的创造，其在古代文献中早有记载。据记载国人吃“炝虾”

最少有上千年的历史。唐代刘恂所著《岭表录异》中，有“南人多买虾之细者，生切绰菜兰香蓼等，用浓酱醋先泼活虾，盖以生菜，以热釜覆其上，就口跑出，亦有跳出醋碟者，谓之‘虾生’。鄙俚重之，以为异馔也。”清代的顾仲在《养小录》中也有记载：“鲜虾拣净，入瓶，椒、姜末拌匀，用好酒炖滚泼过……食时加盐、酱。”这就非常接近现今“炝虾”的制法了。鲁迅先生在《答有恒先生》等文中也写到过“醉虾”，说一盘醉虾放在席上“活活的”，“虾越鲜活，吃的人便越高兴，越畅快”。由此可知，我国食用“炝虾”之风，不仅传承千年没有中断，且吃这道菜的人口分布地域也非常广泛。

“绍兴老酒”烹制的“炝虾”，走的是绍兴风味路子：选用汉水产的活虾洗净、剪须，然后置入广口的玻璃瓶中，再放入适量的米酒和绍兴酒、胡椒、姜末、白糖、盐、酱油、白醋、陈醋、乳汁，也可以根据每个人的口味不同再加进芝麻酱、辣椒酱等调料。作料加毕，把广口瓶盖上盖子，然后将广口瓶晃荡一番，这道“绍兴炝虾”便告做成。

由于“炝虾”里边加入了多种调味品，所以这道菜式的味道极其奇妙，可酸可甜可苦可麻可辣，其味道完全可以依据品尝者的口味习惯而定。但是虾本身的鲜嫩本味，并不因调料的味道而改变。有意思的是，“炝”或者“醉”过的虾似“晕”还“醒”，虾肉几乎是生的，白白的虾，染上了一层酱汁，稍有变色。食时，虾在瓶中跳跃，有的竟会从瓶口跃出。伸箸夹起时，其会突然张须跳起，挣脱开来，把作料汁溅人一脸，引得吃虾人开怀大笑。生吃“炝虾”，生脆鲜嫩，清爽醇香，别有一番情趣。

吃“炝虾”就白酒应该是最好的搭配。现在的江河湖塘，水质污染已成问题，从水质已有问题的河湖中取虾，就难免有不干净之嫌。倘若因虾处理不当，落个拉肚子的下场，就太不值当了。而吃“炝虾”就白酒，既可灭菌，又可平衡寒热，是为最好不过了。如果想吃出绍兴的风味，吃“炝虾”时就绍兴酒，并点上元红酒、加饭酒、善酿酒、香雪酒四款中的任一品类，就能享受到了。

赏心悦目的“五彩汤包”

周末，有几位江西朋友来武汉考察小吃市场，我陪他们去逛汉味小吃第一巷——户部巷。到了户部巷，他们各自散开，去看自己感兴趣的小吃品种，我则一屁股坐在号称“家传绝技，三镇第一”的“良物华美”汤包店里不再动弹，把这里当作他们逛完户部巷后的集合地点。

其实，我对“良物华美”汤包感兴趣也不是一天两天了。这次陪外地朋友逛户部巷，正好顺道吃一次“良物华美”的“五彩汤包”，也算是搂草打兔子——顺便。

汤包，顾名思义，是一种包子，是一种有馅并含汤的包子。资料上说，汤包起源，最早可以追溯到三国时期，传说当时京口（即今江苏省镇江市）的渔民为了祭奠孙权夫人，效仿诸葛亮发明馒头的故事，用蟹黄馅做成汤包当祭品，弃入长江祭奠亡人。

汤包的原产地不在武汉而在长江下游的江苏省，有名的汤包也多产自江苏的多个地区，比如，南京六合的龙袍蟹黄汤包、江苏靖江的蟹黄汤包和江苏淮安的文楼汤包，淮河以南的九州香汤包等，都是汤包品种中的大牌。

19世纪末汉口开埠，涌入汉口做生意的下江人猛增，汤包由下江的扬州、镇江等地流传到了武汉落地生根，再经过武汉人百多年的不断改良演变，汤包也成了在武汉有百年以上传承历史的传统小吃品种了。

相较于武汉小吃热干面、面窝、烧饼等便宜的过早品种，汤包当属高大上的过早品类。如果把时间上溯 30 多年，一个普通的武汉居民，若一月内能够吃上一次汤包，绝对算得上是奢侈的口腹享受。

上世纪三年代至八十年代末，热闹的汉口江汉路上，有家叫做“四季美”的汤包店，以偏重下江风味的蟹黄汤包为主打，独领武汉汤包市场风骚几十年，诞生了钟生楚、徐家莹等几代家喻户晓的“汤包大王”。

近些年来，随着武汉城市版图的变化，汉口江汉路需要升级改造，上世纪经营汤包的龙头老大——“四季美”店因拆迁停止了营业，“四季美”汤包的品牌影响力在市民心目中渐渐淡去。

没有了“四季美”独领汤包经营风骚的市场格局，但不等于武汉没有了小吃汤包的供给，恰恰相反，现在的市场情状，只是参与汤包市场竞争的餐馆数量越来越多，经营汤包的品种越来越丰富而已。

经过 20 余年的市场淘洗，三镇产生了新的汤包经营领军企业，诞生了新一代的“汤包大王”。武汉新一轮汤包领军企业是“良物华美”，新一代“汤包大王”是“五彩汤包”的发明人程华山。

现在，这家叫做“良物华美”专门经营汤包的店，在武汉爱吃汤包的吃货中享有很高的声誉，原因在于，“良物华美”的汤包出品，一是准确地把握了武汉人喜爱的汤包馅的味型——微微咸味中透出的武汉人熟悉的鲜。二是根据现在消费群体的变化，让汤包表皮穿上了五颜六色的衣裳，使得汤包变得斑斓悦目起来。

“良物华美”汤包创始人程华山先生，自小痴迷武汉小吃，尤其是对汤包情有独钟，按现在网络语言表述，程华山是个“汤包控”。约20年前，程华山提前从单位办理了退休手续，一门心思想制作有“老武汉味道记忆”的汤包。为此，他遍访名师，反复试验，待“程氏汤包”基本定型后，程华山便在武昌街道口未来城开办了第一家“良物华美”汤包店。3个月后，程华山又研制出了“五彩汤包”，五颜六色的汤包皮全由果蔬汁调出，比如，用番茄汁调出红色的汤包皮，里面包的番茄馅；用木瓜汁调出黄色的汤包皮，里面包的是香菇馅；用紫薯汁调出紫色的皮，里面包的是鲜肉馅等等。

程华山根据消费人群的需求变化，对传统的重油重味汤包馅、皮制作进行了改良，这种改良的结果，一言以蔽之，除了调制好符合现代武汉人口味的馅料以外，再配上漂亮、轻盈、结实的外衣，色香味俱佳。“良物华美”出品的汤包，外形如灯笼似的好看，汤包皮薄得透明，有如景德镇的瓷器，筷子夹起汤包不易破；馅料以清淡为主，不油不腻，因此，“良物华美”的汤包，老少咸宜。

程华山能够戴上“汤包大王”的桂冠，还真不是浪得虚名。他对自己经手出品的汤包，从食材采购到擀面皮、包制、上笼屉蒸等每道工序，自始至终严格要求。

例如，其所用面粉一定选择品牌面粉厂出产的高筋粉，发面使用“半烫面”（将近一半面粉用开水烫熟）兑发面，加进少许精盐，揉成团。擀出的面皮，必须薄如蝉翼，同时还得筋道，标准是以上笼屉蒸时，汤包不易“露馅”和“掉底子”为度。在包制时，要用手轻揉，均匀地捏出18～22道皱折，使包好的汤包像一朵朵绽放的菊花。在汤包皱折的合拢处，须预留一个状如“鲤鱼嘴”似的小孔。蒸熟的汤包像一个一个的小灯笼，皮薄如纸，晶莹剔透，用手指轻弹，便可见汤包里的汤汁在轻轻晃动。汤包蒸熟后的馅呈球状，悬浮于汤中，若用嘴对着蒸熟的包子顶端的“鲤鱼嘴”吹口气，馅儿能在包子中慢慢转动。

你看，“良物华美”出品的汤包，是不是接近于一件件精致的工艺品了？

到了中午饭点，江西朋友们一个个陆续结束了户部巷的小吃考察，先后到“良物华美”汤包店会合。我提议说，中饭不需转场，就在这里吃汤包将就。朋友们也都同意我的提议，于是，点要了四屉汤包，两屉原味汤包（白色），两屉“五彩汤包”。原味汤包与我们平时在美食城吃到的汤包差别不大，要说有所差别，大概在于“良物华美”原味汤包的馅味更鲜，肉味更香吧？而“五彩汤包”的特点就十分突出了，一屉汤包，有红、黄、绿、紫四种颜色：西红柿汤包（红色）、木瓜汤包（黄色）、碧绿汤包（绿色）和紫薯汤包（紫色），馅儿有香菜馅、香菇馅、虾仁馅、猪肉馅等。真是色香味俱全，食之令人难忘。

细盐焗蛏子

近段时间吃温州菜的频率有点儿高。

有两三个批次现居住于北京、深圳、天津的温州籍朋友来武汉公干，我的武汉温州籍朋友出面接待，每次都邀我作陪。宾主双方都愿吃温州的家乡菜，无意间成全了我近日想吃温州菜肴的心愿。

别的方面不论，生活在“九省通衢”这个美食之都，它的市民有一个最大的好处，就是足不出武汉三镇，便能够遍尝全国各地的风味食品。从地理条件上讲，武汉是个标准的内陆城市，远离东海、南海、黄海、渤海，离哪个海都至少有一千多公里，按理说在武汉吃海鲜应该是个奢侈的口腹享受吧，但武汉的好吃佬们硬是沾了地利优势的光，不仅能够吃到滨海地区人们常吃的活海鲜，而且价格也还算合理。

浙江温州是个海滨城市。所谓靠山吃山，靠海吃海，温州人常吃的温州菜式中，海鲜占了相当一部分数量。随着为数不少的温州商人在武汉居住或经商，经营温州风味的餐馆，紧随着温州人开疆拓土的步子，不仅在武汉站稳了脚跟，实现了与武汉本土饮食文化的融合，而且还将温州的菜式风格，影响了非温州籍的食客，让他们从不习惯到习惯了温州菜的味道，进而喜欢上了温州菜的风味。

我应该算是一位喜欢温州菜式风格的武汉土著。

紧邻汉口万松园路武汉城市勘测设计院，有一家温州人开的“温州君豪酒店”，这家温州酒店开在这里，是因为离它不远的汉口青年路，是一个成规模的印刷市场，这些开印刷厂的老板，清一色是浙江人，其中大半是温州人。在一个温州人聚集的窝子里，开一家温州餐馆，家乡人做道地的家乡菜，飨家乡客，受家乡人的喜爱，也就顺理成章了。温州人招待故乡的来客，都愿意去这家“温州君豪酒店”，所以，偶尔有武汉本地人来这儿就餐，一进店门，还以为进错了地方，因为身边的人，不论男女，都讲一口十句让武汉人听不懂半句的温州话。

温州话难懂，温州菜却好吃。尤其是对海鲜有偏好的吃客，常吃本帮菜之余，换个口味，吃一吃温州菜是个不错的选择。

温州酒店的格局，大多是把活海鲜产品搁在大堂里的玻璃缸当堂展示，让食客对着鲜活实物点菜。海产品要用海水养，武汉又没有海水，餐馆要用盐兑淡水制成让海产品能够存活的盐水，我觉得这也是个学问。每每从展示海产活物的玻璃缸前走过，我都要称奇一番。

温州人接待同乡客人的宴席，一定会点一款叫做蛏子的海鲜，且多是以盐焗的烹调方式烹制。以我对温州人食性的了解，十个温州人，有七八个会喜欢吃“盐焗蛏子”。我也喜欢“盐焗蛏子”，每次代客点菜，我总是先点上一份“盐焗蛏子”，再论其他。

中医认为，蛏子肉味甘、咸，性寒，有清热解毒、补阴除烦、益肾利水、清胃治痢、产后补虚等功效。《嘉佑本草》中记载：蛏子肉“补虚，主冷痢。煮食之，主妇人产后虚损、胸中邪热烦闷气”。《泉州本草》中记载：蛏子肉“清热解毒，利小便，消水肿”。蛏子在海产品中，不算稀罕物，是个大路货。资料上说：“蛏子，学名缢蛏，属软体动物，系瓣鳃纲，真瓣鳃目、竹蛏科，贝壳脆而薄，呈长扁方形，自壳顶到腹缘，有一道斜行的凹沟，故名缢蛏”。温州沿海多滩涂，养殖蛏子有得天独厚的优势，近年，温州已经实现了人工方法养殖蛏子，蛏子也就成了温州的大众海产品。

严格来讲，最好的蛏子，不是出自温州，而是出自浙江宁波的长街一带淡水与海水交汇的地方，这里饵料丰富，蛏子生长快，个体大，胎嫩肉肥，色白味美。这里出产的蛏子被命名为“长街蛏子”。清代的《宁海县志》记载：“蛏、蚌属，以田种之谓蛏田，形狭而长如中指，一名西施舌，言其美也”。温州滩涂所产的蛏子虽不能比肩“长街蛏子”但也算是海产品的中上品。

蛏子通常有两种烹法，一种是辣椒爆蛏子，一种是盐焗蛏子。温州人喜欢清淡，有点忌惮辣味，所以，温州人吃蛏子，多选择“盐焗蛏子”。辣椒爆蛏子多出现于海鲜排档上，海鲜酒楼做“盐焗蛏子”的居多。

按照辞典上的解释，“焗”的原本意思是一种地方上的烹饪方法，系利用蒸汽使密闭容器中的食物变熟。“盐焗蛏子”则是在密闭容器中以盐为媒介使蛏子变熟。做“盐焗蛏子”的方法不算复杂：将蛏子用小刀在后背划开，让水分流出，并静置沥干其水分。在锅中倒入细盐铺平，中火炒至发烫，放入花椒、香叶、八角，炒出香味待用。把沥干水分的蛏子，开口朝下，背部朝上，摆放锅中。盖上锅盖，关火，利用锅中盐的温度焖上10分钟左右即可。

“盐焗蛏子”装盘很有形式感：蛏子齐整地摆成圆圈，焗熟的蛏子呈淡墨色，细盐白净如雪。淡墨配白色的色调，有点像摄影技术里的“高调”拍摄效果，其线条明快，也有国画中浅墨着色与“留白”构图的意味。用手剥开蛏壳，蛏肉白润，肉味鲜美，还依稀能闻到些大海的咸腥味道。温州人吃蛏子，爱喝老酒，因蛏子寒性大，一般人的肠胃会受不了，多食即会闹肚子。吃蛏子时，尤其是武汉本地人，如果佐以度数较高的白酒，热寒相抵，正好中和，有益于饮食健康。顺便说一句，一些好食海鲜者，喜欢在消夜时喝啤酒吃海鲜，这样寒性太重，久食会伤脾胃，不是好的饮与食的搭配。毕竟，享受美食，一定要有益于健康，如果美食享受有损于健康，这样的美食享受，就有点得不偿失了。

九宫山下喝鸡汤

顶着火辣辣的太阳，我们驱车 200 余公里，来到了位于咸宁市通山县九宫山山脚下的九宫镇。九宫山是闻名的避暑胜地，我们在大热天来这儿却不是为了休闲避暑，而是来实地考察鹊山鸡的生态养殖，吃一款以当地烹饪方式烹制的“清炖鹊山鸡”。

九宫山山脚下的灌木丛中，散养着一种比我们寻常看到的农家土鸡个子小一些，鸡毛艳丽一些、长一些的鸡种，这就是鹊山鸡。与我们在集贸市场看到的肉乎乎的洋鸡相比，鹊山鸡的外形更像野鸡，可以说，鹊山鸡是介于农家饲养的土鸡与山林间野生野长的野鸡之间的一个鸡种。

鹊山鸡是我国特有的优质鸡种，原产地是我国古代名医扁鹊曾经居住的晋国（今山西、河北一带），而且鹊山鸡的得名与名医扁鹊有着直接的关系，其养殖历史可以追溯到 2000 多年前的战国时期。据《史记》记载：扁鹊入晋，医好了晋国大夫赵简子的病，为感谢扁鹊的救命之恩，赵简子赐地四万亩给扁鹊。相传，扁鹊在赵简子赐给他的四万亩领地里，优选了当地的良种雉进行驯养，并以添加了中草药材的饲料饲之，因而扁鹊饲养的鸡，不仅具有野鸡的野性，同时还有很强的药性。深谙医道的扁鹊时常以自己饲养的鸡和蛋作药，为一些患有虚弱病症的患者治病，且取得了特殊的疗效。因为这种鸡为扁鹊在赵简子所赐的山地里驯养，鸡的外貌与当地百姓饲养的家鸡有很大的区别，于是，当地百姓就把这种鸡称为“鹊山鸡”。

太史公司马迁在《史记·扁鹊仓公列传》中记述了扁鹊路过虢国时，医治好虢太子“尸蹶”奇病的经过，扁鹊因而成为具有传奇色彩的千古名医。晋地百姓间还流传着一个传说，当时扁鹊就是以鹊山鸡和鸡蛋为药，才使虢太子起死回生。所以晋地百姓不仅对扁鹊尊敬有加，对饲养鹊山鸡也倾注了很大的热情。鹊山鸡的饲养延绵了两千多年，这使得鹊山鸡成为我国历史上一个特殊的鸡种。

近些年，整个餐饮业加快了菜品开发的步伐，为了推出更多的新款菜式，餐企愿意花费更大的气力去发掘独特的食材，鹊山鸡因其优良的食用性入了厨师们的法眼。于是，饲养鹊山鸡应运形成了一个养殖产业链，鹊山鸡的饲养，由其原产地向全国各地适合饲养鹊山鸡的广大农村扩散。我们这次到通山县九宫镇所看到的鹊山鸡，就是由河北那边引过来的鸡种。

九宫山周边的环境，极适合饲养鹊山鸡：山不算高林却密，植被繁茂，小虫子、蚊蝇、树叶、草等天然鸡饲料充足，气候温润，光照充足。白天时，鸡在树丛中自己觅食，养鸡人会辅以玉米掺上砂粒、药材补给。夜幕降临时，鸡便自动返回鸡舍。鹊山鸡鸡种保留有野鸡或者说山鸡的很多习性，其警觉性极高，稍有风吹草动，立马藏身于丛林深处。由于鹊山鸡整天处于或飞或跑的运动状态，其肌肉紧实，瘦肉多。由于鹊山鸡鸡种的特殊性，在烹饪方法上，不管是采取烧还是炖的技法，烹制出来的鹊山鸡菜，与农家饲养的土鸡菜相比，有很大的差别。

到了中午饭点，鹊山鸡饲养人便拎了两只生长了 6 个月的鹊山鸡，在镇上的一家农家餐馆里，烧了一只，炖了一只。以我个人的喜好而言，似乎炖的更佳。炖鹊山鸡的方法，与炖农家土鸡的做法一样：拔毛洗净，去除内脏，切较大块，焯水；然后放在砂锅里加葱姜、料酒，待煮开后，改小火慢慢炖，一个小时左右就能炖烂。鸡炖好后，放入洗净的九宫山香菇、口蘑、鸡腿菇、茶树菇、金针菇等，撒上盐，10 分钟之后，连锅带鸡一并上桌飨客。

原汁原味的清炖鹊山鸡的鸡汤味道特别鲜美，有一丝丝香甜滋味；汤不浓，偏清淡，即使多喝两勺也不腻。鸡肉不肥腻，纤维要比土鸡粗一些，吃起来有一点儿筋道，不像洋鸡种的鸡肉那样有些肥糯。鹊山鸡的口感缺点是鸡肉多少有些发柴，这与鹊山鸡是瘦型鸡大有关系。

炖鹊山鸡更值得说道的是它有明显偏高的药用价值和营养价值。按食物学家的说法，鸡肉里含有丰富的蛋白质、脂肪。而鹊山鸡的蛋白质是普通鸡肉的两倍。中医认为，鸡肉性甘、咸、平，吃鸡可以食疗多种疾病，如治疗感冒、补益五脏、治脾胃虚弱等；《本草纲目》记载：山鸡补血气，食之令人聪慧，勇健肥润，止泻痢，除久病及五脏喘息等。经现代医学检验证明，食用鹊山鸡对儿童营养不良、妇女贫血、产后体虚、子宫下垂和胃痛、神经衰弱、冠心病、肺病等都有很好的辅助疗效。

鹊山鸡滥觞于古代名医扁鹊，在 2000 多年后的今天，我们仍然享受得到古人赐予的恩惠，这不仅说明中华饮食文化源远流长，还给我们一个提醒：对于像鹊山鸡这样的食材，我们是不是应该怀有一种敬畏之情呢？

赤壁“关刀鱼”

前几日，一位厨界朋友从鄂南的赤壁回汉，带回一箱赤壁的水产品——“关刀鱼”。我们找了一家熟络的餐馆，又找了相熟的主厨，让他做了两款“关刀鱼”菜：香煎关刀鱼与清蒸关刀鱼。

老实说，朋友把“关刀鱼”放在我面前时，我完全不认识。从形状上看，这鱼非常像我们经常能吃到的叨子鱼，只是鱼身更为狭长，形如一把窄窄的腰刀。当朋友问我这鱼叫什么名时，我便连猜带蒙地回答说是叨子鱼。朋友笑笑，说这鱼形状是很像叨子鱼，但名字却叫“关刀鱼”，而且这鱼只有赤壁市的陆水河或者长江赤壁段里才有出产。

关刀鱼我不认识，但赤壁这个地方，我倒是知道的。赤壁离武汉南去 200 公里，同湖南的临湘接壤，我曾去过 10 多次，因而对它不陌生。但让我比较关注赤壁的原因，还在于赤壁久远的历史与厚重的文化。比如两年前，世界级的知名导演吴宇森拍了一部卖得很火的影片《赤壁》，这部片子不仅让梁朝伟、赵薇在内的主演们风光无限，还让更多的观众知道了鄂南赤壁小城的存在。

赤壁市原名蒲圻，1998 年改成现名。赤壁有着 1800 多年的历史，四海知名。赤壁原指该市长江岸边的一块赤色石壁。1800多年前的三国时代，有一场决定天下三分的重大战役——赤壁大战，其主战场就是在这里。赤壁之战中，孙权与刘备联军大破曹操大军，曹操退回北方，之后曹丕建立曹魏政权；孙权拥长江中下游一片富饶土地，建立孙吴政权；刘备占有长江上游的益州（今天四川、重庆）、荆州地区，建立蜀汉政权。一场声势浩大的生死决战，奠定了魏、蜀、吴三国鼎立的基础。

让赤壁在全国知名，不是因为史学家陈寿在《三国志》中对赤壁之战的记述，而是因为罗贯中写的一本古典小说《三国演义》，其把孙刘在赤壁抗曹的大战渲染得一波三折，家喻户晓。直到今天，那些三国英雄的事迹仍然被国人津津乐道，各种三国故事在赤壁更是流传深远，甚至赤壁人把食材的名字都与三国故事挂上了钩。比如食材关刀鱼的得名，就与三国的大英雄关羽有关。

相传，赤壁大战前，刘备受邀来到了江东，目的是说服孙权与自己联手抗曹。与刘备一同过江的是关羽。孙权为了拉拢刘备，把自己的妹妹孙尚香嫁给刘备，目的是想通过联姻的方式，让刘备放弃自己的主张。没想到刘备软硬不吃，孙权就有了除刘之心。一日，孙权让周瑜治席，请刘备赴宴。宴会上刘备看出了周瑜想扣下自己做人质的动机，酒酣耳热之际，刘备说要出恭，随即给坐在一边的关羽使了个眼色，关羽立刻心领神会，待刘备起身离席时，也跟了出来。两人出了大厅之门后一刻不停地直奔泊船的江边，乘上了船。船到江心，有了安全感的关羽，这才回想起刚才主公刘备遭遇的险情，不由得惊出一身冷汗，不觉中，手里握着的青龙偃月刀滑落江中，此时有一条形如青龙偃月刀的鱼从水中跃上船舷，正好挡住了刀滑入江中的路线。刘备亲眼得见了这条鱼的神奇，于是他把这种鱼命名为“关刀鱼”。

关羽的文学形象素以忠义著称，是最受百姓喜爱的文学人物之一。因为关羽的原因，“关刀鱼”这一名字便被叫了开来。当然，“关刀鱼”能受百姓的青睐，不只是跟关羽有关，还因为“关刀鱼”本身质地就优良。“关刀鱼”的生长对水质要求极高，绝少污染的水域才能得见“关刀鱼”的身影；鱼的生长周期较长，所以“关刀鱼”的鱼肉细嫩，不管用怎样的方法烹制，都非常好吃。此外，“关刀鱼”有很好的食疗价值，中医认为，“关刀鱼”性温、味甘、咸；归肝、脾经，有补脾、益气、暖胃、养肝、泽肤、补气、养血、健美的作用。

关刀鱼对水高度依赖，一旦离开水，很快就会死去。众所周知，大凡鱼菜，用鲜活之鱼与久死之鱼为食材做成的菜式，口感有天壤之别，而能够享用鲜活关刀鱼制成的菜式，在其鲜活保存和人工饲养问题没有解决的现实情况下，只能在赤壁本地做到。从这个意义上说，享受鲜活关刀鱼制成的菜肴，大多数情况下是赤壁人的专美。以鲜活关刀鱼制菜，最好的方法是清蒸，因为清蒸最能体现关刀鱼本身鲜嫩细腻的质感。清蒸关刀鱼，需取用超过一斤的“关刀鱼”，加点儿猪油和姜片、酱油，入蒸笼蒸熟即可。赤壁人给清蒸关刀鱼取名“单刀赴会”，“单刀赴会”是赤壁著名菜式。

话说回来，朋友从赤壁带回的关刀鱼是用盐腌制过的，用香煎的烹饪方法，做一道香煎关刀鱼可能是最好的选择。于是，厨师把朋友从赤壁带回的关刀鱼，泡在水里漂洗，去除些许盐分，然后沥干。烧热油锅，把鱼下进锅里，轻轻转动锅沿，使鱼受热均匀，把鱼的一面煎至金黄后，翻过鱼身煎另一面，待鱼的两面都煎至金黄后，入姜、醋、辣椒，点少许水，改大火收干水分，再入胡椒、鸡精、葱段即成。

装盘的香煎关刀鱼，与香煎叨子鱼非常相似，口感也很接近，细腻、嫩爽，是下酒的佳肴，但鲜嫩度远逊于清蒸活鱼。可惜朋友带回来的关刀鱼是腌制过的（此鱼也只能腌制后才能长距离、长时间地携带）。不过留点儿遗憾也好，这样就有个念想：享用清蒸鲜活关刀鱼的口腹之欲，只好留待下一次去赤壁市品尝了。

通山“捶肉”

古人说读万卷书、行万里路是增长见识的最好方式，这话我是非常赞同的，这在我的人生经历中多次得到过验证。我写饮食随笔已有些年份了，能够不断地写出新的篇什，得益于行走的地方多了，吃的菜肴多了，确实增长了见识之故。

上个月，我去了湖北省通山县的九宫镇考察食材黄秋葵的种植基地。在通山忙活了一整天，晚上被通山的朋友安排在隐水洞风景区旁边的一个农家乐餐馆吃饭，虽然从礼节上讲，应该是客随主便，但从武汉去通山的一行四人，除我之外，个个都是餐饮业内的资深从业者，当然都不愿意放过享用以当地烹饪方式制出的菜式，所以我们要求通山的朋友多点当地的菜式。于是，通山的朋友在为我们点了一大桌菜后，特意又加上了一款“捶肉汆汤”。

老实说，过去我没有吃过“捶肉”，当然也没有看过“捶肉”的烹制过程。以“捶”的方式制作食品，我曾吃过武汉远城区新洲仓埠镇上的特产“捶鱼面”。恕我寡闻，在武汉的餐饮业界，我没听说过有哪家餐馆有以“捶”为手段制成的菜式飨客的，更不用说我能亲眼得见厨师的“捶”肉过程了。能够看见厨师“捶”肉过程，且又吃了“捶肉汆汤”，是我通山之行的收获之一。

捶肉，也叫敲肉，在浙江省的温州地区和江西省的九江地区，“捶肉”菜式很流行，而湖北省内以“捶”为手段烹制肉菜，则是鄂东和鄂南的习俗，比如在鄂东的红安和鄂南的通山，乡里人家都有烹法完全相同的“捶肉”菜式。20余年前，寻常人家也不是平常时日都能吃上“捶肉”的，一来早年农村生活物资极度匮乏，一年四季难得沾上荤腥，能够用上好的精瘦猪肉去做“捶肉”，只有到了过年杀了年猪时，农人们才能如愿以偿。二来做“捶肉”比较费工费时，农人难得空闲下来去慢慢地“捶”肉，以享受口腹之欲。有此两项原因，“捶肉”只能成为鄂东、鄂南农村年饭桌上的菜肴，也就很好理解了。

有熟人好办事。通山的朋友与餐馆的老板很熟，服务员便招呼我们坐在厨房与大堂间的通道里乘凉——这里也是帮厨择菜的所在，于是，我们能够近距离地观看厨师“捶”肉。厨师边用檀木做的木槌捶肉边介绍：通山“捶肉”以猪的坐腿肉为最佳，此处瘦肉最多，而且最嫩，也最好吃。厨师将选好的瘦肉用刀切成小片状，然后把肉片摊在木盘里，蘸上苕粉，然后用木槌捶打，力道不轻不重，裹着苕粉的肉片被捶成薄薄的片子，然后逐片摊开在木盘里边待用。如要说捶肉有秘诀，大概也就是捶肉时力道轻重的掌握了，力道过轻，不能改变肉片的纤维结构，吃起来嫩劲不够；力道过重，会把肉片捶裂，肉的口感发柴。

捶好了肉片，下一道工序与我们平时在家做肉片氽汤就没什么差别了：先把水烧至滚开，把肉片及青菜下到锅里，然后依次放进猪油、酱油、味精、胡椒、盐，汤起锅后，撒上葱花，一锅“捶肉氽汤”就做好了。

“捶肉氽汤”的口感特点就是“鲜”和“嫩”。我猜测，在做“捶肉氽汤”时使用了木槌不轻不重地捶肉片，打乱了猪肉原有纤维的排列结构，经滚水一烫则味道更鲜。而猪肉片上裹上苕粉，等于是给肉片穿上了一层外衣，在滚水中肉片遭遇高温，苕粉迅速成为肉片的保护盔甲，使得肉片熟而不老，于是氽熟的肉片口感也就特别嫩。

以与我同吃此菜的专业厨师的眼光看，“捶肉氽汤”制作方法简单易学，没有多少技术含量，但是，在我看来，以“捶”制菜的方法，却表现了农村原汁原味的乡俗。现在餐饮界刮起的“农家菜”之风愈演愈烈，所谓“农家菜”，首先食材应该是农人居家经常使用的食材，烹饪方法也应是农家常使的做菜之法，因此，倘若这“捶”的手法移植到精致的“农家乐”餐厅的厨房，用来丰富本帮菜系的菜谱，未必不是一件好事。至少，原籍鄂东、鄂南的食客，喝一碗以家乡烹饪方法制成的“捶肉氽汤”，也能慰藉一番思乡之苦吧。更何况，武汉是湖北各地菜式的集大成之地，各地具有地方风味特色的菜肴汇聚于武汉，才会形成武汉菜式“百花齐放”的多品种格局。有此几项原因，我倒是十二分地希望能在武汉喝到具有通山饮食风俗的“捶肉氽汤”呢。

鄂州“大鱼丸”

在武汉居家或者上餐馆吃饭，鱼丸子（也叫鱼圆子）是稀松平常的普通菜肴。在武汉，常见的鱼丸子个头一般都不大，不管是烧鱼丸还是氽汤鱼丸，鱼丸直径也就在两到三厘米之间，鲜见有把鱼丸子的个头做得像乒乓球那么大的。

把鱼丸子做得像乒乓球般大小，是鄂州的饮食习俗，而且，在鄂州当地方言里，这种大鱼丸被称为“鱼粑粑”。

鄂州的“鱼粑粑”颇有来历，相传与三国名人周瑜大有关系。

鄂州距武汉不足百八十公里，车程也就是一小时左右，是全国著名的“百湖之市”“鱼米之乡”，也是蜚声中外的“武昌鱼”的故乡，山可人，水多情，各种鱼鲜出产丰富，为厨师发挥厨艺、制作鱼菜奠定了基础。

鄂州与武汉颇有渊源。古时，湖北的地界上有两处地方叫武昌：一处是现今的武汉市武昌区，一处则是现在的鄂州。认真说来，鄂州被称为“武昌”要比武汉的“武昌”被命名的时间早。春秋时期，楚王封其子熊红为鄂王，在现今鄂州地界上修筑鄂王城，湖北省的简称——“鄂”便由此而来。公元 229 年，吴王孙权以“吴越之众，三江之固”，拔剑辟石，在鄂州告天称帝，取“以武而昌”之意改鄂县为“武昌”，定都鄂州，改年号为黄龙元年。公元199年，东吴名将周瑜，25岁时领衔江夏太守，驻节鄂州，新婚夫人小乔随夫前往。周瑜两口子，是公认的金童玉女组合，夫妻间真正做到了举案齐眉，相敬如宾。这个鄂州的“第一家庭”是鄂州上下称道的模范家庭。如果搁在现在，周瑜所居住社区的居委会，肯定会将“五好家庭”的牌子悬在周瑜寓所的门楣，并且会号召全体社区居民向周瑜与小乔共同创造的“五好家庭”学习。

话说某日，小乔偶感风寒，一连几日烧得卧床不起，茶饭不思。随军郎中应邀过来探访，开过药方，嘱其家人在饮食上适当补进。小乔平时喜欢吃鱼，但怕极细小的鱼刺，每每吃鱼被卡，总是痛苦不堪。现在她病得不轻，虽然吃鱼对她的身体很有好处，但让此时病中的小乔自己一点一点剔清细刺，这样的吃鱼办法恐怕不现实。起先周瑜嘱咐厨师按平日方法做成鱼菜，亲自到病床前给小乔喂饭喂鱼，小乔却摇摇头，把头歪在一边，不肯吃。周瑜知道小乔是怕鱼刺卡喉。怎么办？周瑜急得团团转。无奈之中踱进厨房，想与厨师商量，看有没有一个解决问题的好办法。周瑜与厨师站在案板边冥思苦想良久，也没有找出个好的办法来。

此时，案子边上搁着一条制菜剩下的鱼，并已破膛去腮。周瑜无意识地拿起菜刀，用菜刀背有一下无一下地砸鱼，边砸口里边还念念有词：“未必就没有个办法，未必就没有个办法。”一下两下，周瑜不停地砸，站在一旁的厨师惊奇地发现，鱼刺鱼骨竟被周瑜的刀背砸出来了，鱼肉渐成了鱼茸。厨师忙喊周瑜停住，用筷子细细地拨弄鱼茸，看看里面还有没有细刺，竟然发现鱼茸中已经看不到鱼刺的影子。周瑜也回过神来，想鱼茸也是鱼，能不能把没刺的鱼茸捏成丸子，然后再把丸子弄熟，这样小乔既可以吃鱼，又不用担心被鱼刺卡喉了。周瑜不是专业厨师，又是第一次团鱼丸，搓出的鱼丸大小不一，有圆有瘪，有的甚至像小号的米粑粑。把鱼丸子煮熟是厨师的拿手活。厨师烧一锅清汤，将捏成了团的鱼茸放进锅里，不一会儿，一个个色泽洁白，尝之鲜嫩的鱼丸便浮在锅里。周瑜夹起一个尝尝，鱼肉鲜嫩，味道妙不可言。周瑜大喜，赶忙添了一碗用鱼茸煮熟的“鱼肉球”给小乔端去，说：“放心吧，我敢保证，丁点儿鱼刺都没有。”起先小乔还将信将疑，小心吃了几个鱼丸后，胃口大开，不仅吃完了鱼丸，还连汤喝尽。

见小乔吃得极香，周瑜问：“好吃吗？”小乔答：“好吃极了，我从来没吃过这样好的‘鱼’呢。夫君，这菜叫什么名啊？”周瑜急中生智地回答说：“叫鱼粑粑。”这便是把地方美食鄂州“大鱼丸”称为“鱼粑粑”的缘由。

可能是郎中的药有奇效，也可能是“鱼粑粑”的食补起了效果，没多久，小乔便恢复了健康，鄂州大营的兵士，又能看见美丽的小乔与周瑜太守一起，去江边防线上慰问兵士了。

这道被周瑜起名“鱼粑粑”的菜式，经过周瑜家厨的改造，鱼丸团得越来越圆越顺溜，使用的盛器也越来越漂亮，每有宾客临门，周瑜必以“鱼粑粑”飨客，久而久之，“鱼粑粑”竟成了东吴上流社会颇有名气的“周家私房菜”。随着周瑜官阶越来越大，直至东吴大都督，于是有文人把周瑜与厨师共同发明的“鱼粑粑”称作“大鱼丸”，一来，这种鱼圆的个子比较大；二来，这道菜的发明人周瑜是大都督，起名“大鱼丸”与周瑜身份很般配。后来，制作“鱼粑粑”的方法，逐渐流传到鄂州的民间，影响越来越大，但凡百姓家中遇到红白喜事、小孩百日、老人做寿，席间都会少不了用“鱼粑粑”来充当主菜。

“鱼粑粑”菜式在鄂州流传面广，除了味道鲜美之外，还有就是它的制作方法简单易学：将市场随处可买的鳡鱼收拾干净，除皮去骨刺，放入清水中略为漂洗，放在砧板上用刀背排捶，至鱼肉松散后改用刀刃排斩成茸泥，然后分数次加入冷鲜汤及葱姜汁，用手顺一个方向搅成糊状，调入精盐，继续搅拌成富有黏性的泥茸，分次加入鸡蛋清、油脂和淀粉，快速搅拌，然后用手与勺子配合制成丸子，将丸子下入冷水锅中，随水温升高至丸子汆熟，捞出，漂入冷水中，即成。

数天前去鄂州探望病人，办完事就到了吃晚餐的饭点，承蒙鄂州长城花园酒店李惠强董事长盛情，请我们一行在长城花园酒店吃饭，席间就上了鄂州美食“鱼粑粑”。

一口白瓷大汤碗，汤碗中漂浮的“鱼粑粑”，就像正月十五时吃的元宵，圆圆溜溜。汤呈淡绿色，绿汤白丸，色调雅致，服务员告诉我们，这就是鄂州“大鱼丸”了。与我们平时在武汉吃的鱼汆相比，鄂州“大鱼丸”最为突出的口感特点，是弹性十足，在鲜嫩中透着筋道。这让我想起明末时，才子冒辟疆的红粉知己董小宛不仅色艺双绝，更以善烹美食著称，还首创过一种鱼圆——灌蟹鱼圆。据传，吃过此菜的文人评价说董氏的鱼圆，柔绵而有弹性，白嫩宛若凝脂，浮于清汤之中，有“黄金白玉兜，玉珠浴清流”之美。董小宛首创的灌蟹鱼圆我没吃过，到底是何滋味，不好评价，但是，在看过、吃过了鄂州“大鱼丸”后，用“黄金白玉兜，玉珠浴清流”来形容这道鄂州美食，我想，也不算是过誉之词。

襄阳，有一种小吃叫“糊辣汤”

说到襄阳过早的小吃，不可不提襄阳“糊辣汤”。

多年前，在襄阳吃过“糊辣汤”后我不知道到底应该把它划在小吃类还是划在菜肴类。

也是，说“糊辣汤”是菜肴吧，但凡介绍襄阳饮食品类的书籍资料，都称襄阳“糊辣汤”为襄阳特色小吃。说它是小吃吧，它的制作原材料基本上没有大米或者面粉什么事，主要是粉条（豌豆粉)、面筋、山药、黄花菜、木耳、海带丝、牛肉丁等；作料有胡椒、丁香、肉桂、草果、西茴、豆蔻等，其与一款传统意义上的菜肴，在选材上看不出有什么差别。

算了，为了记叙方便，我还是遵从大多数襄阳饮食书籍上的介绍和襄阳居民日常饮馔生活的约定俗成，权当“襄阳糊辣汤”是小吃品种好了。

我曾说过，襄阳菜是湖北菜系中的北味菜，与形成湖北菜系的其他支系在风味上小有差异。襄阳所处地理位置，与陕西、河南、重庆相接，因而襄阳饮食文化除了主体上受到武汉荆州等地方饮食文化的影响外，还深受陕西、河南、重庆等中原饮食文化和巴蜀饮食文化的影响，因而不少襄阳菜肴中包含有较多的中原巴蜀饮食文化元素。相对而言，中原饮食文化对襄阳饮食文化的影响，较重庆饮食文化对襄阳饮食文化的影响更甚。

襄阳小吃亦不例外。在襄阳小吃品种中，不难发现有中原文化的踪迹。比如“糊辣汤”，它可算是襄阳饮食文化深受中原文化影响的一个典型例证。

我曾在陕西西安和河南郑州，过早时吃过“糊辣汤”，其味道与“襄阳糊辣汤”相近，当然，若要细细分辨，西安、郑州、襄阳的“糊辣汤”差别还是挺大的。往深里说，“糊辣汤”本来就不是襄阳的原产，而是从中原地区流传到襄阳的，其流传的途径，在于中原地区的人员，由于各种原因，不断地向襄阳地区迁徙流动，久而久之，“糊辣汤”随着北来的人群迁徙而落户襄阳，不仅被襄阳人普遍接受，而且被襄阳人发扬光大，继而成了在襄阳市民生活中普及率极高的传统特色小吃品种。

关于“襄阳糊辣汤”的起源，不同的版本均表明，“糊辣汤”确实与襄阳无关。

坊间传闻的版本之一，说“糊辣汤”起源于明朝嘉靖时期。这个传闻版本，说的是明朝嘉靖年间，有位皇帝的宠臣从一个道观的老道手里得到一个益寿延年的秘方，宠臣为了向皇帝邀功，便吩咐宫里的御厨根据秘方做成了一碗汤，献给皇帝，皇帝喝了三五日后，精神焕发，感觉体力充沛，于是龙颜大悦，将这碗宠臣奉献的汤赐名为御汤，并赏宠臣无数金银财宝，以示嘉奖。

后来，宠臣弄权，被皇帝发现将他满门抄斩，并株连九族。那个给嘉靖皇帝做过御汤的御厨，因平日里巴结宠臣，与宠臣走得较近，因而受到牵连，遭内务府惩处，被逐出大内。御厨一路南下，逃难到河南西华县逍遥镇落脚，开了间小店，专卖嘉靖皇帝喝过的御汤，此汤也就在民间流传开了。逍遥镇上的居民胡姓居多，那个御厨隐其名姓而改称姓胡，久而久之，外间就将此汤唤作“胡（糊）辣汤”。

传闻的版本之二：“糊辣汤”起源于宋徽宗年间。话说宋徽宗年间，宫中有位胡姓御厨，粗通药理，以少林寺“醒酒汤”和武当山“消食茶”为基础，做出了一种色香味俱佳的汤。这汤不仅没有药之苦味，而且能醒酒提神、开胃健脾。徽宗品尝后，大悦，问之为何汤，胡御厨回答“延年益寿汤”。徽宗赏御厨财宝若干，并赐御厨国姓赵。后宋朝宫廷遭遇变故，宫廷人事大调整，赵御厨因为跟错了人，站错了队，遭对立面清洗，被逐出御膳房。赵御厨一路逃难，落脚西华县逍遥镇，改回胡姓，开了间小店，经营“延年益寿汤”，他怕叫高大上的“延年益寿汤”会惹麻烦，就以自己的姓为基础，起名“胡（糊）辣汤”。

不管是陕西、河南还是襄阳，“糊辣汤”的用料、作料基本相同，烹调方法相近。近年，“襄阳糊辣汤”在主食材方面有些改良，开始以面粉代替豌豆粉的现象比较普遍。其烹饪方法是，先将面粉倒入盆内，下精盐和清水拌匀，饧上10余分钟，再注入清水浸没，用双手捏洗，洗出面筋撕成小块晾干，再放入沸油锅里炸至面筋起泡捞出，泡软；把黑木耳撕成小片，黄花去蒂切段，海带切丝，鸡蛋搅成蛋液，制成蛋皮，再切成菱形片状；饴糖熬成糖色；将鲜牛肉切三大块煮熟，出锅晾凉后切成片状。炒锅置旺火上，下入芝麻油烧热，将姜米、豆豉入锅煸炒出香味，放入牛肉片炒片刻，加入牛肉汤、精盐烹至入味，盛碗；铁锅置旺火上，下入清水烧沸，放入牛肉片、山药片、黄花菜、木耳、海带丝、粉条、胡椒粉、精盐，烧至粉条绵软时加入淀粉、饴糖搅匀沸开成糊；盛碗内放入鸡蛋皮、面筋泡即成。

“襄阳糊辣汤”虽说被划为小吃一类，其烹饪方法的繁复程度一点儿也不输给许多菜肴。按照上述操作方式操作下来，便形成了“襄阳糊辣汤”的传统风味：汤浓味辛辣，滋味鲜美，香气飘逸，所以在襄阳民间，其有“襄阳糊辣汤，十里外都香”的赞誉流传。

但是，如果指望过早只吃一碗“糊辣汤”就能填饱肚子，那就错了，严格地说，“襄阳糊辣汤”算是“饮”而不算“食”。以“糊辣汤”过早，还得配主食，襄阳人认为与“糊辣汤”相配最好的主食，一是烧饼，二是油条，这叫有吃有喝。“糊辣汤”被襄阳民众喜爱的原因，其一是入口爽滑，回味无穷；其二是具有药用功效，“襄阳糊辣汤”具有健脾开胃、驱寒顺气、延年益寿的好处。如果你偶感风寒或者头一天喝酒伤了脾胃，食欲不佳，那么，第二天早晨你可去卖“襄阳糊辣汤”的摊点，来一碗“糊辣汤”，吩咐老板多加些胡椒，趁热大口喝下，不久头额冒汗，周身发热，用不了多久，你从头到脚都会轻松许多。

应城“酥肉”

2015年，中秋、国庆两节相连，连续8天的超长假期，成为史上第一。度好超长假期，结过婚的小青年，一家人外出旅游最好；恋爱还没结婚的小年轻，趁这难得的长假和风和日丽的好天气，抓紧时间办婚礼，也是人间美事。对于我这般年纪的人来讲，被朋友、亲戚请去参加下辈人的婚礼，享受享受美食，也是我过中秋、国庆双节的一乐。

相比较而言，参加武汉本地人在餐馆酒店举办的婚礼，我的兴致显然要低很多，除了结婚仪式上很吵，程序有千篇一律之嫌外，还与婚宴席面不太好吃、没有风味特点有关。到农村去参加乡村婚礼就不一样了，一来去农村可以亲近土地，观察具有当地特点的乡风乡俗，二来总能吃到在城里吃不到的乡间土菜。所以每每接到去乡村赴婚宴的请柬，难免心里边会涌动起喜悦之情。

“十一”这天，我与家人去了湖北省应城市的乡下，参加一位远亲的婚礼。应城离武汉也就百八十公里，差不多是一个小时的车程。民谚说，十里不同音，十里不同风，这是很有道理的。应城离武汉不算太近也不算太远，饮食风俗却不相同，有些当地的婚宴菜肴，别说我没吃过，甚至连看都没看过。流行于应城乡下红白喜事席面上的“酥肉”可算一例。

按理说“酥肉”不唯应城所独有，是我国各地都能见到的一款吃食。据我所知，山东菜里有“酥肉”，陕西省长武县的“酥肉”也很有名，但一经比较就可发现，山东、陕西、湖北的“酥肉”，听起来都叫“酥肉”，但它们的做法和外观形状各有不同，口感也不相同。所以应城此“酥肉”非山东、陕西彼“酥肉”也。

应城是个好地方，地下有丰富的盐碱石膏矿产资源，是个亦农亦商亦工的地域。地势也是一马平川，湖泊众多，是个天然的大粮仓。人口密集度相对不高，自古百姓生活安定，日子过得丰足而从容。老话说，无粮不稳，无商不活，无工不富，而农工商的优势，应城都占全了。从行政区划上，应城虽然隶属孝感市，地理上却与江汉平原的传统大荆州相毗邻，或者说应城是江汉平原的一部分。由于地缘之故，应城受荆州饮食文化的影响很大。应城菜式里多有蒸菜品种，可算是应城饮食文化受江汉平原饮食文化影响较大的具体例证。

应城乡下办席颇有意思。老板兼厨师接到主家订办酒席电话后，便开一辆农用三轮车过来，车上载有锅碗瓢盆、砧板灶台、桌椅板凳、汤匙碗筷等办酒席的家伙什，一应俱全。再开一辆农用三轮车载着案子师傅和择菜的小工。两辆农用三轮车组成了一条流动的厨房生产线。

这种在乡间有订酒席生意即为厨，没有酒席即干别的营生的半职业厨师，在饮食行业里被称为“乡活”。

厨师班子一到主家门前，即开始扯布撑棚，生火炉灶，立时，喜事喜办的喜庆味道，就开始一点儿一点儿地透出来了。

应城乡下的酒席，连汤带菜不多不少一共 10 大碗，我猜测大概是取“十全十美”的意思吧。菜式上席时，没有彩碟味碟等冷盘铺垫，一上来就是热菜，所上第二道热菜就是当地酒席上必不可少的“应城酥肉”。

“应城酥肉”是把荆州地区和黄孝地区制菜方式相糅合的产物。从外观上看，“应城酥肉”既像黄陂的肉糕，亦像黄陂的肉圆。制作“应城酥肉”时，既要像制作肉圆时用油炸，又要像制作肉糕时上蒸笼蒸，成菜后的“应城酥肉”，口感正是肉圆和肉糕两者的综合：外表起酥而里面柔润。

我拐进灶间，与厨师拉起家常。厨师告诉我，做“应城酥肉”，要选用应城当地土猪的腿肉和五花肉，腿肉和五花肉的比例大约是7∶3，把腿肉和五花肉剁碎，配以鱼茸和调料、淀粉，将肉茸团成饼状，入油锅。油温不能太高，“肉饼”表面炸酥时，即起锅。然后用大碗把“肉饼”按碗形放好，把“肉饼”划成“井”字块状，把木耳、黄花菜堆在“肉饼”上，连碗一起放进蒸笼，大火蒸上5分钟左右，待蒸笼中的“肉饼”透熟，即可装盘。装盘时，须将碗中的“肉饼”反扣过来，黄花菜和木耳便成了垫底，此时，一碗圆圆鼓鼓形状饱满圆润的“酥肉”就大功告成了。

“应城酥肉”外皮略呈黄色，入口有酥感，内里却很柔软，因为上过蒸笼，沥去了大油的油荤，虽闻得到土猪的肉香，吃起来却不腻口。蒸笼中的蒸馏水和从“肉饼”中渗出的油成为汤汁，将“酥肉”浸泡得更加绵和，所以“应城酥肉”吃起来，与汽水肉有近似的口感。

古人说：“十步之内必有芳草”，以我对美食的理解，大概就是十里之外，必有美食。就凭这一点，多跑点儿路，去乡下，吃一吃没吃过的美食，也是值的。

秋尝“鸭子煲”

春去秋来，又走过了一个生命的年轮。中秋一过，透着凉意的秋风，扫落了街头梧桐树叶。

武汉这座城市的气候特点，是春夏秋冬四季分明，每一季都有可人之处，但我个人还是更喜欢武汉的秋天。一个原因是，武汉的秋天天高云淡，气温宜人，个体感觉要比春夏冬三季舒适。另一个是，寒意渐浓的秋天是老饕们的美食季，因为与夏天渐行渐远，人们可以不那么节制自己的食欲，身体也会在秋天发出信号：为了弥补夏天身体的亏空，也为了准备抵抗即将来临的严寒，应该趁着这宜人的秋天，补一补自己的身体，也就是老话说的“贴秋膘”了。

武汉的夏天酷热难耐，现在虽然有各种降温设备的帮助，待在室内已感觉不到难受，但只要走出屋外，每个人的身体都能感受到与酷夏火辣辣的太阳和高比例湿度抗争的惨烈，高温高湿之下，吃无味，睡难香……漫长的夏天过去了，人的身体消耗了太多的能量，秋高气爽的时节来了，有生活经验的土著们就会变着法子，做些滋补身子的菜肴，给身体适当“加油”。老百姓的生活充满了智慧，他们从生活中总结的经验，用一句谚语就把事情说清楚了：秋后入平补。从多重因素考量，在武汉当地，我以为最符合平补要求的食材是鸭子，而以鸭子入菜最能滋补身体的菜式，恐怕就数老鸭煲汤了吧？因为老鸭汤不仅能滋补身子，去秋燥，还价钱便宜，随时能在集贸市场上买得到。

事实上，三镇市面上的餐馆，是经常有“砂锅煲老鸭汤”飨客的，甚至还有专以这道看起来很家常的菜式，扬名于业界的。譬如位于汉口硚口居仁门一个名叫“仁聚德鸭子煲”的餐馆，就是靠做“鸭子煲”出名，经营了20年不变的“鸭子煲”，给食客留下了深刻的印象，以至于人们经常忘记它的店名叫“仁聚德鸭子煲”，反而直称之为“鸭子煲”了。

认真说道起来，“鸭子煲”不算是湖北的传统菜式。传统的湖北菜素以烧、蒸、煨、炒的烹饪方法居多，鲜见有以“煲”的技法成菜的。采用“煲”的方法成菜，是粤菜的传统烹调方式。按照这样的思路理解，说“鸭子煲”是从粤菜菜式里面演变过来的，大约不为错。事实上，现在我们时常所称的“煲菜”其实有两层意思：一则指煲为一种陶制器皿，也有唤作砂锅（四川称法）的，既可以用来盛装菜肴，当成容器，也可以当作炊具加工菜肴，烹制食物；二则是指一种源自广东地方的烹饪方法，即以砂锅为炊具，以小火慢慢炖熟菜肴和食物的技法。不管是作为一种容器、炊具还是技法，“煲”已经完全融入湖北人的生活，则是不争的事实。

与秋意正浓的季节相对应，我近来倒是与老鸭汤颇有缘分，不到一个星期，连续两次造访“仁聚德鸭子煲”，品尝了老鸭汤。据说这家店的“鸭子煲”与别家餐馆做的“鸭子煲”的区别有二，一则在于“仁聚德鸭子煲”食材选用的是产于福建连城的白鸭。据《连城县志》载，连城白鸭，又名白鹜鸭、乌嘴鸭，是我国优良的地方鸭种，具有独特的“白羽、乌嘴、黑脚”的外貌特征和生产性能，遗传性能稳定，是我国稀有的种质资源。二则在于“仁聚德鸭子煲”业已形成的一套煲老鸭汤的方法：将白鸭打理干净，取出内脏后切块；使用烧煤的小火炉，每个小炉上架一口粗砂锅作炊具，水烧开后倒入鸭块，加入备好的老姜，小火煨炖两个小时左右，加葱、姜、精盐、枸杞、红枣、宽粉，再煨炖二十几分钟即可上桌。

老实说，仅从品尝的角度，养了一年的鸭子和养了两年的鸭子，只用舌头去辨别两者之间的差异，我做不到，但以 20 多年的品牌经营作为参照，我相信“仁聚德鸭子煲”的老鸭汤选用的食材应该是饲养了两年以上的老鸭。“仁聚德鸭子煲”的老鸭汤端上桌来，大大满满的一砂锅，汤色莹白细腻，汤上浮有一层淡黄的鸭油，浓度有如新鲜的牛奶，几颗红红的枸杞和红枣点缀汤中，很是勾人食欲。鸭汤里面，浸润着鸭肉、鸭腿，鸭肉还没吃到口，鸭汤还没沾上唇，就这么看上一眼，已经是让我馋涎欲滴了。先喝一口老鸭汤，三匙两匙进嘴，鲜香得让人称奇，浓而不腻。再咀嚼两块鸭肉，立时，鸭汤的白滑，鸭香的氤氲，占据了大脑的整个思维，不得不让人牢牢地记住这“鸭子煲”，是真值得称道的好汤了。

“仁聚德鸭子煲”的老鸭汤作为招牌菜，连续不断地经营了 20 多年，这让我联想到了两个问题。一是作为器皿的煲，真是个好东西，且不说它出现在中国人的生活中已有 5000 余年，有悠久的历史，而且被无数代的中国人的生活实践予以了证明，这一点从仰韶文化和三星堆文化的发掘中能够得到证实。5000 余年后，我们当下的生活仍在继续证实它的好处。以现代人的视角看去，“煲”是一种非常环保的器皿和炊具，它是泥土与火交融艺术的结晶，是人类道法自然的产物，用“煲”盛菜和烹饪，对保持菜肴的品质，尤其是保证食材的原有味道，“煲”实在是可圈可点。由于“煲”具有热容量较大的物理特性，离开热源后，热量释放缓慢，使煲的保温性能优越。由此看来，选择“煲”来做盛器和炊具，是极具生活智慧之举。从这个角度上说，“仁聚德鸭子煲”推出的这款招牌菜是踏在正确的步点上了。

二是现在越演越烈的餐饮行业大竞争，竞争的焦点其实是落脚在一家餐馆有没有一款两款足似倾倒各路食客的当家特色菜上面，如果有，那就是“山不在高，有仙则名，水不在深，有龙则灵”，而这一款两款特色菜，特色菜品落脚点，在于经营者首先要对推出的菜品无比热爱，而且深信不疑，不光是一时的深信不疑，而且是经年的深信不疑，用能对招牌菜式的热爱情愫，长时间地感染食客，这样经营者才能踏踏实实地立足本地，面向世界。我想，这个道理，不仅餐饮行业如此，其他行业亦然。推而广之，其实人生要想获得成功，何尝又不是如此呢？

话说远了，但确实是因近来两尝“仁聚德鸭子煲”老鸭汤，心有一得，不吐不快，多说三两句，且与各位看官分享。

襄阳，汤浓味重“牛杂面”

大概是2014年年底，在离我工作单位不远的汉口建设大道与妙墩路交界处，新开了一家襄阳牛杂面馆。清明节放假期间，有朋友趁我闲暇之际，便约我喝茶聊天。聊到饭点，我提议到襄阳牛杂面馆吃“襄阳牛杂面”，喝一碗襄阳黄酒。

进了面馆，我们分别点了牛杂面、牛肉面、牛肉牛杂双拼面，每人点了一碗黄酒，在摆放作料的台前，夹了大葱、香菜，淋了辣子油。然后，吃一大口面，喝一大口汤，喝一口微甜的黄酒，夹起筋道透味的牛肉、牛杂在嘴里咀嚼……哦，一种久违的“襄阳牛杂面”的特有味道，我今天重温了。

专门经营“襄阳牛杂面”的馆子在武汉不算多见，“襄阳牛杂面”于我却不陌生，我知道它的大名且品尝到它的味道，其时久矣。

20年前，我在新闻媒体单位供职时，一年之中总要去襄阳（当时叫襄樊）市公干几次，一去就是三五天。

私下里说，我乐意往襄阳跑，当然包含有惦记吃那一碗“老襄阳”人见人爱的过早美食——“牛杂面”。所以，每每到达襄阳次日的早餐，我都不愿吃住宿酒店提供的稀饭馒头，而是在襄阳当地朋友带领下，去坐落在樊城区汉江北岸一桥桥头西侧的友谊街，吃一碗汤浓味重的“牛杂面”，喝一碗乳黄微甜的黄酒。

现在已成为襄阳小吃标志性品种的“襄阳牛杂面”，其诞生至今不过 30 年，其发轫之地，就在襄阳市樊城区的友谊街。

认真研究起来，“襄阳牛杂面”能够诞生于友谊街虽然事出偶然，却有必然原因，其发展过程与武汉卤鸭脖在汉口精武路诞生、发展的路径如出一辙。

友谊街是一条襄阳回族居民相对集中的街道，长约 800 米，街道的中段有一座建于明朝初期的清真寺。以清真寺为中心，整条街上集中了牛羊肉加工经营户和清真食品经营户 100 多家，是襄阳著名的回族社区清真牛羊肉经营一条街。

上世纪 80 年代初，有一位住在友谊街上的马姓回族居民，每天看到多个摆摊卖牛羊肉的摊点，到了傍晚收摊时，还有许多牛杂碎没卖完，即以极低的价格甩卖处理，甚至有时不要钱把牛杂白送给摊点附近的居民。这个马姓居民灵机一动，就将廉价买来甚至没花钱得来的牛杂，在家里支起一口大锅，添进卤料，调试出了兼有麻辣鲜香、味重油厚色浓的牛杂汤。他又在友谊街上找个犄角旮旯，支上了一个卖面的摊点，干起了专卖“牛杂面”供街坊们过早的营生。面摊开张时，他收的是素面的价钱，却每每奉送一勺牛杂。面是横切面为圆形的碱面。一口大铁锅，旺火宽汤，滚水，将面煮成九分熟，用篱笊捞起，使劲甩干下面时附着的面水，装面入大海碗，从大锅中舀上一大勺热气腾腾的牛杂汤。然后还免费让食客自行配食香菜、大葱、辣子（辣椒）油等调料和作料。由于马姓居民的“牛杂面”物美价廉，他的下面摊点每天从早晨到中午，总是排着一溜长队，好多住在友谊街的街坊邻居及卖牛羊肉的摊主，他们的早餐和中餐都在马姓居民的面摊上解决。

榜样的力量是无穷的。后来，又有住在友谊街上的居民，看到马姓居民卖“牛杂面”的生意那么火爆，银子赚了个盘满钵盈，便一个、两个……先后加入了开面馆的行列。三五年后，这条街上开了牛杂面馆二三十家，久而久之，友谊街不仅成了在襄阳声名远播的牛羊肉经营一条街，还成了“牛杂面”及清真风味小吃美食一条街。以友谊街为原点，襄阳牛杂面馆在襄阳城遍地开花，“襄阳牛杂面”继而演绎成了襄阳饮食文化的一张特色名片。

如此，我们有必要探究，“襄阳牛杂面”何以能够一经面市，马上就能风行于全城并且久盛不衰。

或许，这与“襄阳牛杂面”的品种契合了襄阳饮食基本味型大有关系。

古城襄阳因地处襄水之阳而得名，位于湖北省西北部，汉江中游平原腹地，与豫陕渝接壤，建城历史已有2900多年了。在湖北，它是仅次于武汉的第二大城市。长江最大支流汉江穿城而过，分出南北两岸隔江相望的襄阳、樊城，两城历史上都是军事与商业重镇。

自古就有“江河淮汉”之说，汉水流域是中华民族发祥地之一。襄阳居汉水中游，东西交会、南北贯通，“汉晋以来，代为重镇”，是汉水流域最重要的城市。特殊的地理位置，使襄阳成为历史上的区域性经济、政治、文化中心，成为汉水文化中具有重要影响和代表性的区域。在很长一个历史阶段，汉水是中国古代内河最便捷、最畅达、最繁忙的“黄金水道”。一言以蔽之，襄阳的地理环境和经济发展状态，孕育了襄阳独有的饮食文化。

襄阳菜是组成湖北菜系的重要支系之一，是鄂菜系的北味菜，以襄阳和郧阳（今十堰）地区的风味为基础，并吸收了鄂豫陕渝四省市的饮食风味。襄阳菜既有着鄂菜咸鲜微辣、原汁原味的基本特点，又保持着自己独有的风味，特点是以猪、牛、羊肉为主要原料，加以当地特产山珍和野味，烹制手法以蒸、煨、炸为主，尤喜菜上淋油。襄阳的某些饮食习惯，受河南、陕西饮食文化的影响颇深。比如，在烹饪襄阳菜时，厨师喜欢以大葱为调味品增香，这样的饮食习惯与武汉、荆州等地区以小葱为调味品增香的习俗大相径庭，更接近于襄阳周边河南南阳地区的饮食习惯。

“襄阳牛杂面”也是以大葱增香，与襄阳菜式中习惯以大葱增香的烹饪方法一脉相承。如果要总结包括襄阳牛肉面、牛杂面的味道特点，一是味重味厚，二是色浓，三是汤鲜有回味。其实“襄阳牛杂面”，好吃的不仅是面，关键的是我们武汉人所说的臊子——牛肉、牛杂足够好吃，面汤好喝。如此说来，要想解开“襄阳牛杂面”好吃味道鲜美的奥秘，还得在卤制牛肉、牛杂的中药卤包的调配中做解构文章。每包卤料不同的调料、药材和配比数据，正是每一家襄阳牛杂面馆形成独家味道密码的核心。

能让“襄阳牛杂面”增色的，还有那一碗与“牛杂面”相配而饮的黄酒，“牛杂面”和黄酒，这两者的搭配，实在是相得益彰。

襄阳黄酒与武汉人过早喝的洑汁酒相类似，但没有糯米粒浮在碗面，酒汁呈乳白色基调中泛起些微的黄色，比洑汁酒浓稠。黄酒与“牛杂面”一样，也是用大海碗盛装，这么一吃一喝的两个大海碗，往桌上一放，确实能显出北方人性格中一股子豪气。端起海碗初尝一口，感觉不到有多少酒劲，味道有一点儿微甜。黄酒的微甜与牛杂面的麻、辣、热正好起到了互补作用。你想想，一大碗麻辣鲜热的“牛杂面”吃进肚子里，辣也辣了，麻也麻了，热也热了，此时，来一口微甜的黄酒，是个什么感受？这样的一碗面加一碗黄酒，达到了诸味调和的功效。这也很好理解，就这么一碗“襄阳牛杂面”，一海碗黄酒，一饮一食，会成为襄阳人最喜欢的传统早餐了。

所以，有许多襄阳人都说，在襄阳老城区生活的人们，幸福的一天，往往是从一碗“牛杂面”，一碗黄酒开始的。

如果一个武汉人，要想了解襄阳的饮食特点，也不必劳神费力去襄阳，可以先去开在武汉的“襄阳牛杂面”面馆，点上一碗“牛杂面”，再来一碗黄酒，吃了喝了，对襄阳人的饮食喜好，大致心里就有些底了。

当然，对已经习惯了武汉饮食“咸鲜微辣，原汁原味”基本味道的“老武汉”而言，初次尝吃“襄阳牛杂面”，初次喝襄阳黄酒，那种融和了重庆和河南饮食特点的襄阳味道，也不是每个人都能接受的。这，是后话了。

萝卜当家

“一招鲜，吃遍天”，是餐饮业内公认的开店秘诀。于是，不管是开航母型餐馆，还是开一间只有几张桌子的夫妻小店，无论大小餐馆老板，对于开店能够让生意红火的秘诀，个个心领神会；能够拥有几道哪怕只是一道具有独到风味特点的招牌菜，大概是他们都梦寐以求的愿景吧。

毫无疑问，做菜是厨师的本职工作，对于一个专业厨师而言，能够做出供顾客食用的菜式而不讨人嫌，不难，但要想能够做出确有独到之处，既能让同行认可，又让顾客喜爱，且又能为广大餐企品牌提供产品支撑的招牌菜式，那就是件很不容易的事情了。因为要做成具有独到风味特点的招牌菜，不仅需要有厨师对烹饪秘籍的超常领悟能力，还需要餐馆老板和厨师们一道，共同长时间地坚持。

招牌菜的形成与传播是需要时间沉淀的。以我对武汉中心城区餐饮市场的了解，普遍的情形是，开餐馆尤其是开风味餐馆的老板，知道要创立招牌菜道理的多，但在实际运营中真下大力气坚持推出招牌菜的少。当然，反过来说，拥有招牌菜的店家在食客心目中，更具号召力，也更能体现出美食的力量了。

最近，有身边的餐饮界朋友，总在我的耳边念叨，要我去汉口马祖路上一家叫“和顺园”的餐馆去吃萝卜，说这家餐馆的招牌菜就是一碗再普通不过的萝卜菜：筒子骨煨大白萝卜，主角是大萝卜，配角是筒子骨，一言以蔽之，就是萝卜当家。这就让我有些好奇，心想，稀松平常的大路货食材萝卜，还真能整出花来？

细细一想，把萝卜做出花来的可能性，的确存在，从道理上讲，天下没有不好的食材，只有手艺不到家的厨师。事实上，在中国定型的名菜谱中，有许多载入典籍的名菜，所用的食材，不也是稀松平常的吗？

萝卜食材平常不假，但萝卜里边有文化也不假。几千年来，萝卜是我们再熟悉不过的蔬菜品种了，我国是萝卜的故乡，种萝卜、食萝卜至少有千年以上的历史。上古时，称萝卜为“芦葩”，后来叫做“莱菔”，有学者考证说，《诗经》中所谓“采菲”，“菲”即是萝卜。另外，萝卜还有如“苞突”“紫花松”“温松”等不同的称谓。种植和食用萝卜的漫长历史，大浪淘沙似的择优胜出了多个地方性种植萝卜的品种，比如江苏的“如皋萝卜”，产于天津的“天津青萝卜”，又称“卫青萝卜”，产于山东的“潍县萝卜”，以及湖北长阳的“火烧坪白萝卜”，湖北安陆市的“南乡萝卜”，都是享有盛名的萝卜品种，成为无数种萝卜品种的优秀代表。

萝卜虽为常见菜蔬，但因其独特的食疗作用，百姓倍加喜爱。适当食用萝卜，可以去热消火，消痰止咳，宽胸利便，化积散瘀，救治晕船，解煤之毒，功效显著，所以百姓中有“萝卜上市，医生没事；萝卜上了街，药铺无买卖”的谚语世代流传。甚至毫不夸张地说，在缺医少药的漫长岁月，萝卜为炎黄子孙的世代繁衍与族群的兴旺立下了不可磨灭的功绩。

“和顺园”的当家菜“筒子骨煨萝卜汤”，所起的菜名与萝卜的养生功能大有关系，叫做“养生大煲”，许多来“和顺园”进餐的食客，就是冲着这一碗萝卜来的，据我的观察，“养生大煲”的点菜率，超过了85%。

“养生大煲”得来且费了工夫，它是老板兼主厨龚新城历时两年、在试验使用了两吨萝卜后，才确定了味型和烹制标准，然后作为餐馆招牌菜向食客推出。菜式的食材搭配采用了老武汉人最传统的煨汤组合：筒子骨加白萝卜。其烹制方法看上去也不复杂，不外乎先把骨头洗干净，剁成大块，放入沸水砂罐中煮3至5分钟，倒少许黄酒、姜片去腥，捞出骨头洗净。萝卜去皮，切成长条大块待用。把已经焯过水的骨头再次放入砂罐中，再将剩下的姜片全部加入砂罐，一次性加足水，大火煮至汤沸翻滚，约2至3分钟后改小火慢慢煨炖，约煨制2个小时左右，至汤见白色后就可以放进萝卜，至萝卜煨至熟糯柔软，即可用陶制大砂锅盛装，将筒子骨垫底，白萝卜码放齐整，配上点点红枸杞，撒上绿葱，连同加热的陶制砂锅一同上桌。

端上桌的“养生大煲”品相极其诱人，硕大的长白萝卜块，雪白雪白，上面点缀着几点枸杞的艳红和绿葱的翠绿，颜色艳丽但显得非常协调。筒子骨汤浓白酽得有如羊奶，喝一口，是武汉人最喜爱的咸鲜味道，鲜而不腻。夹一块大萝卜吧，入口柔糯，甜津津的，筒子骨的原汤味道和着萝卜的清新味道，沁人肺腑，而且回味良久……

老实说，能够把一款寻常菜肴，做得入味三分，而且让人印象深刻，让我有些料想不到。但仔细寻究，还是能从“和顺园”以萝卜当家的案例中，找出有规律的路径。其一，选用优良食材绝不马虎。“养生大煲”选用的是湖北长阳火烧坪白萝卜，这种萝卜产于长阳高山蔬菜核心示范区，产品具有嫩、脆、香、甜的独特品质优势，被评为“湖北省首届名优蔬菜”。筒子骨选用大棒骨，煨炖出来的油汁浓酽，萝卜充分吸收了从大棒骨里溢出的油汁，才能把萝卜的味道和大棒骨透出的骨肉之香完全融合在一起。其二，这款“养生大煲”形式感极强，切成大块的萝卜、大棒骨和砂锅盛器一同上桌，凸显出一股大气，使菜式的外形，具有极强的表现力。以我的观察，大凡称为一家餐厅当家招牌的菜式，外观形式上就不会小气，小气的菜肴可以精致，但难给人留下强烈的印象。其三，“养生大煲”在寻常菜肴里做足文章，这就给其他厨师以启迪：以不起眼的食材，也能创造菜式中的精品，创造名菜，不见得只能把眼睛盯在世上少有、出产稀珍的名贵食材之上。世界上最伟大的东西，往往就是从最平凡之处演进而来的。

厚味“滑鱼块”

翻看各种版本的湖北名菜谱，都没看见“滑鱼块”菜式的记载，这让我颇为不解，正宗地道的湖北菜式“滑鱼块”，为什么就没能入湖北名菜谱编撰者的法眼呢？是它的草根家常菜的定位登不上大雅之堂？还是它的品相不佳不能代表湖北菜在名菜谱上露脸？

我以为家常菜式“滑鱼块”，无论是味型、食材、烹饪方法都有称道之处，更不用说在武汉居民餐桌上的极高普及程度，还没有几款鱼菜能与之媲美呢。

过去有专家学者对湖北菜的特点是六字定位：“油大、味大、芡大”，现在有些专家学者，比如中国烹饪大师卢永良教授，根据湖北菜特点的演变总结定位是 8 字定位：“原汁原味、咸鲜微辣”，这个定位，已被业界普遍认同。对湖北菜的定位，不管是六字定位还是八字定位，湖北菜都有“味浓”的共性，是毋庸置疑的。联系到湖北菜味道浓厚的特征，似乎没有多少理由不让味厚芡浓的“滑鱼块”在湖北名菜谱中占有一席之地。

“滑鱼块”在寻常百姓家的餐桌上常能照面的原因，在于它食材普通，烹饪方法也不繁复，在武汉居家且上了些年纪的“煮男”或“煮妇”，大约都能操起锅铲，做一碗“滑鱼块”。

"滑鱼块"的食材是湖北渠塘河堰放养数量很大，集贸市场天天能买到的草鱼。按照水产学家的分类和药物专家的说法，草鱼系鲤形目鲤科雅罗鱼亚科草鱼属。它有名目繁多的名字：鲩、油鲩、草鲩、白鲩、草鱼、混子、黑青鱼，东北人称它为草根，常栖息于平原地区的江河湖泊，喜居于水的中下层和近岸多水草区域，是典型的草食性鱼类。因其生长迅速，饲料来源广泛，是中国淡水养殖的四大家鱼之一。草鱼含有丰富的不饱和脂肪酸，对血液循环有利，心血管病人适宜食用。经常食用有抗衰老、养容颜的功效，而且对肿瘤也有一定的防治作用；对于身体瘦弱、食欲不旺的人来说，草鱼肉嫩而不腻，可以开胃、滋补。明代李时珍在《本草纲目·鳞三·鲩鱼》记载："俗名草鱼，因其食草也。江闽畜鱼者，以草饲之焉。"这也是草鱼被称为草鱼的最权威的记载了。湖北是千湖之省，草鱼常见，这就为"滑鱼块"菜式的普及奠定了基础。

"滑鱼块"的烹饪方法简单，近乎于"水煮盐拌"，技术含量不算太高。最早的"滑鱼块"，我估计还不是城里人的盘中餐，而是湖区打鱼人的下酒菜。

渔民驾船出湖打鱼时，船上一般只带一点姜葱蒜调料和大米，拿什么下饭？就指望湖里的鲜鱼了。这就叫靠水吃水。现捞上来的鱼，稍作处理，切成大块，然后架上铁锅，加点姜蒜，舀一勺湖水煮鱼，搁点盐，鱼熟汤白，那个鲜美滋味，连神仙闻到了，恐怕也得咽口水。这种杀活鱼用湖水煮熟的办法，被好吃的方家誉为"湖水煮活鱼"。"滑鱼块"大约是在"湖水煮活鱼"的基础上演变而来的，因为融进了专业厨师的烹饪技艺，"滑鱼块"的口感更嫩滑，汤汁更鲜美，味型更固定了。

虽然"滑鱼块"是居家常吃的菜品，却在武汉各大中型酒楼难觅踪迹，专业人士解释其原因，是卖这款菜不划算，毛利率低，丢头大，因为是家常菜，所以卖不出大价钱，主打湖北菜的餐馆，少有愿意做“滑鱼块”飨客的。现实的情形是，若想尝鲜“滑鱼块”，往往只能在大排档和夫妻小店里才能得偿所愿。

当我在汉口硚口路美食一条街上的“笑乐轩”酒楼吃到“滑鱼块”时，我就判断出这家店的老板是个“老武汉”，对老武汉传统菜情有独钟，经营眼光独到，人无我有，避免同质化经营。后来去“笑乐轩”吃饭的次数多了，跟“笑乐轩”老板周武熟络起来，证明我当初对这家餐馆老板的判断不错。“笑乐轩”的“滑鱼块”，用传统技术烹制：把草鱼肉切块，加少许盐、胡椒粉、淀粉、生抽拌匀，略腌几分钟。姜切丝，小葱切段待用；锅内放油，烧热，下姜丝稍煸后，下入鱼块，翻炒数下，加生抽、醋、盐少许，倒入一碗水，煮开；酌量加一勺猪油，待锅里的鱼汤颜色开始泛白时，倒入调好的水淀粉，撒入葱段和少许胡椒粉，烧开起锅。

能够把“滑鱼块”烹得味浓鲜香，有几个关键点，一是用好姜、醋、料酒，去除草鱼的土腥味；二是适量加入水淀粉，才能保证“滑鱼块”爽滑的吃口。

客观地说，作为一款湖北地方名菜，“滑鱼块”也有缺陷，就是品相不佳，由于碗大汤宽，鱼块淹没在鱼汤里，鱼汤略呈酱色，鱼肉的嫩白并不能一眼得见，品相一差，往往就给菜肴减分。好在“滑鱼块”确乎是汤浓鱼鲜。对于品菜者来讲，味道好，才是真的好，吃出菜肴的好味道，品相不佳的小缺陷，也就被食客忽略不计了。

松坡“猪血丸”

邵阳，作为湖南人口第二多的城市，一般武汉人关注不多，但邵阳的另一个名称——宝庆府，老汉口的土著就不会太陌生了。在汉口沿河大道利济路到集家嘴之间，有一个叫“宝庆码头”的地名，这一带居住的居民，所操的口音与武汉方言大相径庭，大多是一口难懂的邵阳土语，他们的祖籍都是湖南宝庆府，也就是今天湖南邵阳市。若干年前，他们的上辈人和上上辈人，走出湘西南大山，西出洞庭，沿长江东下，行船至汉江注入长江之口的集家嘴地界，停下了划动的双桨，弃船上岸，筑屋而居，兴建了专属码头，成为武汉城市的居民。久而久之，“宝庆码头”就成为一个地标而被市民知晓。还有，30多年前，汉口利济南路上开有一家很出名的面馆——“宝庆面馆”，该店所做的牛肉面、粉，辣香风味突出，湖南宝庆府因了这家风味面馆而被武汉市民尤其是汉口的市民记在了脑海深处。居住于武汉的邵阳人，把邵阳家乡文化与武汉这座以码头文化著称的城市，完全交融在一起了，“宝庆码头”“宝庆面馆”也就顽强地在武汉留下了印记。

山大湿气重的邵阳我倒是去过，但停留时间很短，几乎是匆匆而过，没有时间专门去品尝当地的邵阳菜式。好在邵阳菜现在也能在武汉找寻得到，我亦在几个餐馆都曾吃过，只是专门经营它的餐馆不多。我在武汉吃过的邵阳菜口味正宗与否，因为没在邵阳吃过道地的菜式，也就无从比较。据我所知，位于汉口江大路上一家叫“桃宝堂”的中餐馆，主营邵阳菜式，招牌菜便是“酱血鸭”“邵阳猪血丸”等邵阳名菜。

每次去“桃宝堂”用餐，我都会点一款“邵阳猪血丸”。丸子菜在湖北菜系中为数不少，各种食蔬和豆制品及肉类、鱼类都可以做成丸子，但唯独没有把猪血制成丸子的习俗。做“猪血丸子”，那是邵阳人的饮食习俗。

“猪血丸子”在邵阳的普及程度极高。在邵阳，“猪血丸子”也叫“猪血圆子”，当地土语称“血粑”，外地人干脆就冠之以邵阳之名，称为“邵阳猪血丸”。用“猪血丸子”炒腊肉，是邵阳人过大年待客的一款好菜。总体来讲，“猪血丸子”的原材料不复杂，也就是豆腐加猪血，也有另加猪肉和其他原材料的情形。农历冬至过后，春节的脚步声越来越近，邵阳乡下的农家，便开始了做“猪血丸子”的准备：选用自家栽种的黄豆，先用水浸泡几个小时，洗净，磨成浆，加上石膏粉做成豆腐。冷却几小时后，把豆腐放在一个干净的盆子里，捏碎，拌上适量的食盐、辣椒粉待用。杀猪放血时，用盆把猪血接上，猪血越新鲜越好。把豆腐与猪血混合拌匀，细细揉捏，越均匀越细碎越好。然后搓捏成圆形或椭圆形，搁在篮子里，置于柴灶上方加以烘烤。待水分烤干后，储存起来可以吃上一年半载，却仍能保持原有的味道：咸辣，烟熏，回味久长。

我曾说过，一种食物，是在餐桌上实现销售还是在柜台上实现销售，是划分菜式和食品的基本依据。按照这种划分方法，“猪血丸子”也可以归类在食品的范畴。“猪血丸子”的制作方法与香肠差不多，是半成品的方便菜，易于标准化生产，所以现在能在有些超市的货架上看到“猪血丸子”也就不足为奇了。

作为道地的邵阳家常菜，“猪血丸子”的发明权无疑属当地百姓，能够让“猪血丸子”走出邵阳大山，走向全国的通都大邑，许多邵阳人把这份功劳记在一位邵阳名人的账上，这个人就是民国时期再造共和的名将蔡锷。

蔡锷字松坡，祖籍宝庆府。松坡先生自邵阳走出后，先后求学于长沙、上海，并远渡东瀛。1911 年，时年 29 岁的蔡锷被清廷任命为新军第 19 镇第 37 协协统（旅长），后又被云南各界公推为云南都督，不到而立之年却居封疆大吏之位。蔡锷就职后，广泛团结各界人士，积极更新人事，革除弊政，整顿财政，裁减军队，兴办教育，开发实业，云南气象为之一新。为了和谐上下左右的关系，深谙中国文化精髓的松坡先生，往往在府邸宴请云南各界大佬，并让从家乡带去的厨师，做道地的邵阳菜式宴客，每席必有“猪血丸子”。席间，松坡先生必将“猪血丸子”向各位宾客隆重介绍。渐渐地，被松坡先生宴请过的宾客，背地里就把“猪血丸子”戏称为“松坡猪血丸”。消息传到蔡锷的耳朵里，蔡将军哈哈一笑说：“这个菜名我喜欢，也算是本人为家乡做的一点儿小贡献吧。”

1913 年 10 月，蔡锷奉袁世凯之命调到北京，任全国经界局督办。袁世凯自 1912 年当选为中华民国临时大总统后，其政治野心不断膨胀，朝着复辟帝制的道路疾进。袁世凯复辟帝制的活动，使蔡锷气愤难平，他决心以武力“为四万万人争人格”，倒袁护国。于是他表面上装出不关心政治而醉心风月的样子，常去北京八大胡同流连，与名妓小凤仙厮混，每每携小凤仙在青云阁的普珍园大摆宴席，与京城的高官显要觥筹交错，推杯换盏。以松坡先生做主人的宴席，必定会有“松坡猪血丸”，席间松坡先生必将“猪血丸子”大大介绍一番。一时间，邵阳家常菜“猪血丸子”随着蔡将军的推介，在京城一帮大佬中小有名气。这正应了一句古话，“山不在高，有仙则名”，来自邵阳山旮旯的土菜“猪血丸子”，沾了蔡将军的贵气，成为天下名菜。

具有邵阳传统风味的“猪血丸子”有多种吃法，可随个人的意愿而定。用水煮，用油炸，都行。大多数人的吃法，还是把它与邵阳腊肉一齐加了大蒜炒了吃。吃席面时，“猪血丸子”品相颇不起眼，颜色似川式香肠般深重，甚至是黑乎乎的，加上整个菜式表面，铺着一层火红的辣椒，让怕辣的食客心生畏惧，猛地一看，“猪血丸子”透着一股粗俗味道，但是吃进嘴里，却能体味到它咸辣熏香的特殊风味，如果把它与松坡先生与小凤仙的传世爱情故事联系起来，再来吃这款平常的邵阳家常菜式，不一样的感觉油然会在心间荡漾开来。

仓埠“臭皮子”

在看电视纪录片《舌尖上的中国》时，我特别喜欢第三集《转化的灵感》中的一组镜头，高清摄像机拍摄的毛豆腐画面，略微泛黄的毛豆腐身上披着一层洁白的细绒毛，在特写镜头里，显得纯粹而宁静，伴着男声画外音的解说，“安徽南部，独特的地理环境和温润的气候促成了人们恬淡保守的气质，也孕育出了特有的食物——毛豆腐。……”这组画面让我吞了口水，联想起了在武汉远城区新洲的一个小镇——仓埠吃霉千张的体验。

仓埠离汉口中心城区大约70公里的路程，每年我都会去几次，并在仓埠结交了多位朋友，每次到仓埠都受到朋友们的热情款待，尝遍镇上的餐馆。去的次数多了，对仓埠产生了感情，仓埠的朋友就赏给我一个“荣誉镇民”的“虚衔”。据我的观察，仓埠最有名的出产有两项，一是将军，从北洋政府时代（1912—1928年）到民国时代，不到40年时间，仓埠一个小镇竟然出了47位少将以上的铁血军人。全国有红安、兴国、麻城等多个“将军县”，但没有一个镇是被称“将军镇”的，如果有，我想“将军镇”的荣誉非仓埠莫属。二是“臭皮子”，仓埠出产的“臭皮子”具有芳香浓郁的特殊风味，仓埠人喜爱异常，并且远近驰名。

当我把对仓埠的观察结果说给仓埠朋友听时，得到了他们的高度认同。

关于仓埠的将军，我在一篇散文《仓子埠》中说过了，这里只谈仓埠的“臭皮子”。

“臭皮子”是仓埠人的方言称谓（湖北红安、麻城一带也是如是称呼），也就是《舌尖上的中国》中所说的毛豆腐。其实，称其为霉千张或者霉千张筒的地域更为广泛，也有地方称霉千层的。武汉方言称为霉千张。霉千张在长江沿线各地均有出产，比如绍兴市上虞松厦镇的霉千张是著名特产，制作历史悠久，以鲜洁、清香、素淡而闻名，是豆制品中的佳品。红安“臭皮子”亦为当地著名特产，相传起源于宋朝初年，本为寺庙素食，后流入民间广为传播。霉千张与腐乳、豆豉、黄酒、泡菜一样，都是中国人以“发酵”的手法，用一些坛坛罐罐，加上经年的经验积累和敏锐的直觉，打造的一个有别于新鲜食物的吃食新境界。

据专家考证，霉千张的发端与豆腐的发明，相差千年有余，大约是在宋初。2000多年前，淮南王刘安在术士门客游说之下，于八公山下，用黄豆和盐卤来炼丹，结果炼丹不得，却有意外之喜，收获了雪白细腻的豆腐。有了豆腐的发明，我们的先人一路走下来，又有了干子的发明，继而发明了千张等豆制品，然后通过时间的转换，用坛罐作盛器，以新鲜的豆腐和千张等豆制品作原材料，在合适的季节、合适的气温下，引导微生物们按正常的发酵路子演进，加上时间的元素，制成了臭豆腐、霉千张等与新鲜豆腐、千张味道迥异的风味美食，丰富了我们日常三餐家常菜的菜谱。

包括霉千张在内的发酵食物的最大特点，在于闻起来特臭，吃起来特香。在一种吃食身上，能够这样把嗅觉闻到的极臭与味觉上尝到的极香两者高度统一起来，确乎体现了中国人的生活智慧。

仓埠人制作“臭皮子”，与江南各地制作霉千张的方法大致相同，都要经过制成千张、酸化、卷筒、进霉箱、霉程、倒箱、成为霉千张的过程。据仓埠镇集贸市场上多年自制“臭皮子”售卖的老人介绍，“臭皮子”制作过程大抵如斯：选用整张新鲜千张，切成长方形。取生产豆腐的酸下脚水，将切块的千张一张张分散，置于50摄氏度左右下脚水中浸泡一刻钟左右，浸泡时间长短视气温高低而定。气温高，时间短；气温低，时间长。将经过酸化的千张置竹筛布上，沥去浮水。用手工卷成千张筒。将卷筒千张一条条摇在霉箱中霉制，保温发酵。视气温高低，2至4天不等，千张筒上隐约可见白色毛霉菌丝；品温上升，此时倒箱，将上下霉箱颠倒堆垛。第二天，毛霉长满千张筒。将霉箱散开降温，再过1至2天，菌丝变淡黄红色。出箱，即成霉千张。仓埠集贸市场上出售的“臭皮子”，外表与《舌尖上的中国》里的画面一样，表里有一层细密的绒毛，软软的，吹出一口气，细绒毛便向一边倒伏。把“臭皮子”上手，感觉湿润润滑腻腻的，离鼻子还有尺多远呢，一股子霉臭味便直冲鼻腔。

我们现在能够轻易把制作霉千张的整个工艺流程复制出来，其实这个过程被我们的先人探索了不知多少年，这其中要逾越障碍，要营造条件，要把握机缘，要经历挫败，才达成让食物转化为美食的境界。这个过程不知耗费了多少年月？

总体来讲，汉口城里人也比较喜欢吃霉千张，只是烹制霉千张的菜式方法单调了些，不管是去餐馆还是居家做饭，霉千张的通常做法，离不开烧霉千张、干煸霉千张、炕霉千张几样。似乎仓埠人对“臭皮子”的理解有几许深刻，除了常规的烧霉千张、干煸霉千张、炕霉千张之外，他们更擅长将“臭皮子”打汤。把霉千张与菠菜、小白菜搭配，制成味道纯粹的素汤；把霉千张与肉丝或肉片搭配，制成荤汤。不管是素汤还是荤汤，霉千张的鲜美之味都在汤中占了主导地位，不用放胡椒，也不用添加味精，霉千张在汤里释放的鲜劲，会让每一个品尝霉千张汆汤的人，味蕾得到极大享受。

我到仓埠镇上的餐馆吃饭，尤其喜欢喝霉千张和蚕豆米、鸡蛋花、瘦肉丝汆出的汤。此汤不仅好喝，亦好看，蚕豆米嫩绿，鸡蛋花淡黄，几筒霉千张米白，汤中撒上绿葱，色调搭配协调，还没喝上几口呢，早已饱了眼福了。送一匙汤入嘴，那个滋味的鲜劲儿，难以言表，这种鲜，不是用味精、鸡精等调味品调制出来的味道，干净而纯粹，喝过几口，其味觉记忆极为深刻，很难忘怀。

说句没出息的话，我一年去几次仓埠的原因，除了惦记仓埠的朋友外，还与喜欢吃这里的“臭皮子”有关，从正面理解，这也体现了美食确实有巨大的吸引力吧。

洛带“伤心凉粉”

凉粉，武汉人又称凉皮。作为一款凉菜或者一味小吃，出现在夏季武汉人居家的餐桌上或者餐厅酒店的宴席上，不算稀奇，本地居民只是把凉粉看成一款节令应景的凉碟而已。

我在读小学和中学的时候，学校门口也有卖辣凉粉的摊子，彼时的凉粉是当作小吃品种供应的。放学了，男同学们把早晨过早省下的早餐钱，忙忙地递给卖凉粉的摊主，然后用一支玻璃管，吸那软软的、微辣微辣的凉粉，那个味道很是过瘾，让人印象深刻。盛夏时，天热火气大，胃口不好，我们通常会去集贸市场的豆制品摊上，买上一方凉粉，回家后用刀划成块状，用开水把凉粉过一过，然后拌上胡椒、味精、盐、姜丝、蒜泥，泼上辣椒油，淋上香油，撒上葱花，便做成了一碗佐酒下饭皆相宜的凉拌粉皮。所以，不论作为小吃，还是作为凉菜，凉粉在武汉人的饮食生活中都不陌生。

如果把武汉人熟知的凉粉在名称之前加上悲情的修辞，称之为“伤心凉粉”，武汉土著难免会有怪怪的感觉。因为，在湖北菜式或者小吃中，很难找到把菜名或者小吃的名字起得这么有悲苦意味的。追溯起来，“伤心凉粉”的发源地，确实不属湖北，而是四川，“伤心凉粉”甚至算得上是川菜或者四川小吃的代表品种之一。

最近，梅园宾馆正在举行“川菜美食节”，我与好吃佬朋友被梅园宾馆行政总厨王安国邀去品尝四川厨师主理的川菜，这叫瞌睡来了遇上了送来的枕头，正好应点——就算没人邀请，我也正打算去梅园宾馆看看。主人让入席各位点菜，我便点了作为凉碟的“伤心凉粉”。

我认识“伤心凉粉”是在 2013 年暮秋时节我去成都龙泉驿洛带古街游玩之时。洛带古镇离成都市中心大约一个小时车程，也是成都一个著名的旅游景区，确切地说，洛带是一条透着古色古香古味的街道，这条近两公里长的古街上有多家店铺当街售卖“伤心凉粉”。在洛带，“伤心凉粉”是当小吃卖的，一年四季应市，价格是三块钱一碗，也有两块钱一碗的。“伤心凉粉”这个悲情的名字很让我好奇：一款吃食，里面究竟藏有多大的冤屈，一吃起来就泪洒衣衫伤心不止？

本来，在中国饮食文化传统中，为菜式起名，多会讨个吉利和有一个好口彩，菜名的寓意不外乎为福禄寿喜、天长地久、吉庆有余等美好意愿，而“伤心凉粉”这一菜名，确实有“逆袭”中国人习惯思维的味道。

“伤心凉粉”在武汉会让人称奇，而在四川成都，却几乎无人不知，无人不晓。“伤心凉粉”的知名度在成都之高，与热干面的知名度在武汉之高可有一拼。成都人都知道“伤心凉粉”发端于市郊的洛带古镇。四川多古镇，洛带大不同。洛带古镇与四川其他古镇的最大不同，在于洛带是一个客家文化的川西遗存，被誉为“中国西部客家第一镇”，镇上的居民大约有九成是客家人，客家人之间交流使用的是客家话。按照专家学者对客家文化的研究结论，客家人是一个具有显著特征的汉族民系，也是汉族在世界上分布范围最广阔、影响最深远的民系之一。客家人在秦汉之前，其祖先也是居住在中原的汉人，因战争、灾害等原因，这个原本是汉民族的一个族群，为避灾祸，在两千年的历史长河里，经过大规模的6次迁徙而形成了一个被称作客家人的汉民族民系，远避灾祸的客家人往往定居于自然条件恶劣、环境偏僻的山区，但是勤劳的客家人却在自己的土地上创造了属于自己的历史和文化。“伤心凉粉”的诞生和流传，可以看作是洛带客家人创造客家饮食文化的代表产品之一。

“伤心凉粉”在洛带诞生有两个版本。

一种版本说，百余年前，由广东迁移到洛带的这群客家人在不引人注意的偏僻之地安定下来，背井离乡，人生地不熟，自我封闭成为一个小众群落。洛带客家人每天日出而作，日落而息，晚上全家人辛苦一天，坐在一起“折饭”（客家话，意思是吃饭），而主食便是以白豌豆制成的凉粉。每每此刻，端起饭碗便想起了远方的亲人，感怀自己终日的辛劳，倍感“伤心”，久而久之，洛带客家人便把晚餐主食凉粉称为“伤心凉粉”了。

另一种“伤心凉粉”诞生的版本，与制作凉粉的过程和食用体验有关：洛带客家人在做主食凉粉时，必先将白豌豆用清水浸泡，夜深人静时用石磨慢慢地将浸泡的白豌豆磨成粉浆。之后，收干水分变成豌豆粉，再将豌豆粉熬成浆，放入缸钵冷却成块状，就成了白中泛黄、柔嫩化渣的客家凉粉。这样日复一日、年复一年的劳作，劳动者深感身心俱累，做得“伤心”。主食凉粉里放有海椒、花椒，吃的时候，海椒辣得嘴巴合不拢，花椒麻得舌头都木了，气冲头顶，额头出汗，泪花盈眶，辣麻刺激，自然让人两眼泪汪汪，状似伤心，因而洛带客家人把白豌豆制作的凉粉叫做“伤心凉粉”，也有的称作“客家伤心粉”。

我在洛带镇上买过一碗“伤心凉粉”尝过，白凉粉在海碗里堆起，白粉上披上了一层油红油红的辣椒油，撒上芝麻、香菜等配料，色调红白绿诱人，吃上一口“伤心凉粉”，嘴里有一种像要爆炸似的辣，赶忙“丝丝”地吸气，两脚跳将起来，有离地想飞的感觉。再吃一口，麻味把舌头和沿着嘴唇的一圈部位麻翻了，除了麻味，再也分辨不出别的滋味了。

我们在梅园宾馆吃的“伤心凉粉”与洛带的“伤心凉粉”在麻辣味道上如出一辙，完全是川菜范儿。因为我有过吃洛带“伤心凉粉”的体验，所以特意让服务员端来一碗凉白开水，每夹一筷子凉粉，我便在白开水里涮涮，虽然“伤心凉粉”的麻辣味道依旧，但不至于辣得额头冒汗，舌头麻得不知所以。同席的朋友嗜辣嗜麻，大口大口吃着被辣椒油浸透了的“伤心凉粉”，满脸热汗涌出，脸红脖子粗，我看得羡慕，他道一声“过瘾”！

此时此景，吃“伤心凉粉”的和看吃“伤心凉粉”的我们一群人，都觉得过瘾。

安陆，白花花的菜

我的一位安陆籍老同学到武汉探访，给我带了两袋安陆土产白花菜，还笑着说："礼物太轻，拿不出手。"我忙着感谢不迭。古人有云，千里送鹅毛，礼轻情意重，更何况，安陆的白花菜是我所爱，这份礼物怎能言轻？

我过去在新闻单位供职时，一年间都要去安陆公干两三次。安陆是孝感市所辖的一个县级城市，离武汉只有百公里左右的距离，交通十分便捷，很早就有公路和铁路相通。这座小城史上最为有名的人与事，是唐代大诗人李白曾在这里前前后后生活了将近十年，文学史称"酒隐安陆，蹉跎十年"，故而安陆被称作是李白故乡。现在全国的城市宣传，时兴打名人牌，所以一进安陆的地界，就有一大招牌映入眼帘：李白故里。其实，去安陆这座城市观光，归纳起来的亮点，是访李白故居，登白兆灵山，喝封缸郧酒，吃白花咸菜，游银杏长谷……呵呵，安陆现在是铁了心要借李白的光了。

以前每次去安陆，都会叨扰同学，同学的每次招待宴席，必有安陆的地方特产白花菜。那时白兆山和银杏谷都还没有建成旅游风景区，安陆所产的郧酒和特产白花菜就成了安陆人待客的特色物品了。晚上从宾馆溜达去排档摊上吃夜宵，看安陆人吃白花菜炒鸡蛋、肉烧白花菜，每桌上立一瓶郧酒，高声大嗓地喝酒猜拳：“红梅花的花呦，白花花的菜耶”……安陆人大口喝郧酒，大口吃白花菜的情景，给我留下了深刻的印象。

郧酒于本文暂不去说了，且只说白花菜。

白花菜又名香菜，含有特殊的白花菜素。连片栽种白花菜，夏月开花时节，茫茫的一片雪白，蔚为壮观。白花菜全身是宝，花、叶、茎作为菜蔬，时常出现在居家百姓的餐桌，《本草纲目》记载说：“菜气膻臭，惟宜盐菹食之。”也就是说，白花菜主要是当作腌菜吃的。白花菜果夹似羊角，白花菜的小白花所以又叫羊角花。微风拂过田野，其花姿似蝴蝶翩翩飞舞，优美别致，所以又叫醉蝶花。小白花既可当优良的蜜源植物，招蜂酿蜜，亦可入药，《本草纲目》记载，白花菜的小白花“主治下气，煎水洗痔，捣烂敷风湿痹痛，擂酒饮止疟”。

本是“下里巴人”的白花菜却是安陆市的地理标志蔬菜品种，在安陆的栽种历史久远，且栽培面积不少。据康熙《安陆县志》记载：“白花菜，夏月开小白花，可为齑，香味绝胜，有红梗白梗两种，红梗尤美，他处皆不及，亦土性异也”。白花菜在安陆地界上均能栽种，却以府河、漳水两岸种植的白花菜味道最为纯正。其实白花菜并不是安陆独有的蔬菜品种，湖北其他许多县份都有出产，比如麻城、新洲、大悟、云梦、应城、广水等地都产白花菜，只是安陆与那些地区相比，气候条件如日照、风、雨、雷电、气温加上水土条件，更适宜于白花菜的生长罢了。白花菜性喜向阳温暖，较耐旱，生长季节短，且再生能力强。近年来安陆市推广应用立体栽培技术，将白花菜与其他农作物间作套种，一年可播种 3 至 4 次，每种一次可采摘数次。

在整个孝感地区，安陆白花菜的声名都很响亮。白花菜这么有名，或许是它与诗仙李白有关，与李白隐居安陆时一段凄美的爱情故事有关吧？

相传，李白来到安州（现安陆市）后，他已是“对着窗户吹唢呐——声名在外”了。仰慕他的人品、才华者，除了文人墨客，饱学之士，倜傥才子，还有小家碧玉，大家闺秀，其中不乏知书达理，外秀内慧的才女。话说府城西南涓水河畔有一个天灯村，村里有一位姓白的私塾先生，养育了一个芳名叫“白花”的女儿。白花姑娘天资聪颖，自小跟随父亲熟读诗书，诗词歌赋皆能成章，琴棋书画无不通晓。白花姑娘有“沉鱼落雁之容，闭月羞花之貌”，年方二八，还待字闺中。受各个东家委托前来说媒的媒婆三天两头光顾白花姑娘的家门，并携数量不菲的绫罗绸缎、金银珠宝前来提亲。那些看中白花姑娘的人家，都是安州城里的“狠角”，不是富甲一方的员外之家，就是身穿官衣的官宦府第。但不管是何方神圣，他们一概没能进入白花姑娘的法眼。

常言道，春天的云，少女的心，意思是少女的心思不好琢磨。白花姑娘把一干前来提亲的人拒之门外，是有原因的，原来她已是芳心暗许，心有所属了。

春天某日，李白郊游至河西天灯村，不期同白花姑娘邂逅。古人说郎才女貌是不错的，李白风流倜傥，白花姑娘貌若天仙，这一对可人儿四眼相对，一见钟情，迅速坠入爱河，并私订终身。作为两人相爱的信物，李白送给白花姑娘一块白玉环佩饰，白花姑娘则回赠给李白一块绫罗手帕，上面绣着红枝绿叶白花——这正是安陆白花菜的形状，表明自己愿与李白“白头偕老，忠心不变”的心迹。

正当李白同白花姑娘做着夫唱妇随、琴瑟和鸣的美梦时，灾祸却在不知不觉中降临。当朝皇帝颁布诏书，要在天下海选妃子。早就被官府惦记的白花姑娘，理所当然地被列入了送京名单。白花姑娘知道自己躲不过这场劫难，就在州府准备将她送到京都长安的头天晚上，纵身投进了波涛滚滚的涓水河。从外地访友归来的李白闻此噩耗，悲愤交加，伤心欲绝，一头扑在白花姑娘的坟头哭得昏死过去!

夜半时分，身心俱疲的李白似睡非睡，似醒非醒。睡梦中，白花姑娘飘然而至，托梦于他，说她现在已位列仙班，成了白花仙女。她还安慰李白，不要因为思恋她而过度悲伤。如果李白想念她，可将她送给他的那块手帕摊开在她坟前的地上，就可以见到地里长出一株红枝绿叶托着的白花。李白按照梦中姑娘的话去做了，果然看见地里长出一朵朵白花。他从没见过这种花，便把这种花称为白花，与白花姑娘同名，以示对白花姑娘的怀念。

李白从地里扯一把白花菜回家，当成菜蔬，没想到竟很美味。李白将自己的发现转告左邻右舍，美味白花菜一时流传开去……从此以后，安陆的田地里种上了大片的白花菜，夏季花开，白茫茫如荼如雾，亦如李白对白花姑娘的无边思念，亦如李白绵绵不绝的诗思……

老同学说给我带来的白花菜是用传统方法腌制的。回家后，我剪开包装袋，闻起来有淡淡的臭味，用筷子夹几根白花菜入口，味道咸鲜，口感丰富且回味持久。按照安陆人的吃法，白花菜可与多种食材搭配烹出多款菜式，如白花菜炒肉丝、白花菜炒鸡蛋、白花菜炖鱼头、白花菜炒饭等，用白花菜配成各式火锅，别有一番风味。某天，有家餐馆请我去试菜，我便把白花菜带上，让厨师用白花菜炖胖头鱼的鱼头。这款菜式我有好多年没吃过了，现在吃着白花菜炖胖头鱼头，让我一下子找回了 20 年前在安陆吃这道菜的感觉，透着无比的亲切。

哦，原来逝去的日子里，还有如许美味的记忆。

龙虾宴

先得说明一下，本文所说的龙虾，不是指诸如澳洲龙虾之类的海鲜，而是指当地当季，武汉每个农贸市场都在热卖的小龙虾。

小龙虾在武汉还有别的名字：龙虾、虾子等等。小龙虾在本地绝不是稀罕物，而是个大路货。只要是个武汉人，吃过小龙虾肯定不算稀奇，稀奇的是吃龙虾席，若问吃过用小龙虾做成的全虾席面有没有，回答肯定的人数，恐怕不会太多吧？

前几日受邀去汉口台北一路（市青少年宫后门）一家叫“可可龙虾”的餐厅吃虾，一桌席面，十几道菜，全由我们司空见惯的小龙虾烹成。援引“全鱼宴”“全羊宴”的概念，我把全部用虾制成的这桌席面称之为“龙虾宴”。

之前，我没吃过龙虾全席，也没有想到过用龙虾食材还可以做出这么多种菜式。你瞧眼前这桌席面吧，先从味型上说，酸、甜、辣、麻、咸，五味皆有，味型不可谓不多样；再从色彩上说，红、黄、绿、紫、橙，五彩斑斓，色泽不可谓不丰富。你听听这些菜名，耳朵眼睛就该不够用了：“榴莲龙虾”“可可蒸虾”“油焖龙虾”“凤梨龙虾”“槟榔龙虾”“鲍鱼龙虾”“紫苏龙虾”“青芥龙虾”“麻辣龙虾”“香辣龙虾”“白灼龙虾”“干煸龙虾”……接待方笑称：

如果桌面够大，他们能够奉上的虾菜还可有一二十款之多。

这桌“龙虾宴”主食材只有龙虾一种，配料却不单调，所以能够从“龙虾宴”中品味到榴莲、紫苏、芥末、槟榔、凤梨、鲍鱼等的不同滋味，确乎是味蕾的盛宴。

老实说，这桌“龙虾宴”的花样真有点让人大开眼界，也让人心生感慨。

感慨之一是吃龙虾已然进入了高消费的行列。一餐下来，四五个人的消费就已过千，不含酒水，人均消费超过两百元。事后，我曾将吃这桌龙虾的价格拿来与吃“快乐海鲜”的海鲜价格作过比较，意外发现吃小龙虾的价格比吃海鲜的价格只高不低。

在武汉乃至湖北，吃小龙虾在二三十年前才开始兴起，不承想，演变至今已成为餐饮时髦大潮。常言说沧海桑田，谓之变化巨大，而巨变的前提条件，是需要时间的沉淀。吃小龙虾的这段辰光，在历史长河中只是短暂的瞬间，却漂漂亮亮地完成了“鲤鱼跳龙门”的华丽转身，从“草根”跻身豪门，变化之快，变化之大，让人甚感不可思议。

每年自春天 4 月起至秋天 9 月止，便是武汉这座城市的小龙虾季。在这段时日，经营各种菜系的餐馆、火锅店不约而同地都开卖小龙虾。更有偃旗了一个冬天加一个春天的各个虾店，“前度刘郎今又来”，一家家忙着张灯结彩，搭棚架屋，置柜设炉，换上新招牌，虾店开张，不供应别的肴馔，专以小龙虾飨客。在这个季节，武汉人吃龙虾蔚然成风，成为具有汉风汉味之一景。

感慨之二是“龙虾宴”颠覆了我们对烹饪小龙虾的传统概念，烹饪龙虾的技法早已不是传统的油焖、清蒸、卤、红烧所能包括的，龙虾烹饪技法已然多样化。

我们把市面上所有供应小龙虾品种的烹饪方法作个梳理就会发

现，现在市面上流行的龙虾菜式，不外乎用四种烹饪方式加工而成：油焖、清蒸、卤、红烧。客观地说，这四种烹饪方法亦确实能够体现湖北传统烹饪方式的特点，也与龙虾的溶油特性相匹配，小龙虾能够从湖北走向全国，风靡大江南北，这四种烹饪方法是立了功的。

我曾写过文章，分析过湖北菜在全国少有影响的原因，在于没有真正意义上的一款湖北菜式，能够被南北西东各地的食客普遍接受。比如武昌鱼、鮰鱼、藕煨汤……这些湖北的代表菜式，都没能被全国各地的餐饮市场完全接受，而只能说是区域性地走出了湖北，走向全国。究其原因不外乎有三点：一是受制于食材的供应，二是味型的单一，三是烹饪手段不够丰富。有此客观存在的三大拦路虎，湖北菜只能是墙内开花墙内香的现实情状。

在我看来，以小龙虾为食材制成的菜式，却完全具备能够走向全国的可能性。理由也不外乎三点。

一是龙虾食材供应的广泛性。湖北有适宜小龙虾生长的水域条件，小龙虾繁殖能力强，出产量大，湖北的潜江、洪湖等地，已经形成了小龙虾养殖、运输的完全产业链，能够在短时间内将本地龙虾运往全国各地。也就是说，湖北小龙虾的出产完全能够满足全国餐饮市场的实际需要。

二是烹饪龙虾味型的丰富性，决定了受众参与的广泛性。在“可可龙虾”吃到的这桌“龙虾宴”，表明龙虾烹饪味型之多样丰富，可以满足从南到北、从西到东不同地区人们的味型嗜好。不管你是嗜吃酸、甜、咸、麻、辣中的哪一类，丰富的龙虾烹饪味型中，总有一款能满足你的味蕾需求。

三是龙虾烹饪技法的多样性决定了菜品发展的更大空间。烹饪十八般技法中的烧、煸、蒸、卤、焗、焖、烤……全部可以用来烹饪龙虾，正由于有多样性的烹饪技术作基础，才可能满足不同地区人群的味型需要。“可可龙虾”用了多种技法烹制龙虾的实践，为湖北龙虾走向全国，火遍全国作了有益探索。

我想，如果武汉餐饮市场上还有许多龙虾店、龙虾馆能像“可可龙虾”一样，加入用心探索龙虾烹饪多样化的队伍中来，小龙虾火遍全国肯定不是遥远的梦，湖北菜在全国餐饮市场上的地位得到提升也不是遥远的梦！

潮州“烧雁鹅”

每隔一段时间，我都会和一帮好吃佬朋友，相约去潮汕餐馆“打牙祭”吃潮汕菜。

若说对美食的热爱，就不能不说亦不能不尝粤菜，不能不说亦不能不尝粤菜中的潮州菜。毕竟，粤菜向来排在四大名菜之首，而潮汕菜又为粤菜顶起了一片天。

潮州菜源于广东潮州（今潮汕地区），简称潮菜，已有数千年的历史，与广州菜、客家菜并称为粤菜，具有浓郁的岭南文化特色。潮州菜用料广博，具有“三多”的特点：一是水产品多。大半取于海族，鱼、虾、蚌、蛤等一直是潮州菜的主要用料，可以烹制成许多名菜佳馔。二是素菜式样多且匠心独具。它是与肉类同烹而成，上席时却见菜不见肉，系素菜荤做，使它达到“有味使三出，无味使三入”的境地，让青蔬软烂不糜，饱含肉味，鲜美可口，素而不斋，堪称中国烹饪文化中“调和五味”的典范之作。三是甜菜品种多，而且用料特殊。潮州菜是为“食在广东”的美誉起了重要支撑作用的。以我看，潮州菜还有个与其他各菜系大不同的特点，在于它的酱碟佐食，一菜一味，一菜配一碟酱，绝不混搭，酱碟之繁多，味型之讲究，确乎蔚为大观。以酱碟佐食的精巧、花样繁多而论，潮州菜独步全国，无可匹敌。

本来，享受潮州菜的美味，是广东人的专美，但随着时代发展，尤其是经济的勃兴，现在早已不是广东人专美潮州菜的局面了。比如我居住的这座城市，足不出武汉的城池，不仅能够吃到高档、中端的潮州菜，而且还能吃到最接地气的大排档潮州菜。譬如说，吃高档潮州菜可去汉口沿江大道上的星级酒店明珠豪生、航空路口的天禄华美达酒店，吃中档的潮州菜可去新华下路广东商会办的广东餐馆、汉口建设大道武汉烟草大楼的潮汕餐厅。至于吃排档潮州菜，可以选择去藏身于街巷狭窄的民意四路、门脸不怎么凸出的“潮汕菜馆”，有郑姓一家人从汕头北上来武汉开了这间小店，凭借烧出的一手潮州好菜，经年经营潮州大排档。就开餐厅而言，不管经营什么菜系，好吃不贵性价比高而店家又能赚钱，就是能立足于市的硬道理。正基于此，“潮州菜馆”于我而言，是有相当吸引力的。

一群好吃佬，时隔月余一定会结伴到“潮州菜馆”吃排档潮州菜。

点菜时，总少不了要点一款“烧雁鹅”。

在潮州菜系中，“烧雁鹅”是颇具潮汕地域特色的传统代表菜品之一，而且具有久远的历史传承。

中国人吃鹅的历史相当长。据朱伟先生所著《考吃》里说，鹅在周朝就是六牲之一，既当祭品，又充庖厨，屈指算来将近有三千年的历史了。所谓六牲，是指牛、羊、豕、犬、雁、鱼。雁就是鹅。《尔雅》里说：“舒雁，鹅。”野雁驯养，便成了鹅。李时珍在《本草纲目》中释名说：“鹅鸣自呼，江东谓之舒雁，似雁而舒迟也。”据李时珍的考证，其实鹅分两种，一为苍鹅，一为白鹅。据说苍鹅食虫，白鹅食草，苍鹅有毒，一般不为人食用。古人食鹅，应是白鹅。事实上也是如此，直到现在，不管是哪种菜系，我们大凡所吃的以鹅为食材做成的菜肴，所用的也都是白鹅。

白鹅均为家养。它的体态优美，神态悠闲。古代的文人雅士，喜欢以鹅入诗，唐代诗人骆宾王在七岁时写的《咏鹅》：“鹅，鹅，鹅，曲项向天歌。白毛浮绿水，红掌拨清波。”少少的十八个字，把鹅在水中优游的体态和情状，描绘得惟妙惟肖，其艺术感染力延续了一千多年，直到现在，还有许多地方的小学课本里有这首诗。

以鹅制菜，早时的烹饪方法为炙，也就是现在的烧烤之法。《齐民要术》中，记有炙鹅之法四种。捣炙：“取肥子鹅肉二斤，锉之，不须细剉。好醋三合，瓜菹一合，葱白一合，姜、橘皮各半合，椒二十枚作屑，合和之，更锉令调，裹着充竹弗上。破鸡子十枚，别取白，先摩之，令调，复以鸡子黄涂之。唯急火急炙之，使焦，汁出便熟。”除此之外，还有衔炙、腩炙、筒炙三种炙法。古时吃鹅还有“封鹅”一法：“治净，内外抹香油一层，用茴香、大料及葱实腹，外用长葱裹紧。入锡罐，盖住、入锅，上覆火盆。重汤煮，以筋插入，透底为度。鹅入罐通不用汁，自然上升之气味凝重而美。吃时再加糟油或酱油、醋。”这种烹饪方法更接近现在的蒸鹅之法了。

事实上现在的潮菜“烧雁鹅”与古人炙鹅之法有很多相似之处，或许根本上就是从古人炙鹅方法传承得来：先把肥鹅收拾干净，将桂皮、八角、甘草放入小布袋里，扎口后，放入瓦盆，加清水、酱油、精盐、白糖、绍酒，用中火烧沸，放入肥鹅，转用小火滚约 10 分钟，倒出鹅腔内的汤水，再放入瓦盆中，边滚边转汤至熟，将鹅取出晾凉；片下两片鹅肉，脱出四柱骨，把鹅脊骨剁成方块，以湿淀粉拌匀，也将湿淀粉涂匀鹅皮待用。炒锅用中火烧热，下油至五成热，先放鹅肉皮向上，端离火口浸炸，边炸边用勺翻动，待油温下降后再端回炉上，继续炸至骨硬皮脆，呈金黄色时捞起。把鹅骨放入碟中，鹅肉料切长 6 厘米、宽 4 厘米、厚 5 毫米的块，覆盖在骨上，用香菜镶边，将胡椒油淋在上面。再配以潮州甜酱佐食。甜酱与“烧雁鹅”的搭配很有讲究。中医书上说，鹅，味甘，性平，利五脏，解五脏热，主消渴。小麦，味甘而性微寒。吃鹅配以麦酱，温凉相抵，气味调和，是养生食疗的很好配伍。

端上桌的“烧雁鹅”色泽红润，皮脆肉嫩，以甜酱佐食，甘香味浓。食烧鹅，再喝两杯白酒，酒不辣嘴，鹅不腻口，两者相得益彰，“烧雁鹅”堪称下酒好菜。这也让我理解了一个现象，当我们去广州的餐馆吃饭时，看到几乎稍有规模的餐馆都有“烧雁鹅”应市，原来，潮州“烧雁鹅”确有不同凡响之处，会吃懂享受生活的广东人，怎么会舍弃享用这样的美味？

筵席盘中品三国

陈寿的史著《三国志》和罗贯中的小说《三国演义》，尤其是后者几百年来的广泛传播，让远去的三国时代的那些英雄，至今仍是家喻户晓。三国的那段史实，甚至造就了一门“三国学”，养活了不少研究三国的人。操着一口让湖北人听来倍感亲切的“武汉普通话”的文化学者易中天教授，2005 年起开始在央视《百家讲坛》节目里讲解历史，品评“汉代风云人物”（《品三国》），以人讲事，以事评人，从三国的人与事中揭示历史事件的本来面目并评说普遍的人性。他以独特的见解和思维为我们讲述了一个个不同于过去观念上的人物，摆脱了人们传统平庸的认识。其独特的“武汉普通话”语调也成为很多人模仿的对象。易中天品评“汉代风云人物”节目，不知道让多少不同年龄段的观众成了他的忠实粉丝。《品三国》不仅使易老师红透了半边天，而且让 1800 年前的英雄们通过电视讲述方式进入了现代人的视线里。电视传媒与历史文化的结合，才造就了“汉代风云人物”节目的红火，对于央视《百家讲坛》栏目组来讲，确乎是对弘扬中国传统文化做出了特殊贡献。

无独有偶，对于有创新思维的厨师来讲，三国时代的英雄人物，又何尝不是菜式创新的着力点？我认识的一位叫杨俊的中年厨师，四川成都人，在武汉各大酒店司厨的经历超过了 20 年，现在是武汉一家叫“上品·天椒”川菜酒店的行政总厨，对烹饪技艺的钻研一往情深，他别开生面地将三国英雄与菜肴烹饪相结合，把刘备、关羽、张飞、曹操、赵云这些国人耳熟能详的三国人物，一个个装进了餐桌上的菜盘，独创了一个新菜门派——“三国人物菜”。

湖北、重庆、四川是《三国演义》中故事发生得最多的区域，相对于其他地区，三国故事在这三个地方流行的深度与广度更甚。这就为包括杨俊在内的厨师，能把烹制菜肴与三国人物两者扯上关系奠定了基础，食客从餐盘之中能“品三国”，也就增加了对菜肴的认同度。从这个意义上说，杨俊烹饪“三国人物菜”，不算是异想天开，而是顺势而为。

事实上，在杨俊之前，三国故事也曾进入湖北厨师的视野。上世纪 80 年代初，一个叫王文斋的名厨，烹制的“三国故事菜”在三镇厨界很有名气。武汉饮食市场上也曾零星地推出过以三国故事命名的菜名（我称之为“三国故事菜”），比如武汉商业服务学院烹饪系曾携“草船借箭”“舌战群儒”“火烧连营”“赤壁之战”等以三国故事为主题的菜式，参加全国烹饪院校创新菜品厨艺竞赛，并荣获比赛金奖。“三国故事菜”着眼点是故事，而杨俊的“三国人物菜”着眼点则是三国的人物，譬如“吕布花椒兔”“关羽荷香菜芯”“张飞黑笋焖猪脚”“赵云河豉油鸡”“马超烧肥肠”“张昭奇香鸭”……在杨俊的勺下，三国时期的主要人物几乎都成了下饭下酒的菜式。

前不久，应杨俊之邀尝过一桌“三国人物菜”后，我有如下体味：从食材上讲，鸡、鸭、鱼、鹅、猪肉、羊肉、牛肉、野猪肉、鸡蛋、鸭蛋、盐蛋、蔬菜、豆制品、海鲜……“三国人物菜”无所不包；从烹饪技法上讲，煨、煮、烧、烤、炖、炒、蒸、爆……

“三国人物菜”都有涉及。总之是川菜、鄂菜、湘菜的食材与烹饪技法为“三国人物菜”所用。客观地讲，如果抛开菜式命名这一特殊之处不论，杨俊烹制的菜肴，或许就是普通的川菜、湘菜、鄂菜而已。他的创造在于，围绕着三国人物的主题起名，把百八十道菜归在“三国人物”的整体范围之内，形成一个菜谱的概念，增加了菜肴的文化附加值。当顾客点上“三国人物菜”后，就能在“餐桌上重温三国故事，筵席盘中品评三国人物”了。于是，作为店家，菜肴增强了独特卖点，满足了食客的好奇心理。作为食客，由于菜名好读上口，也就便于记忆，客观上对“三国人物菜”的传播也大大有利。

以我的观察，杨俊为“三国人物菜”起名也不是拍脑袋得来的，总归是有依有据。一是有些菜为三国历史人物生前喜欢吃的，比如史料上说刘备生前喜欢吃椒香鸡；二是根据人物性格特点，比如张飞脾气火暴，性格直爽，做事干脆，烹制成块成坨的肉菜，以张飞之名冠之，食客也能接受；三是依凭自己的想象，靠直觉把三国人物与菜肴拉郎配，这个是杨俊读小说、看电视、看娃娃书的感受，我就没有多少道理好讲了。

如今，对于已经走进小康的国人来讲，饱腹填肚越来越不成问题，而吃什么，怎么吃越来越是个问题。增加菜肴的文化附加值，或许也算是解决食客吃什么问题的有益探索。当然，杨俊烹制“三国人物菜”的价值与易中天先生“品三国”的价值，两者不能相提并论，但杨俊对厨艺的探索精神和创新意识还是应该肯定的。

有一点必须说明的是，对于任何厨师而言，无论怎么给菜肴增加文化含量，来点“花活”，有一条是不能动摇的，那就是烹出的菜肴必须好吃，如是这一点儿不成立，其余的优势也就荡然无存了。

湖泗“合菜面”

也许是天性使然，我非常喜欢在植物生长旺盛的季节，去武汉周边乡镇村湾赏绿踏青。我谓之为“吐气”。武汉周边乡镇，我很喜欢去江夏的湖泗，原因是湖泗的主要产业为种草植树，所以湖泗的丘陵、田地，目光所及，一片翠绿，生机盎然，煞是养眼。更不用说，碧草绿树释放出浓度含量较高的氧气，深吸一口气，胸腔像被过滤了一次，让人能够品出空气里丝丝的甜味。另一个原因与我嗜吃有关，去湖泗游玩，可以吃到当地的特色菜——“合菜面”。对于吃地方风味的食物，我总是乐此不疲。

到远城区江夏“南八乡”之一的湖泗任何一户农家做客，你都能吃到当地人津津乐道的一道大菜——“合菜面”，能够领略到湖泗素朴的乡风和湖泗人的厚道，湖泗人拿“合菜面”待客，与武汉人用“排骨藕煨汤”待客一样，表达的是对来客的热情与尊重。

湖泗现在叫镇，地处江夏区境内东南部，位于江夏、大冶、咸宁三县市交界的边缘，是一个一鸡唱响三地的所在。其乡风民俗，受咸宁地域文化的影响甚深，当地方言与武汉人所操的方言完全不是一个语系，很难让外地人听懂。这大概也是“合菜面”没能北上武汉，而是南下咸宁的原因。事实上在武汉的餐馆的确吃不到“合菜面”，而在咸宁市的大小餐馆却都能吃到这款可称菜肴也可称主食的食物。

我把湖泗“合菜面”称为大菜，不是说做“合菜面”使用的食材有多么名贵，而是指“合菜面”原本就是个超级大杂烩，做这道菜的主料涵盖了粮食、蔬菜、豆制品和肉类，需要用到炒熟的面条、苕粉丝、豆腐角切成的丝、芹菜丝、土猪肉肉丝和用土猪肉熬成的卤汁，再加入调料如八角、五香粉、酱油、卤汁等一锅烩。而且盛菜上桌时，不是使用小钵小碟小碗，而是用与小锅般大小的汤碗，堆上满满一碗，“合菜面”往桌上一搁，有一股子迫人的霸道气势。

“合菜面”在湖泗地区流传有300余年之久。它的诞生，与灾荒饥馑的年代有关。

相传，明朝末年曾导致闯王李自成揭竿起义的那场漫无边际的灾荒，它的魔掌也曾覆盖湖泗地区。平常年份尤其是风调雨顺的年景，湖泗地区也算得上是鱼米之乡，收谷收麦，百姓的日子还混得过去。明末崇祯二年（1629年），湖泗地区一反常态的久旱无雨，是为百年不遇的大旱，白晃晃的太阳把大地烤得冒烟，把田里的稻子晒成了枯草，水田龟裂开像成年人脚指头般粗细的大口子。到了秋天，无论是水田还是旱地，基本上颗粒无收。许多农户家的粮柜，不管当家人怎么计算节省着吃，都难撑到明年新粮入仓。于是，好些乡人只好打算另行他途，秋冬之交掩上柴门，卷起铺盖，流浪他乡，以乞讨度日，以期熬过灾荒。

湖泗胡郑湾，有一位一辈子行医的老郎中，出面阻止了大家的外出乞讨。他的理由很简单，湖泗地区遭了灾，邻近的县乡何尝又没受灾？那里的人家还不是与湖泗的农人一样，缺吃缺喝。当自己的日子都过不下去，哪里还会施米舍粥给讨米要饭的人呢？他主张还是要在本乡本土自己想法子，靠自己的力量扛过艰难的过日，挣扎着活下去。

老郎中带头把自己家的粗粮细粮全部拿了出来，然后集合所有人家的粮食，再想办法。

榜样的力量是无穷的，一户、两户，所有的村民都把粮柜打开，取出仅有的粮食。这些粮食的品种有粗有细，五花八门，全部交由老郎中调配使用。老郎中担负起了全村人的生命重托，把平生行医的本领都使了出来，带人四处寻药草，剐树皮，扯野菜，然后把它们与各种粮食混合在一起，做成大杂烩似的饭菜，依据全村男女老少人口数量，定人定量，每日只吃一餐，细水长流，维系着村人生命的延续……终于，熬过了新年，等到了夏季新粮下来，乡人缓过了一口恶气，延续了生命。全村人终于熬过了灾荒。从此，湖泗人把“合菜面”视为“救命饭”，每有大事，必做“合菜面”。

“合菜面”救过村人的性命，或许才是湖泗人喜欢“合菜面”的深层原因。我想那时的“合菜面”，是不能叫做菜或称作主食的，应该就是我们在“文革”时期吃过的“瓜菜代”似的忆苦饭吧，从美味的角度上讲，根本无从谈起。

随着时间的推移，尤其到了近几十年，农村的变化带来农家收益的提高，原来只有过年过节才能见到的荤腥，现在平常时日都能吃到。“合菜面”的食材内容，于是也相继发生了变化。“合菜面”甚至演变成了乡风乡俗中红白喜事第一道必备的大菜了。

从烹饪方法上讲，“合菜面”有点儿像东北菜的“乱炖”，加什么食材也没有一定之规。其中必加的豆腐角，是湖泗的特产，风味独特，凡吃过湖泗豆腐角的人，很难忘记那种独特味道。挂面干炒，至焦而香；卤汁入味，肉丝鲜嫩，“合菜面”进入了粗菜精做的阶段了。甚至，湖泗的村民把能不能够做好“合菜面”，视作农户主妇能干或不能干的标尺，一个能做好“合菜面”的主妇，能够让她的男人在村里很有面子。

杜甫说，“花径不曾缘客扫，蓬门今始为君开”。湖泗人好客，每有城里人前来做客，正式开席款待来客前，必先去做“合菜面”，邻里的小孩或妇女，都喜欢去厨房讨些“合菜面”吃。没有哪一个湖泗人家会拒绝邻里乡亲讨吃“合菜面”，而舍吃的厨师，看见有人讨吃“合菜面”，往往喜得合不拢嘴，因为讨吃的人越多，说明做“合菜面”这家人的人缘越好。盛“合菜面”的盆子越大，说明家境越好。一款吃食，成了衡量邻里之间人际关系、农户富裕程度的尺标。这种现象也具象地体现了传统农耕文明的特征。

我在紧邻湖泗镇的咸宁贺胜桥镇“和平酒店”第一次吃“合菜面”时，是“不识庐山真面目”的。客观地说，“合菜面”品相并不好，一大汤碗的“合菜面”端上桌来，炒面、苕粉近乎酱黑色，色泽一点儿也不鲜亮。但经店家的卖力介绍，然后伸箸一尝，才知道这道菜的味道颇厚。仔细一想，这道菜厚味的原因，大概在于制成这道菜的食材及主食品种繁多，荤素皆有，其制法又是卤，又是炒，非常繁复，且耗时良多，好吃是必然的。不然，它怎么可能成为传承了 300 多年而至今不衰的地方风味吃食呢？

冒菜：一个人的火锅

实话实说，源自四川成都的“冒菜”在武汉的普及率不高，与成都食客对“冒菜”趋之若鹜的现象相比，“冒菜”在武汉是个极其小众的餐饮品种，吃“冒菜”的人不算太多。

我曾做过调查，即使问到餐饮行业的从业者，知道“冒菜”者，十之一二，不知“冒菜”者，十之八九。事实上，我在去成都之前，也不知“冒菜”为何物。走在成都大街上，随处可见街头小店写着“冒菜”两字，问几个成都的朋友“冒菜”是什么意思，成都朋友们的回答也是各执一词，说不到一个点儿上去。

看来还不只是我一个人被“冒菜”弄得一头雾水。

那么，很有必要先弄清楚何为“冒菜”。

一般而言，“冒菜”就是用中药和各种调味品调制出的汤汁烫熟的菜。方法是把菜（荤素皆可）用竹捞子（与武汉人下热干面用的竹捞子相同）装好，在锅里氽煮熟，然后将氽煮熟的菜搁进砂钵中，砂钵里已经提前放好了作料，最后顺便再舀一勺热汤热汁浇进砂钵里，撒上葱花、香菜、豆豉即可。这钵菜就叫“冒菜”。

“冒菜”的烹饪技术，是用高温的液体将菜氽熟，当然，按湖北人的语言习惯，说成是煮也未尝不可，只是，即便是说成煮，也是短时间的煮罢了。

“冒”是四川方言，说成普通话就是烫的意思。有一种说法，“冒菜”的“冒”源自“芼”字而来，意思是指把生熟原料放在滚汤里煮熟（或浸热）。古时“冒”与“芼”相通。汉代辞赋家枚乘在《七发》中有：“犓牛之腴，菜以笋蒲。肥狗之和，冒以山肤”的句子，可算是“冒”与“芼”相通的例证。

怎样来定义“冒菜”呢？成都人说得最简捷易懂：“冒菜”就是一个人的火锅，火锅就是一群人的“冒菜”。当然，当“冒菜”自成都走向全国时，它就有了不同于成都的各种叫法了。比如与四川为邻的重庆，“冒菜”就被称为“麻辣烫”“碗装麻辣烫”。

“冒菜”的起源在成都至少有两种版本。

其一为卤菜说。

川人嗜吃卤菜人所共知。

四川的卤菜、凉拌菜味满天下，让天下人服气。卤菜要使用卤水，卤货店里，卤货可以卖钱，卤水却难以变钱。开卤货店的老板很聪明，想着法子能让卤水卖钱，便在卤水中加入一些香料和中药材，然后把滚烫的卤水去“冒”蔬菜、豆制品和荤菜，“冒”出来的菜味道很好，能够与卤菜一齐卖钱，由此，诞生了成都一道风味吃食——“冒菜”。

另一种说法很古老。

西汉时期，四川尤其是自贡的井盐大量开采使用，川人“尚滋味，好辛香”的饮食习惯初步形成。东汉末年至三国时期，社会动荡，军阀割据，群雄间征战不已。由于连年征战，军队中各种疾病肆虐，士兵没有食欲，食不甘味，严重影响了战斗力。军医为了防止疾病在军队中蔓延，命令随军伙夫在热菜汤中加入一些中药、香料，如此，一则防病治病，二则产生香味，达成调味之目的，提高士兵进食的欲望。这样加药加料烫出来的菜，受到军中将士喜爱。后来伙夫年迈离开军队，在民间以经营卤水烫菜的“冒菜”馆为生，生意很好。“冒菜”好吃，食客却不知其名，乃问询于伙夫，伙夫用四川方言回答说是“冒菜”。

不管“冒菜”这一称谓源自哪一个版本，基本做法都差不多：先制卤水，卤水是“冒菜”的基础，没有基础，菜就无法可冒。炒锅置旺火上，下菜油烧到6成熟后，下郫县豆瓣、姜米，花椒炒香后立即下鲜汤。再放入舂茸的豆豉、研细的冰糖、牛油、醪糟汁、料酒、精盐、胡椒粉、干辣椒、草果等作料。汤熬开后打去泡沫即成卤水。

第二步就可以用卤水冒菜。冒什么菜，则依食客的需要而定，总之是你只要敢吃，荤、素、豆制品，天上飞的，地上跑的，水中游的，没有什么食材不能冒的。

其实四川人喜欢“冒菜”的原因，归根结底是他们特别喜欢吃火锅。但吃火锅最起码得有两个人及以上，一个人想吃火锅怎么办？那就吃“冒菜”。“冒菜”从烹制方法到食材选用，都与火锅相似，其实“冒菜”也就是缩小比例的火锅，用成都人的说法，“冒菜”就是“一个人的火锅”。

“冒菜”能在四川流行开来，得益于它的低端定位。“冒菜”理所应当划归低端一类：食材不贵，烹饪方法简单，出品速度快，定价没有高上去的理由。一个便宜三个爱，这种理念永远不会过时。况且“冒菜”营养搭配均匀，且便于人体吸收，这种产品能广泛地适应不同市场。

事实上“冒菜”在成都基本上就是盒饭的定价，所以把“冒菜”称为成都的特色盒饭也不算错。冒菜的供应对象，是城市里的流动人口、写字楼间的小白领，而其最大的消费群体则是中小学生。一到中饭时间，即可看见穿着校服的学生蜂拥至“冒菜”馆，一个砂钵装着热辣鲜香的“冒菜”，有小白菜、豆棍、火腿肠、肥肠、瘦肉片，也算是荤素兼备了。盛一碗白米饭，吃饭，喝汤，夹菜，一个个吃得满头大汗，兴致盎然。

我从来都经不起美食的诱惑，看到人家吃“冒菜”吃得那么有兴致，便花了15元钱，也来了一碗。吃成都“冒菜”，感觉和吃重庆麻辣烫差不多，只是“冒菜”的麻味和辣味比麻辣烫略淡一些，麻辣烫的汤，一般人是不敢喝进去的。“冒菜”的汤是能喝下去的，虽麻虽辣，但作为一个武汉人，则完全能够忍受得住。只是半碗汤喝下去，即刻会汗如雨下，满脸潮红，浑身发热。冬天吃“冒菜”，暖身通气，夏天吃“冒菜”，可要有一定的心理准备了。

有了在成都吃“冒菜”的经历，回汉后我就特别留意“冒菜”在武汉的踪迹。汉口西园商业街商圈，汇聚了多家餐饮的多款风味吃食，有一家面积不大的“赵记‘冒菜’粉”餐馆，专做“冒菜”生意，供应对象是武汉市外国语学校和市68中学的学生。我也去吃过一钵“赵记”的“冒菜”，味道与成都的“冒菜”大相径庭，基本已湖北化了。但“赵记”的“冒菜”，形似是做到了，风味嘛，可以理解，味道不能本地化，餐馆难以活下去。

阳新土豚汤

《色香味商情》杂志社的编辑要去阳新餐饮行业组稿，我一听就来了劲，问他：“去阳新能不能喝到正宗土豚汤?”他当即抄起电话与阳新方面联系，回头对我说：“搞掂”，还补充了一句，“绝对没问题”。于是，也不管明晃晃的太阳照得人犯晕和高达40摄氏度的酷热暑气，我们一路颠簸三个多小时，便去了位于鄂东南的阳新县城。

阳新是黄石市属的一个县，湖多水宽，水产资源丰裕，禽类产品以养豚最为著名。我知道阳新豚的大名很久，近些年去阳新公干或者旅游也不是一次两次，每次都听阳新人不无骄傲地提到阳新豚汤。每次去阳新，阳新朋友招待的宴席不可谓不丰富，阴错阳差，我却至今还没有喝过用当地农民饲养的土豚炖出的豚汤。这，对于一个做食评工作的人而言，多少有些说不过去。

豚是阳新具有地标性的名、特、优禽产品。严格地说，用“豚”字来表述这种家禽有失准确，直到现在都还没有一个汉字能为这种家禽定义。豚在动物学上的名称为番鸭，确切地说豚与我们知晓的番鸭差别甚巨。阳新人为了表述“豚”的禽类属性，专门为它造了一个字：左边是一个“屯”字，右边是一个“鸟”字，把

“屯”与“鸟”合并为“鴫”。当然，阳新人为豚别样构建的字，还没有得到权威机构的认定，为规范用字起见，我只好用“豚”为介质表述。

当地人之所以称这种动物为豚，大概是与它食量大、吃得多有关（阳新方言谓食量大为“屯得”）。豚是一种“四不像”的禽类，似鹅非鹅，似鸭非鸭，虽属鸭科家禽，体重比鸭大比鹅小。它的躯体长而宽，略扁，体型呈橄榄状。头颈粗短，头颈部有一撮较长的羽毛。通体羽毛丰满，光泽润朗，翼羽矫健，长至尾部。尾羽长且向上翘起。羽毛颜色有纯白和黑白花相杂两种。它的羽毛跟鸭子的羽毛较为相似，大多是单纯的白色。羽毛比鹅毛粗。嘴短而窄，嘴色鲜红或暗红，眼至喙的周围无羽毛，头部两侧和颜面有红色或赤褐色皮瘤。额头有点像鹅。脚掌是黄色，跟鸭掌一样。若把它与鸭相较，它既不像广东的番鸭，也不像湖湘地区的麻鸭。因为麻鸭与番鸭或是花色和麻色，或是鸳鸯色，没有纯白色。阳新豚则一身雪白，步履闲适，体态优美。

据说豚在阳新有300余年的饲养历史，它抗热耐寒能力强，生命力旺盛，一年四季均可饲养。1992年湖北省畜牧局陈大章、邓蔼祥、王志强、王秀芝等专家赴阳新考察，他们慧眼识珠，一致认为阳新豚是一个具有独特特性的地方禽类品种；1998年，中央电视台在节目中介绍阳新豚，从此揭开了阳新豚作为当地名特产品标志的崭新篇章。

近20年来，随着农村养殖业的迅猛发展，阳新豚逐渐跨出本土走向远方。现在江南的许多池塘河堰都能见到豚的身影，它们的先祖或许就是阳新豚，尤其是广东等地，养豚已形成了规模化的产业。我2013秋天去丹江口水库旅游，看见成群人工饲养的白豚在水库里优游，绿水白豚，成为一幅美丽的画面。而且丹江口的豚，也是品质很好的禽类食材，已经成规模地向湖北境内的各个餐馆供应，受到了食客和厨师的喜爱，博得了很高的声誉。

等我们傍晚时分到达阳新县城的天悦酒店时，该店的厨师长曹利军已经提前两小时从当地农民家里采买了土豚，做好了豚汤，并用小火煨着，专候我们的到来。

我们一行人刚一落座，一大砂锅的豚汤连砂锅带酒精炉就端上了桌。豚肉色泽与鸭肉类似，豚汤上漂着几粒红枣，汤表面浮起一层淡黄色的香脂，溢出一股说不出的淡淡香味，很是诱惑人的食欲。我迫不及待地搛起一块豚肉入口，感觉肉质细嫩，味道与鸭肉有些相似，却没有鸭肉肥腻。喝上一口豚汤，味浓香醇，汁甘如饴，油而不腻，回味悠长。

我们知道，真正称得上美食的往往具有一个共同的特点，那就是入口清爽，回味长久。尤其是有回味的美食，其食材和烹饪技法往往更纯粹一些。阳新豚汤入口和回味优势兼具，称为佳肴珍品一点不为过。由于阳新土豚在食材上优势明显，因此，在烹饪技法上倒不要求繁复，主要以清炖为主。炖豚汤之法，是将豚去除内脏，切块，放在清水砂锅中，慢火煮沸半个小时至 40 分钟，只需往汤里添加些许精盐，再无需添加任何调料作料，炖煨出的豚汤，滋味足够鲜美。

要说阳新豚汤是珍肴美馔，不仅在于它的滋味悠长，还在于它的营养与药用价值兼具。阳新豚全身是宝，常喝豚汤可抗肿瘤，因为豚汤中富含不饱和脂肪酸和多种氨基酸、维生素，对治疗老年动脉血管粥样硬化，降低高血脂、胆固醇效果显著。事实上，豚汤的滋补功效我们喝过后有切身体会，本来，几十年不遇、持续多日不退的高温，耗去了我们太多的能量，现在又经长途奔波，身体已感疲倦，食欲不旺，但喝过一两碗豚汤，味觉打开，精神头十足，疲倦感全无。起先我以为只是自己的个体感受，一问同行者，都说有同感。可见，阳新豚汤的食疗滋补功用并非神马浮云，是能落到实处的。

冒着三伏高温来阳新，吃豚肉喝豚汤，长知识开眼界，让我得偿所愿，这一路的辛苦，我以为很是值当。

醇香透味“杜婆鸡”

江汉平原上的松滋市（过去是松滋县），有吃喝两件物事的大名远播在外。喝的为松滋所产“白云边”白酒，系浓头酱尾兼香型白酒代表性品牌之一；吃的为松滋沙道观镇创制的一款禽类菜肴——“杜婆鸡”。

“白云边”酒名不凡，取自诗仙李白《陪族叔刑部侍郎晔及中书贾舍人至游洞庭》诗中的名句“南湖秋水夜无烟，耐可乘流直上天。且就洞庭赊月色，将船买酒白云边”。现在“白云边”酒声名显赫，几乎是家喻户晓。若是好喝两盅的酒友，估计没人不知道松滋“白云边”的滋味。

“白云边”酒已然大成气候，这里也就不去说它。

且说松滋名馔“杜婆鸡”。

“杜婆鸡”，又名“杜家鸡”“沙道观鸡”“荆沙杜婆鸡”“松滋鸡”。“杜婆鸡”的起源在松滋流传有两个版本。

版本之一，说“杜婆鸡”起源于湖北省松滋市沙道观镇的杜姓家族。两百年前的清朝，杜家有人在清廷内务府当差，官阶虽不高，其人却手眼活络，耳目聪敏，很得皇亲国戚主子的喜欢，并且跟随着主子吃油了一张嘴。他比旁人多了个心眼儿，从御膳房里学会了最受主子喜爱的菜肴——烧鸡公的烹制技法，并提炼成了菜谱。这位内务府的杜姓当差修成了正果，平稳落地，年老致仕，辞官归回故里，过起了乡间员外的闲适生活。他时常忆起宫中美味，便让家厨照着从宫中携带出来的菜谱，烹制出包括“烧鸡公”在内的肴馔款待客人。岁月流转，杜家后人有人娶妻，有人嫁汉，杜家厨房制菜的方法也随之流出了杜家大院，尤其是“烧鸡公”的烹饪方法被固化下来，演绎成了一道具有松滋当地风味的禽类菜肴。由于“烧鸡公”为杜家首创，在松滋有人就把“烧鸡公”叫成“杜家鸡”。

版本之二，说发明“杜婆鸡”的主角为松滋市沙道观镇冠以夫姓的杜太婆。70 余年前，沙道观镇是处在南来北往交道线上的一个枢纽，小镇上杜太婆开了家小饭馆养家糊口，专为司机供应炒菜热饭。年近古稀的杜太婆早年嫁入豪门，世事变迁，家道中落，她才飘游于江湖。常言说，大户人家的丫头，吃得少，看得多，当年一度是杜府当家大少奶奶的杜太婆，不仅见得多，而且也吃得多。经多必然识广。聪颖的杜太婆能够烧得一手好菜，就为她晚年衣食的来源找到了一条自食其力的出路。尤其是她烧的鸡公仔，酱香味浓，油亮色重，颠覆了当地人只吃母鸡不食鸡公的饮食传统，被客商司机誉为“杜婆鸡”。

但凡吃过“杜婆鸡”的司机和客商，像是有根线被杜老太太牵着，他们往往情愿多绕上几十公里的路程，也要弯到杜太婆的小店用餐。久而久之，“杜婆鸡”的名声不胫而走，先是在松滋当地传开，成为松滋乃至荆沙地区节假日宴客的名菜。直至现在，松滋还流传着几句家喻户晓的民谣：“松滋人礼性大，进门就把椅子拿；先递烟，后筛茶，吃饭要把鸡子杀……”

当然，湖北其他大部分地区的农村也有杀鸡飨客的习俗，但所杀之鸡皆为母鸡，唯有松滋，待客所杀之鸡多为鸡公，显示出松滋与其他地方大不同的乡风乡情，也是松滋为丰富湖北菜系做出的一份特殊贡献。

不管发明“杜婆鸡”的版本有几种不同的说法，但有几个关键点是相同的，一曰“杜婆鸡”发明于松滋沙道观镇的杜姓人家；二曰食材取自鸡公仔，而且一定是活口，现杀现做；三曰在烹饪“杜婆鸡”时，一定要加荆沙辣酱，且烹饪时间短，进味快，肉质鲜嫩，油而不腻；四曰装盘配上松滋本地所产的“炖钵炉子”，越炖味越长，吃起来回味无穷。

“杜婆鸡”流行于武汉三镇食肆，是近二三十年间的事情，走的是商业渠道。事实上，许多荆沙菜点落户到武汉，都是走的商业路线。荆沙菜从味型到食材的选用再到烹饪方法，都较好地体现了咸鲜微辣，原汁原味的湖北口味特点，极易被武汉人接受。“杜婆鸡”进入武汉后，流行的热度一直不退，尤其是美食聚集区，如汉口车站路美食一条街、汉阳腰路堤风情镇美食一条街、汉口复兴村美食聚集区、蔡家田美食聚集区等大排档集中的地方，松滋“杜婆鸡”一直都是当仁不让的主角菜肴。

听业内人士介绍，说汉阳阳新路上有家叫“姐妹松滋鸡”的风味酒店，烧制的“杜婆鸡”颇有特色，周末便邀了三两个朋友，专奔这家店里的“杜婆鸡”而去，我们点要了一份“杜婆鸡”。

看完厨师烹制“杜婆鸡”的全过程，可以得出一个结论，这家酒店烹饪“杜婆鸡”完全是按照菜谱规定的路线走：选取 3 斤左右的活口松滋土鸡公，去除内脏，洗净，切成均匀块状；将鸡块放入大火热油翻炒，而后依次加入精盐、姜块、料酒、蒜瓣、啤酒、八角茴、干辣椒，再加一勺荆沙豆瓣酱，就着油汁干焖。以千张、黄豆芽打底，约 15 分钟后，连砂锅炖钵带酒精炉一同上桌。我们配上几碟家常小菜，这一餐饭，可称得上是美食享受了。

端上桌的“杜婆鸡”，看上去，色泽酱黄勾人食欲；吃起来，鸡肉富有韧劲，有嚼头，口感有别于母鸡的肥腻，鸡肉透出了肉香味。荆沙豆瓣酱的鲜、咸味道透进了鸡肉内里，肉香扑鼻，佐酒下饭，两两相宜。

总结“杜婆鸡”的风味特点，用几个字即可概括：鲜、香、辣、咸，醇香透味。如果要与湖北菜系以外的同类型菜肴相比较，“杜婆鸡”的风味，与重庆名菜“烧鸡公”有比较多的相似之处。

游牧风韵“烤全羊”

不少饮食专家的观点，都说武汉饮食没有特点，没有特点的表现之一，就是在武汉随处可见外省甚至外国的饮食品种大行其道，肆意流行。

但我以为，这，看起来是个缺点，反过来看也是个优点，正如所有的事物都具有两面性一样。武汉能够吸引全国乃至世界饮食品种在此间落地、生根、开花、结果，反过来说明武汉饮食文化中有一种宽广的包容精神。正是因为有了不同地域饮食品种在武汉餐饮市场的争奇斗艳，才会有如今武汉饮食业蓬勃兴旺的大好局面。

以我的看法，武汉饮食的特点，正是巧妙地掩藏在糅合了五花八门的外地饮食风俗之中，是用了慢功文火，依据武汉人的口味习惯作标准，不动声色地杂合了全国各地的饮食习俗，最后塑造成了自己心目中的模样，构成了武汉饮食文化的特殊味道。当然，这里面有一个重要的元素不能忽视，那就是时间。武汉饮食文化就像一位道行极深的太极高手，在一阴一阳的推揉之中，无缝无隙地完成了不同地区饮食文化的融合。

所以，在武汉做一个市民，很有口福：不用离家远行去天南地北地折腾受累，就能在家门口领略天南地北的饮食之风。从这个角度上说，做一个武汉的“好吃佬”的确是件很幸福的事情。

譬如，能够不出武汉城圈就能尝到几千里开外颇具蒙古民族游牧风韵的“烤全羊”，就是一个典型的例证。

凡是到过内蒙古大草原旅游，进过蒙古包的游人，大多有过喝奶茶、吃“烤全羊”的经历，都会对大口喝奶茶、大口吃羊肉的体验印象深刻。

一望无际的内蒙古大草原，“风吹草低见牛羊”。羊，是草原回馈给牧民的尤物，是牧民的生产资料也是生活资料，更是三餐不离的食材。在长期的游牧生活中，牧民们创造了大菜“烤全羊”的极致美味。也不知经过了多少代人的改进和改良，“烤全羊”已然成为蒙古族传统的一道名菜，甚至成为蒙古族饮食文化一张亮丽的名片。

需要说明的是，因为吃“烤全羊”费工费时，所以即使是蒙古族人也不经常食用，只有贵客临门时，才以此菜作为待客的佳肴。

从文字记载上可以看出，“烤全羊”有久远的历史。唐代的《卢氏杂说》就有“浑羊殁忽”的菜谱，翻译成现在的语言，就是“烤酿鹅羊”：“见京都人说，两军每行从进食，及其宴设，多食鸡鹅之类。就中爱食子鹅，鹅每只价值二三千。每有设，据人数取鹅，燖去毛，及去五脏，酿以肉及糯米饭，五味调和。先取羊一口，亦燖剥，去肠胃，置鹅于羊中，缝合炙之。羊肉若熟，便堪去却羊，取鹅浑食之，谓之‘浑羊殁忽’。”（见《中国古代名菜谱》129页）据《元史》记载，12世纪时蒙古族牧民“掘地为坎以燎肉”，这就比较接近现今的烤羊之法了。《朴通事·柳蒸羊》对烤羊肉作了较为详细的介绍：“元代有柳蒸羊，于地作炉三尺，周围以火烧，令全通赤，用铁芭盛羊，上用柳枝盖覆土封，以熟为度。”说明那时的“烤全羊”，不仅制作过程复杂讲究，而且有了专门的烤制炉具，为“烤全羊”的烤炙之法定了型。古代“烤全羊”的制作法简单地说，就是把白条绵羊或山羊（去除了羊内脏的羊肉）连头带蹄用特制的装置捆起，再将各种调味品放入预先切好的切口和腹腔内，然后在羊肉表层涂一层食用油，或者根据不同地区的饮食口味，添加孜然等作料、香料，再装入特制烤炉中两面烤制。大约烘烤4个多小时，便是一只外皮酥香，味美肉嫩的“烤全羊”大菜了。

“烤全羊”是什么时候进入的武汉？我手头没有确切的文字以资说明，在我的记忆中，时兴吃“烤全羊”是近十几年间的事情。当然，这道菜式在武汉的普及程度并不很高，原因有几种：一则来自内蒙古草原的饮食方式，要被武汉人普遍接受，还需要一个过程；二则“烤全羊”受到食材供应、烤羊厨师难找等多重原因的制约，加之还受加工场地的限制，所以能够吃到“烤全羊”的地方，都是在远离城市中心的城郊区域，比如汉口后湖片区，武昌南湖片区及东湖片区等等。一般的大众餐厅，都鲜见有“烤全羊”飨客。

我吃“烤全羊”是在东湖磨山植物园片区的“翠竹园”。“翠竹园”建在东湖植物园附近一口池塘的水面之上，用木头筑了亭阁走廊，刷了桐油，廊柱上挂了灯笼，池塘里喂了红黄白成群的锦鲤，悠游嬉戏，很是喜庆；绿色还没褪去的荷叶铺满水面，迎风起舞，一幅秋之江南水乡的清雅图画，只看一眼，立刻让人有了好心情。在极具江南情调的荷塘里，吃一道远隔几千里地域流传过来的风味美食“烤全羊”，这种体验，别有韵致，所以终生难忘。

中秋之后，天气渐凉，择了一个得闲的日子，先用电话预订（因为烤一只羊得花费4个小时，如果现点现做，4小时的等候时间，恐怕很难有一个食客有这份耐心），呼朋唤友，约了上十人（一只整羊，人数少了难得吃完），浩浩荡荡开去了“翠竹园”。到了“翠竹园”，厨师正在档口当堂烤制山羊，处理白条羊肉前边的过程我们没有看到，只看见一只山片羊肉被绷成一张皮状，被铁夹子夹住，刷了食用油，加了孜然等调料，搁在铁制的烤炉里烘烤。隔一段时间就被厨师翻过面来烘烤。烤炉下放有一个烧木炭的火盆，羊肉在炭火里“嗞嗞”作响，冒起一缕缕油烟，溢出一股又一股诱人的香味。难怪有人说，“羊肉火中翻三番，玉皇大帝坐不端”呢。

吃烤羊肉时，是就着烤羊肉的炉具吃的，这种炉具与餐桌的功能合二为一。权作桌面的铁条网格下面一个炉槽，炉槽中置有一个火盆，因为羊肉须得趁热吃的。每人跟前放一把刀，吃时，用刀将羊肉削下，手艺好的，羊肉皮肉厚薄正好，不会削的，要么削下来的都是羊肉，要么只削了薄皮。吃起羊肉来就没多少讲究了，随了各位食客的口味习惯，既可以蘸了作料吃，也可不蘸作料吃。

吃“烤全羊”不是个斯文事，事实上也斯文不起来，没有筷子，用刀割，用手抓。最好的办法，是戴上塑料手套，用手抓嘴啃比较靠谱。

烤羊肉焦嫩鲜美，不像想象那般油腻。因为羊肉在火上烘烤了将近 4 个小时，油汁大都渗出来了，化作了缕缕油烟，剩下的肉质纤维脆而不煳，油而不腻。吃烤羊肉最好喝点白酒，佐以红酒也行，白酒、红酒都有解除油腻的功效。如此，就有大块吃肉，大碗喝酒的大侠范式了。试想，在一片江南情韵的廊亭里，一帮“好吃佬”手抓羊肉，大碗喝酒，这种风景，也算得上是南方的灵秀和北方的豪迈风格的混搭吧?

烤羊肉吃完了，便喝羊肉汤，主食是火烧饼。通常，吃“烤全羊”，是一羊两吃的。喝羊肉汤的滋味，总结起来，就是一个字：鲜。当然，从形式感而论，喝羊肉汤就没有吃“烤全羊”那么好玩了。

羊在古代是祭祀的重要食品，因为它跪乳有仪礼。羊，还是吉祥的象征。古人以“羊”字引申为“美”字，“美”字本意为味美。如果吃过了“烤全羊”，古人对羊的感受和描绘，我们是能与他们找到许多的相通之处的。

鱼包肉，味道足

餐饮业界有一种说法，叫做“味在四川，鲜在湖北”，这个说法我比较认同。四川菜一菜一味，一菜一格，其味型之丰富，举世公认。而鲜在湖北，或许有人并不赞同，但湖北菜咸鲜微辣，原汁原味的整体风格定位，大概各方面人士都是能接受的吧。

我应邀两次去汉口车站路美食街上一家叫“牛华杜家鸡”的风味酒店试菜，品尝过一款名为“鸡汤财鱼饺”的菜点。领略了此菜十二分的鲜劲以后，我甚至认为，“鸡汤财鱼饺”可以看成是为湖北人嗜鲜的饮食习俗作的一个注解：湖北人在追求味觉之鲜的通道上，的确是不遗余力。

我遍查了各种版本的湖北菜谱，希望能找到“鸡汤财鱼饺”菜点的历史渊源。遗憾的是，各种版本的菜谱，确实都没记有“鸡汤财鱼饺”的菜式条目。请教资深厨师，厨师也说，他们的师傅从没教过这道菜的做法。所以我得出的结论是：现在能够在大众餐厅里吃到的“鸡汤财鱼饺”，没有历史传承，没有故事传说，没有师傅带徒弟的耳提面命，是一款不折不扣的创制于当今的创新菜式。

与文字资料上“鸡汤财鱼饺”的缺失相佐证，在我的记忆中，好像能够吃到“鸡汤财鱼饺”也是近十来年间的事情。这款菜起先在“亢龙太子”酒店销售，然后在百步亭“天天艳阳”酒店和“味道小镇”餐厅也能吃到，再后来才在各种规模不大的风味餐厅的菜谱上看到它（有的菜谱写“上汤财鱼饺”、也有的写“财鱼饺”）的踪影。

从“鸡汤财鱼饺”繁复的制作程序上看，它应该是厨师的有意之作，而不是无意得之的结果。或许，当初发明“鸡汤财鱼饺”的厨师是从北方人爱吃饺子的饮食习俗中受到启示，结合了湖北水宽鱼多的优势，尤其研究了财鱼鱼肉的韧性，于是把财鱼肉剖片勉强充作饺子皮，把猪肉茸当饺子馅，把老母鸡熬制的高汤当作煮饺子的汤水，取自鸡、鱼、肉三种动物食材制成了一款颇具创意的美味菜肴。

总结起来，“鸡汤财鱼饺”的特点有三，一是营养丰富；二是鲜味十足；三是制作上颇费工夫。

前面已经说过，“鸡汤财鱼饺”的食材组合了猪肉、财鱼和母鸡，三者都是我们日常生活中最常见的家畜肉、家禽和水产。“鸡汤财鱼饺”成菜，财鱼与猪肉的占比大约为 7 比 3。食材本身的自然属性，决定了菜肴的营养成分，因此，这道菜的食疗效果不能小觑。

财鱼也叫黑鱼，是乌鳢的俗称。它生性凶猛，繁殖力强，胃口奇大，常在水底栖息，能吃掉水面不大的湖泊或池塘里的其他弱小鱼类。辞书中介绍说，财鱼肉中含蛋白质、脂肪和 18 种氨基酸等，还含有人体必需的钙、磷、铁及多种维生素。《神农本草经》说，财鱼与石蜜、蜂子、蜜蜡（蜂胶）、牡蛎、龟甲、桑螵蛸、海蛤、文蛤、鲤鱼等列为虫鱼上品。传统中医认为，财鱼味甘，性平，无毒，适用于身体虚弱，低蛋白血症，脾胃气虚，营养不良，贫血之人食用。

猪肉又名豚肉，是主要家畜之一，其性味甘咸平，含有丰富的蛋白质及脂肪、碳水化合物、钙、磷、铁等成分，具有补虚强身。滋阴润燥、丰肌泽肤的作用。凡病后体弱、产后血虚、面黄羸瘦者，皆可用作营养滋补之用。

常言道“战士的枪，厨师的汤”，厨师的汤多半是以老母鸡为主再添别的物料，慢功文火熬出来的高汤。母鸡汤具有益气健脾，固表止汗之功效。厨师用高汤做菜，还有为菜肴提鲜的功用。“鸡汤财鱼饺”的烹饪原理，正是以温度较高的鸡汤，将财鱼片制成的饺子皮和猪肉丸子氽熟致鲜致嫩。

把财鱼、猪肉和鸡汤一锅烩，营养丰富自不必言说，难得的是其味道鲜美异常，看来民谚所言“鱼配肉，味道足”是有道理的。

做“鸡汤财鱼饺”是个手艺活，不仅要考厨师的刀功，而且还很费工夫。鱼片得取自池养的活财鱼，现点现杀。鱼杀后，把财鱼鱼身片成鱼片，大小以能包一颗肉丸为度，稍不留意，将鱼片弄碎，就包不住肉丸了。猪肉取自猪的后腿，先切成长方形条状，然后用绞肉机铰成肉茸；将肉茸放在手心，团成丸状，当作饺子馅，放进片好的财鱼皮包起，制成鱼饺形状。

湖北人讲究一热三鲜，热汤热水是“鸡汤财鱼饺”口味极鲜极嫩的保证。所以，必将鸡汤在厨房烧滚，连卡斯炉带砂锅一并端上餐桌，然后将包好的财鱼饺下入砂锅，约煮10分钟，财鱼饺浮出汤面，这道菜就算做成了。“牛华杜家鸡”出品的“鸡汤财鱼饺”，选料严格，坚持现点现做，这就难怪但凡来此用膳的顾客，每桌都点有“鸡汤财鱼饺”。看来，菜式好吃是“好吃佬”的共同所爱，顾客的舌头不容欺骗。

在用过了“鸡汤财鱼饺”后，可对此道菜的口感一言以蔽之：鱼嫩肉鲜汤美，称得上是难得一见的美味菜式了。

在“杨裕兴”吃米粉

以我这个湖北好吃佬的眼光看，在湖南长沙百年老店“杨裕兴”吃米粉过早，绝对称得上是美食享受。

波宽水阔的洞庭湖南北两岸，即湖南与湖北，两个都是盛产大米的省份，自古就有“湖广熟，天下足”之说。两地的人们都爱吃一种以大米加工而成、可为主食亦可作为小吃的米粉。这也符合中国“南米北面”的饮食习俗。

对于米粉而言，似乎随着地理位置越往南移，制作米粉的工艺也就越精细，品种越丰富，口感越细腻，所以南方诸省盛产名粉，譬如桂林米粉、广东米粉、云南过桥米线等都在全国口碑绝佳。但若把湖南湖北两厢边的米粉进行比较，也是可分高下的。总体来说，湖南米粉从生产工艺到口感味道，远优于湖北。从两地餐饮市面上看，从来鲜见在湖南的地界上看到挂有湖北米粉的店家招牌，倒是在湖北的地界上，则随处可见湖南米粉馆的招牌，我所居住的这座城市，湖南米粉甚至有一统天下的趋势。

湖南米粉在我们这厢边，可谓声名响亮，享誉有年。早年在汉口六渡桥开有一间叫“福庆和”的粉馆，在武汉非常有名，其经营的品种，也是湖南米粉。但是话说回来，在湖北境内吃到的湖南米粉毕竟是经过了改良，要想吃到正宗地道的湖南米粉，还得到湖南才能如愿以偿。所以我的看法是，一个喜欢吃米粉的湖北人，但凡去了湖南长沙，而没吃过那里的米粉，尤其是没吃“杨裕兴”米粉，是为枉走了一趟湖南了。

近日因公南下长沙，逗留三日，消夜过早，吃粉三餐，对湖南米粉的好吃，算是有些领略了。总体而言，若从形状上区分，长沙米粉分为圆粉和切粉两种，市面上以切粉为主。无论圆粉与切粉，皆具粉条柔韧，汤汁醇厚，盖码丰富，拌料随人的特性。若从口味上分，有常德的重口味红汤粉和长沙清淡口味白汤粉。长沙人的口味喜好，似乎更喜欢清淡一些的白汤粉。

湖南与湖北，作为两个文化同源同根的省份，古时同属楚国，两地的饮食习俗一致性多于差异性。在菜系中，湘菜以其浓郁的三湘地方特色，深刻地影响了湖北菜系的发展方向。但湖北人尤其是武汉人，在摊点店铺上过早的就餐率要远比湖南人尤其是长沙人为高，长沙街上小吃店数量的密度，比武汉少得太多，以至于让像我们这样到长沙的武汉人觉得过早不是太方便。

准备回汉的这天，我们一行人起了个大早，天还没亮便洗漱完毕，忙忙地上街找寻早点铺面过早，意欲趁早赶路，以避开京港澳高速公路上的滚滚货车车流。没想到开车在长沙城里转悠了 40 多分钟，愣是没能找见一家开门纳客的小吃店。一车人正沮丧间，有人眼尖看到大道边的“杨裕兴”大门洞开，于是急忙停车入座，买票吃米粉，无意之中领略了“杨裕兴”米粉的曼妙。

这就是老话说的，踏破铁鞋无觅处，得来全不费工夫了。

百年老店“杨裕兴”粉面馆，在湖南长沙闻名遐迩，或可称作长沙小吃店家的形象代表也不为过吧？由一位叫杨心田的店主，于清光绪二十年（1894）创办，至今足有 120 年的历史，历经清朝、民国及共和国三个时代。杨心田将店命名为“裕兴”大号，是取“富裕兴盛”之意，历经百年有余，“杨裕兴”长大长壮确实不假，却也是风雨沧桑，一路坎坷；屡毁屡建，死死生生。尤其是抗战初期1938年的长沙“文夕”大火，“杨裕兴”基业毁于一旦。再建，1945年抗战胜利前夕，“杨裕兴”老店两度为炮火所毁。不得已而为之，“杨裕兴”收缩战线，改变产品结构，转营汤面，因其汤面质优味鲜，几年后“杨裕兴”盛名大传于长沙。

我点要的是一款“杨裕兴”的传统产品——“三鲜米粉”。三鲜者，肚片、鱿鱼加猪肉丝，体现出的味道就一个字：鲜。汤以猪大骨熬成，汤汁白润，不浓不淡，恰到好处；汤里漂着几片绿白菜，绿白相映，养人眼球。切粉洁白，白菜翠绿，虽是一碗过早的早点，卖相一下就让人喜欢。米粉宽窄程度是武汉米粉的一半，样子有点像筒装的挂面，难怪有长沙人称米粉为“粉面”呢，原来出处是在这里。事实上，“杨裕兴”的粉，的确像面一样筋道，用筷夹，不碎不断，集绵和柔韧于一体，口感极佳。如果你嫌粉汤、盖码味道偏淡，每张餐桌上备有艳红剁椒一瓶，红辣椒油一瓶。我曾尝过湖南辣椒的厉害，不敢多加辣椒油，便添加剁椒拌和，味道不辣，竟能从剁椒里吃出津津甜味。“杨裕兴”的米粉，由粉、汤、盖码加辣椒佐料，构成了独特的风味，绵延百年，称雄至今，吸引远近来客。

服务员端粉上桌的过程，也是“杨裕兴”一道独特的风景。

他们使的是“杨裕兴”传统招法，不是使用双手端捧，也不是使用茶盘样式的托盘，而是用一块长方形的木板，厚约1厘米，周边磨圆，没有棱角；长宽尺寸正好放得下两个大汤碗。两碗米粉一层，碗上再加一块木板，再放两碗米粉，直至摞上10层，服务员一次可端出19碗米粉。有食客告诉我们说，看“杨裕兴”服务员端着一摞粉碗在店堂穿梭，有如在看杂技演员表演杂耍。因为我们是一大清早进店过早，店堂人稀，也就没有看到服务员端着一大摞粉碗的景观，似有可惜之叹。

有饮食专家曾总结说，一款吃食如具备“好吃、好看、好玩”三个要素，这款吃食铁定“好卖”。“杨裕兴”粉面百年，享誉江湖，正好诠释了饮食专家的“三好理论”所说不谬。

吃了一碗“杨裕兴”米粉，享受了美食美味，虽说起了个绝早，我看也值。

花卉入馔，甜美芬芳

花卉恐怕是我们再熟悉不过的植物了，在我们这座地处江南的城市，一年四时当季开着的各色花儿，譬如国色天香的牡丹，含情脉脉的芍药，出淤泥而不染的荷花，天香云外飘的桂花、一树独占天下春的梅花……这些大自然慷慨馈赠的花花草草，丰富了我们的色彩视觉，让水泥森林构成城市的坚硬主调，平添了温柔的诗意，温软了我们被尘世生活磨砺得日益粗糙的内心。

花卉养眼养心人尽皆知，但如果我说花卉还能做成菜馔让人享以口福，也许会遭人疑问吧？

其实，鲜花入菜在我国有久远的历史传承。

公元前11世纪至前6世纪的《诗·郑风》载有“山有扶苏，隰有荷华”，系将新生的莲花洗净清煮，加入苗米、百合之类，做成清热去暑的荷花粥。春秋时楚国的屈原大夫在《离骚》中说：“朝饮木兰之坠露兮，夕餐秋菊之落英”，这是菊花入馔的确切证明。汉代时，皇家开始酿制、饮用“菊花酒”。宋代以降，古人用花入菜的品种愈加丰富。宋代的阙名在《客退纪谈》中记载：“孟蜀时，兵部尚书李昊每春时，将牡丹花数枝分遗朋友，以兴平酥同赠，且曰：‘俟花凋谢，即以酥煎食之，无弃浓艳也。’”这是将牡丹花做吃食的诗意吃法。宋代的林洪、明代的高濂、清代的顾仲在他们所写的《山家清供》《饮馔服食笺》《养小录》等文著中，记录了诸如“梅花汤饼”“蜜饯梅花”“雪霞羹”等以花卉为食材做成的主食和菜点。曹雪芹笔下的文学名著《红楼梦》，对以花制成的菜式多有描述，其数量甚至可以单独列出一本《红楼梦》花卉菜谱。

当然，古人在以花烹菜之前，更看重的，是花卉的药用价值。换言之，古人开始是把花卉当成药材使用的，也有将花卉入酒，炮制为药，用以养生延年。这在中国古代医书中成篇累牍，举不胜举。在长期生活实践中，人们发现花卉不仅能够当成治病疗疴的药材，还能制成佐酒下饭的菜品，并且风味与在园圃栽种的菜蔬迥然有别。于是，花草进入了食材的行列，以花入馔的传统，代代传承，不绝于世。

当然这也说明，自古医食同源，脉系一处，医与食密不可分的交互关系。

至于到了今天，花卉菜甚至可以单独成系，各个地方菜系中都有花卉菜的条目。人们以花制菜，不仅看重花卉的食疗价值，营养价值，还格外看重以花成菜的独特口感，间或看重花卉菜式透出的浪漫情调和花卉菜式体现出来的时尚元素。

位于武汉长桥二桥汉口桥下一端，有一个近年在武汉三镇声誉鹊起的美食商圈，名曰“武汉天地”。在这个商圈开设的一二十家餐厅，规模不论大小，装饰风格和菜点品种，总体可用一个字概括：潮，换成两个字就是时尚。不信你去“武汉天地”逛逛，来这里用餐的食客，红男绿女，大多是穿戴新潮的时尚一族。有什么样的顾客，就决定了有什么样的餐厅，所以这里餐厅飨客的菜式，与繁华路边以家常菜为主的大众餐馆迥然不同，都是变着花样往时尚的路子上整。来此间用膳的顾客，还有一个显著的特点，他们多半有点小资情调。飨客的店家和消费的顾客，互助映衬，让每一个踏进“武汉天地”的人，都能感受到一脉风花雪月的暧昧气氛。

近日受一个颇讲情调的朋友之邀，去了“武汉天地”的“彩云南”聊天吃云南菜。甫一进店，就感受到浓郁的云南地方文化气息。一问大堂经理，说“彩云南”以经营滇菜为主。云南菜系以烹制山珍、水鲜见长，在武汉不是主流。其口味特点是鲜嫩，清香回甜，酸辣适中，偏酸辣微麻，讲究本味和原汁原味，酥脆、糯、重油醇厚，熟而不烂，嫩而不生，点缀得当，造型逼真。

当然，云南菜的特点，是由云南独特的气候类型和丰富的动植物资源决定的。资料上说，云南海拔高度从 76 米到 6740 米，形成了热带、亚热带、温带、寒带等多种气候类型，为 1.7 万种植物和 1 万多种昆虫提供了适宜的生长环境。所以云南菜以花入菜毫不奇怪，鲜艳的花朵，坚硬的树皮，样式各异的蘑菇，蠕动的昆虫，翠绿的树叶，水里长的草茎，肥硕的野果皆为食材。因此，云南烹饪界才有“一绿就是菜，一动就是肉”之说。

环境决定文化属性，云南人有“春食花、夏食菌、秋食果、冬食菜”的饮食习俗，完全在情理之中。

“彩云南”走的是时尚路线，用些花草制菜，也在我的意料之中。果然，一看服务员递过来的菜单，以花制成的菜名不在少数：新鲜黄花菜汤、炒石榴花、炒核桃花、芭蕉花汤、茉莉花炒鸡蛋、花卉野生菌种涮锅……

客随主便，我们点了一桌“花菜”：茉莉花炒鸡蛋、玫瑰馅饼、炒核桃花、攀枝花野生菌种火锅……搭配的荤菜是东坡肉和清蒸鲈鱼。满桌“花菜”，养眼自不必说，每一道菜，都散发出不同花的芳香。这一餐没有喝酒，酒以茶代，舌头对菜肴的味道也就格外敏感。尤其值得一说的，是吃攀枝花。我这是第一次吃这种花做的菜，当时也不认识其芳名。听服务员介绍，才知道是攀枝花。

我问，是四川省攀枝花市那三个字吗？

回答说“是”。

后来查阅资料得知，四川省的攀枝花市，据称是全国唯一一个以花卉命名的城市。其实，植物攀枝花也称木棉花，是我国南方较为多见的高大乔木——木棉树开的花卉，盛开时，色调血红，有“英雄花”之称。而当作食材的攀枝花是初开时的嫩芽，其形状和口感与新鲜的黄花菜相似，如不细细分别，很容易把攀枝花混同于黄花菜。但攀枝花的口感没有黄花菜嫩柔，微微有一点涩口。我们当时是把攀枝花下在火锅里吃的，或许，这样的吃法更能尝到它的本味吧。

一桌“花菜”，芬芳甜美。

以我的看法，以花入馔，甜美芳香不假，特色亦很鲜明，吃饭的融洽气氛被烘托得无可挑剔。但从美食的色香味三重要素考量，以花为食，虽然涵盖了美食的三大要素，但除了色的要素以外，其余两个要素则略显不足。如果对“彩云南”的“花菜”予以评价，色为第一，香为第二，味呢，恐怕得排第三吧。

或许，这样的排位，是一些时尚餐厅的通病？

贵州“酸汤鱼”

在中国饮食版图上，有两个省份的饮食习俗喜酸嗜酸，一个是山西，一个是贵州。站在湖北饮食业发展的角度讲，这两个嗜酸的省份，其饮食习俗对湖北菜发展轨迹的影响，山西远逊于贵州。一个明显的事实是，除了山西小吃在武汉饮食市场上尚能零星见到少许品种外（比如刀削面），不管是路边的大众餐馆，还是商圈的特色餐饮，均难找到有山西的菜品挂牌应市，更遑论有专门经营山西风味的餐馆了。

这里，暂不去说喜醋嗜酸的山西，且只说爱酸的贵州，尤其是贵州的酸汤菜式。

贵州菜系中以酸味为基本味型的菜肴，在武汉倒是不绝于市肆，专营贵州风味菜的餐馆，在商圈美食聚集区开了也不止一家两家。从菜点上讲，具有典型贵州风味的酸汤菜，比如“酸汤鱼”“酸汤鸡”等，早为江城老饕所熟知。贵州酸汤菜虽然没有挤进武汉餐饮消费市场的主流，酸味算不上是湖北人钟爱的味型，但贵州酸汤菜完全能够被武汉人所接受。这，或许是贵州的地理及人文环境与湖北人文环境有颇多相似之处的原因吧？

贵州菜亦称黔菜，由贵阳菜、黔北菜和少数民族菜等组成。被云南、四川及重庆、广西、湖南包夹的贵州，是一个具有多元饮食文化结构的省份，其多元化的饮食格局，系由贵州山大山多的地理特征和多民族人口聚集的要素所构成。

贵州的山大，山林物产资源极为丰富。如老百姓俗话所说，靠水吃水，靠山吃山，贵州山地的子民，以吃山林物产维系生存成为不二之选。贵州多山和它的海拔高度，所处经、纬度位置，决定了贵州雨量充沛，四季温差不大的气候特征：即令三伏天的热，也热不到极热的程度；即令三九天的冷，也冷不到极冷的程度。人们评价贵州省会城市贵阳，过去称“天无三日晴，地无三尺平”，说的就是贵阳多雨的气候与多山的地势。现今出现在央视屏幕上宣传贵阳的广告导语，是“爽爽的贵阳”，打的是贵阳凉爽度夏的气候牌。事实上，现在贵州已然成为大江南北各地游客在三伏暑天消夏避暑的最佳去处之一。

贵州又是个多民族聚集的省份，除汉族外，还有苗、布依、侗、彝、水、回、仡佬、壮、瑶、满、白、土家等为数众多的少数民族，少数民族人口约占贵州全省总人口的三分之一。一个民族有一个民族的文化传统，一个民族有一个民族的生存方式，像贵州这样有如此之多的少数民族聚集在同一片地域，贵州文化的丰富多样性是不言而喻的了。

人是环境的产物，一方水土养育一方百姓。贵州的自然环境和少数民族人口众多的现实情状，决定了贵州与其他省份不一样的饮食习惯。依我看，贵州与其他省份饮食习俗最大不同之处，就在于贵州菜肴突出了一个“酸”字。贵州人喜欢吃酸到了什么程度？有句贵州民谣是其写照：“三天不吃酸，走路打蹿蹿”。从喜酸的角度讲，在全国范围内，恐怕也只有山西与之有一比吧。

贵州人喜酸嗜酸总该有其原由。

传说古时贵州山大路险，运输不畅，盐巴缺少。盐为百味之首，是人体不能或缺的重要元素。居住于大山深处的山民因为缺盐，常常进食无味，久之体虚乏力。为了生存和繁衍，山民们便上山采摘各种能食的野生酸果，作为做菜煮食的调料。山民食用了酸果烹制菜肴的结果，是口舌生津、开胃消食。尤其到了夏天，吃酸还可以用来解暑祛毒。在漫长的探索过程中，山民们还发现，经常食酸，甚至还有爽口提神、杀菌消毒、去油腻化脂肪、健脾胃防结石的特殊功效。总之是因食酸味，人们食欲增大，身体健壮。久而久之，对酸味酸菜，贵州人形成了味觉依赖。

自然界有春华秋实之分，酸果也非四季皆有。极具生存智慧的贵州山民，就开始了人工制作酸菜，家家腌制，成为习俗。酸菜的腌制主要原料为萝卜、白菜、卷心菜等。当然，腌制酸菜是全国性的汉民族饮食习俗，不唯贵州之一地一处。所以有贵州特点的酸汤，才是贵州对中华饮食文化的特殊贡献。贵州酸汤的制作又分菜类酸、鱼类酸、肉类酸、米类酸等，完全靠生物自然发酵而成。尤其是以米泔水酿制醇厚的乳白色、用野生小西红柿为原料调制，加了木姜子、贵州酸笋制成的酸汤，风味独具，打上了贵州独特的地标烙印。所以在饮食业内，贵州酸汤的特点可归结为两个字：酵酸。“酸汤鱼”“盐酸炒鳝鱼”“糟辣酸汤鱼”等都是贵州酸汤菜式的代表品种。

贵州酸汤菜进入武汉餐饮市场，是近 20 年间的事情。在这翻天覆地的 20 年内，包括飞机、高铁、动车在内的铁水公空各种交通工具高速发展，加快了各地区人员流动的速度和频率，促进了全国各地饮食习俗的大融合。尤其是近些年，武汉各城区不断兴建集游购娱为一体的新商圈，在这些商圈里最有人气的业态，是经营各种风味的美食餐厅。由于近来武汉新市民的组成，不再是湖北省内的人员聚合，而是来自全国各地。于是，几乎全国各地但凡有些名气的风味饮食品种，几乎都落户于武汉各个新兴商圈。也因此，贵州的酸汤菜在武汉有了展示魅力的机会。所以，我能品尝贵州“酸汤鱼”菜式，倒不是远去贵州才得偿所愿，而就在武汉江汉路佳丽广场的商圈楼上，一家叫做“香贵几何”的贵州餐厅就能满足我的尝鲜愿望了。

据我所知，“酸汤鱼”在贵州酸汤菜系列中算得上是王牌菜式，尤以凯里酸汤最为正宗。凯里酸汤的做法来自苗族。当地苗民有“做不来酸汤嫁不了人”的俗语，可见酸汤菜式在贵州一些地区饮食习俗中的位置。

“香贵几何”装修格调糅进了许多贵州地方文化（确切地说是苗族文化）元素，服务员着装也是宽袖长裙，佩白银项圈，戴银帽，体现出浓郁的苗家风情。我在这里所吃的“酸汤鱼”，亦是贵州传统制法。着苗族传统服装的服务员将砂锅盛酸汤与卡斯炉一同上桌，依次端上草鱼片、豆腐、白菜和蘸水，七七八八摆满一桌。

其实，吃贵州“酸汤鱼”与吃四川火锅颇为相似。先点火将汤煮沸，然后将草鱼片放入汤锅开涮。涮个三五分钟，用筷搛起，搁在蘸水里滚上一滚。这蘸水是用腐乳、香菜、辣椒末再加上一勺酸汤搅拌成的，别具风味。鱼肉嫩而不肥，捞完了鱼片，再加白菜和豆腐，这样的程序，其实与吃四川火锅没啥区别。

平心而论，在武汉吃草鱼火锅稀松平常，所以难言“酸汤鱼”中的草鱼本身有什么更多的说道，真正能给食客留下味觉记忆的，还是酸汤的味道。对于以咸鲜微辣为基本味型的武汉食客而言，吃贵州“酸汤鱼”，那种酸中略有腐乳臭，然后加上微辣的味道，初尝颇感奇怪，但多吃两口，或者多吃两餐，你就会感觉到贵州“酸汤鱼”的妙味。

也是，不是亲口所尝，贵州“酸汤鱼”的味道还真不好描述。

重油厚味“早堂面”

早年，我在武汉市纺织系统供职时，时常去纺织厂数量不在少数的沙市（现荆州）公干。每次去沙市，早餐都被东道主安排去吃当地的传统早点——“早堂面”。那时人年轻，二十左右，只知道唤作“早堂面”的吃食，我们吃得很合口味，但一不知道去探究为什么这款过早的吃食好吃，二不去问它为什么叫“早堂面”，只是从那时起，我在内心深藏起沙市“早堂面”的味觉记忆。以后的岁月，只要是有上得了台面的理由，我都会寻找机会前往沙市，心心念念地想去吃那一碗沙市人百吃不厌的“早堂面”。

不是沙市的外地人，光从名字上，很难看出“早堂面”是个什么意思，但“老沙市”们却个个门儿清，明白得很。

从形式上说，沙市“早堂面”与武汉人过早的“臊子面”颇为相似，也是以碱面打底，加高汤，再加臊子（沙市人称码子），也就是说，一碗武汉的“臊子面”和一碗沙市的“早堂面”都是由碱面、高汤、码子组成。但认真进行比较，在臊子内容的丰富性上，武汉的“臊子面”比沙市的“早堂面”，相差不是一个量级。

“早堂面”在沙市的历史传承，至少能追溯百年。

在沙市坊间，“早堂面”流传的起源至少有两种版本。

一为“澡堂说”。

沙市紧紧依傍在长江荆江段，是长江从南津关急流出峡后，除了宜昌外的第二个大码头。从晚清开始，沙市已经是武汉至重庆长江中上游段的重要商埠之一，货物云集。长江上游和下游运抵的货物，通过沙市码头的中转，向江汉平原的各县各乡集散。于是，不同地域的商人蜂拥而至，一时间沙市码头热闹非凡，使一向不起眼的沙市，竟有了“小汉口”之称。那些开货栈、贸易行的行商坐贾，低价进货高价出货，转手之间就能够赚得盘满钵盈。这些口袋里日益鼓胀的大小商人，每日里菜馆进，酒馆出，酒足饭饱之余，下浴池泡澡搓背喝茶，通宵达旦。到第二天天色微曦，不免腹中空空，急于填食，爱喝上二两小酒的麻木，也想过过酒瘾，于是吩咐澡堂小二让下过早面条的店家，在汤面里加上了依各人喜好的臊子——甚至，下面的店家用特制的方形笼屉，让店小二用一个食盒提到澡堂。笼屉里，一大海碗汤面，还有不同“码子”的碟盘，连面带码子，不仅能满足这些洗澡客饱肚子的需要，还能满足下酒的需要，而且，这些喝酒吃面的人，脚没移步，就能在澡堂里吃好喝好。长此以往，这些喝酒吃面的食客，把碱面中加了高汤和不同码子的面条唤作“早堂面”。

二为“码头工人说”。

史料上说，1895 年沙市开埠，货运物资一日多似一日，码头工人的劳作夜以继日，赶船期加夜班稀松平常。货物搬运是个出力流汗的苦力活，码头附近的一家面馆老板，头脑活络，他根据码头工人搬运劳动出大力流大汗的现实生存状态，琢磨出了他们需要吃油水厚盐分重的食物，特别制作了油厚码肥、汤鲜味美的面条让他们享用。由于下夜班或上早班的码头工人，多在凌晨时分到面馆吃面，“早堂面”因故而得名。

我以为“早堂面”的得名起源于“码头工人说”比较靠谱。原因在于，直到现在，流传百年的“早堂面”厚味色重，大荤大油，如果不是长期从事体力劳动的人，多吃身体会出现严重不适，譬如不出体力的商人，倘若长期吃这大荤大油，很难保证身体不出问题。倒是出大力的码头工人，劳动时汗流浃背，身体里的盐分流失得多，用重油重味为身体补充油水盐分，合情在理。

传统的“早堂面”制作要求十分讲究。面馆老板半夜就得开始忙活。一是熬汤。汤好是“早堂面”好吃的关键。用活鳝鱼、老母鸡、五花肉、猪大骨、鲫鱼放在一口大锅内熬汤。为了防止鱼刺混入汤中，鲫鱼还要用专用的布料包裹。火候的掌控是决定汤品好坏的关键。先以武火煮沸，再以文火慢熬，一大锅乳白色的高汤才告熬成。二是轧面。过去开“早堂面”馆，不像现在能去专门生产面条的厂家购进，而是由店家自己制面。面粉、水、鸡蛋清等各按比例和成面团，用机器加工成面片，天亮之前把面条轧出待用。三是烹制码子。码子的品种包括鳝鱼丝、腰花、瘦肉丝、卤鸡蛋、手撕的鸡脯肉丝、肉圆子、鱼丸子等不下十种。码子炒好后，分别盛入一格格白铁皮制成的格子，然后在一个铁皮桶做成的煤炉上架一口大锅，加水烧开，把装有码子的铁皮格子放在铁锅内保温。如此这般做完准备后，才能开门迎客。

这次我到沙市，住宿的酒店不远处有一家叫“福寿面馆”的小吃店，专营“早堂面”。看来这家小吃店将传统“早堂面”的要素保持得不错。厅堂宽敞，装修朴实，桌椅板凳，皆因陋就简。铁桶煤炉上架起三口大锅，一口锅用来烧水下面，一口锅用来为码子保温，一口锅用来盛汤。面是用的细圆条碱面，每次下面一碗，火猛、水宽、锅大，三两分钟，下面师傅用捞子将煮熟的面条捞出，用力甩干面水，放面入海碗，舀一勺高汤，再加入鳝丝、腰花、肉丝……撒上葱花，浇上辣油，一碗“早堂面”就做成了。捧着这样一海碗面条，吃进嘴里，面条柔韧、爽滑；汤汁鲜润，码子中有鳝鱼的酥香，鸡肉的鲜嫩，瘦肉的醇香……咸鲜汤浓，色重微辣，原汁原味，非常能体现湖北人喜爱的味型特征。

当然，对我这个吃惯了偏淡味型的食客来讲，沙市“早堂面”的汤汁稍感偏咸，影响了口感和味美的体验度。这，是后话了。

佛手山药有佛缘

又到了一年之中最为寒冷的三九时节，朋友相邀去“武穴汉办餐厅”吃“佛手山药炖排骨”的锅子去寒。猪排骨是土猪排，吃起来有猪肉的香味；山药是湖北的地标产品佛手山药，软糯绵和。再加上吃炖锅的好处是一热三鲜，如此这般，这道菜的味道自然好极了。

大家吃得兴起，朋友让我说道说道有关佛手山药的种种。

山药对我们来说并不陌生。大多数情况下，我们熟知的山药，无论是在农产品集贸市场，还是在量贩式购物中心里看到的山药，大多是细条形状，说得更形象一些，很像一根拖把棍子。如果抛开山药的药用价值，单从食物的口感角度评价山药质地的优劣，一般而言是以山药的脆爽程度为依据，口感脆爽的山药是上好的品类，口感软糯的山药是较次的品类。河南焦作出产的山药，质地优良，因其表皮蕴含铁锈色且口感较脆，故称铁棍山药，是医家和食家都看好的食材兼药材，声名享誉华夏。

湖北省境内鄂西北和鄂东部分地区也产山药，湖北产的山药的药用价值一点儿也不输给包括河南在内的北方诸省出产的山药。鄂东出产的佛手山药，从形状到口感，都与以铁棍山药为代表的条状山药大为迥异。与铁棍山药一样，佛手山药也是获得国家农产品地理标志认证的传统特色农产品。如果要从品质论，产于武穴市（过去叫广济县）的佛手山药，与铁棍山药不分伯仲。依我看，佛手山药之所以不像铁棍山药那样身价百倍，差的只是没有铁棍山药那般的名气罢了。

其实，武穴佛手山药有悠久的文化、丰富的营养和独特的风味口感。当地人之所以把一种山药冠名以“佛手”，原因在于这种植物与禅宗佛教结有很深的缘分。

佛手山药的生长对地理位置要求极其挑剔苛刻，主要产地仅限于武穴市境内的梅川镇、余川镇一带。这里地处大别山南麓，是大别山山区与长江中下游平原交界的地方，此地的日照、气温、土壤等多项条件，特别适合于佛手山药的栽种。

武穴山药的形状，很像人伸出的一只手掌，佛手山药顾名思义，乃为佛的手掌之意。

古时武穴的政府所在地是梅川镇，梅川自古以来就被称为“佛国”。因为梅川镇出现过一位禅宗佛教的顶级人物，这位后来影响佛教发展进程的人，便是被尊为禅宗四祖的道信。史料记载：道信(580—651 年)，俗姓司马，也称司马道信，出生于现在的武穴梅川镇。隋文帝开皇十三年（593 年），道信向禅宗三祖僧璨求法，后在吉州符寺受戒。26 岁时被三祖授以衣钵，史称四祖。唐高祖武德八年（625 年）道信在黄梅破额山正觉寺（亦称四祖寺）传经讲法。及至以后，慧眼识得少年弘忍为超凡脱俗之佛教俊才，带至身边解惑传道，将衣钵传授予五祖弘忍（湖北黄梅人，俗姓周），再以后，五祖弘忍将衣钵传授予六祖惠能（广东人），这才有了博大精深、生生不息的禅宗佛教文化在中华大地上的发扬光大。

相传道信出生于七品县官之家，生来不缺吃少穿，天生怀有一腔悲悯情愫，对缺吃少穿、缺医少药的穷苦农人给予深深的同情。道信少时聪慧过人，除了读书课字以外，还跟江湖郎中学习把脉问症，炮制药丸，为的是希望能学到扁鹊之术，解救众多病痛患者于水火之中。在医病治人的过程中，道信发现当地随处可见的山药是一味极好的药材，每每给病人开方都会使用当地山药治病。说来也神，道信用山药入药方，不知道医好多少人的病，毫不起眼的山药，在道信的手中竟成了无价之宝。比道信晚了七八百年的明代医圣李时珍对佛手山药称誉有加，其在巨著《本草纲目》中指出，佛手山药能治诸虚百损、疗五劳七伤、去头面游风、治腰痛、除烦热、补心气不足、开达心孔、多记事、强筋骨、益肾气、健脾胃、治泻痢、化痰涎、润皮毛、降血压、抗肿瘤、缓衰老、延年益寿……佛手山药的药用价值，也就广布于天下了。

话说回来，及至道信出家成了禅宗四祖，弘扬佛法，家乡百姓为了表达对道信的由衷崇敬，便将武穴出产的貌似人体手掌的山药称为“佛手山药”，这个名字一直沿用至今……

佛手山药当药材是上好的药材，当食材亦是上好的食材。我发现，大多获得国家农产品地理标志认证的传统特色产品都有一个共同的特点，即营养价值高、药用价值高，而且，制成菜点，也是佳肴。佛手山药能单独成菜，譬如拔丝山药、枣泥山药，有一股甜甜的味道。如将山药洗净去皮，切成薄片炒肉片，切厚块红烧肉，切大块随冷水下锅，温火煨出排骨汤等都可烹成风味美馔。用山药与排骨、鱼头、牛肉等煲汤，口感独特，糯香浓郁，不单是肉好吃，且汤更鲜，味更美，百食不厌。

佛手山药最让人称道的还是高营养价值。

现代人越来越讲究菜肴的营养价值。以现代人的观点，吃饭，不仅是满足饱肚果腹的需要，也不仅是满足品鉴味道之美的需要，而且还希望满足吃出健康的需要。武穴佛手山药含有糖、蛋白质、钾及氨基酸、维生素等多种营养成分，具有滋阴、利肺、健肾、健胃、止泻痢、化痰涎、润毛发等功效。山药更是一种天然纤体美食，它含有足够的纤维，食用后就会产生饱胀感，从而控制人的进食欲望，说成大白话，佛手山药还有减肥的功效。

武穴离省会城市武汉也就200多公里的距离，对于新奇食材的挖掘，是武汉众多餐厅老板乐意花力气去做的事情，武穴佛手山药这道好食材，能够转化成武汉大众餐馆的佳肴，也就不足为奇了。吃佛手山药的季节，于秋冬之季最为相宜。我们在岁末天寒之时，吃这一锅热腾腾的“佛手山药炖排骨”锅子，配上二两小酒，几口热汤喝下，几块佛手山药下肚，立时血液加快了流速，周身融融有了暖意——早已忘了门外朔风凛冽，寒气袭人了。

托了佛祖的福，让我们享用“佛手山药炖排骨”这样的佳肴美味，阿弥陀佛！

臭耶香耶“臭鳜鱼”

河鲜要吃活吃鲜，恐怕是美食常识。但我说“臭”河鲜也是上等美食，而且是风味独特的美食，你信吗?

许久之前，在吃过了一款叫做“臭鳜鱼”的鱼菜后，我就在心里边由衷赞叹，能在原有的鲜活鳜鱼烹饪方法之外，增加了一种先让鱼身入“臭”味，然后再干烧成菜的烹饪技法，确乎是厨师们的一项了不起的创造。

鳜鱼又名桂鱼、季花鱼、花鲫，东北人称鳌花鱼等，素有“中华鱼”之誉，以春天的鳜鱼最为肥美。

历史上不乏文人墨客对鳜鱼的吟咏。

宋代梅尧臣写道：“昔时三月在西洛，始得午桥双鳜鱼。墨藓点衣鳞细细，红盘铺藻尾舒舒。”

宋代陆游在《思故山》中也有咏鳜鱼的佳句：“新钓紫鳜鱼，旋洗白莲藕。”

从古至今，鳜鱼被人喜爱肯定是有道理的。

长江所产的鳜鱼都是鱼中上品，系长江“四大名鱼”之一，曾使多少人“吟哦口垂涎，嚼味有余隽”，人称“席上有鳜鱼，熊掌也可舍”。即至今日，倘能吃到长江野生鳜鱼，绝对是奢侈的美食享受，但凡一条鳜鱼贴上了“长江野生”的标签，身价马上就会“高档大气上档次”，其售价往往是湖北其他当家鱼种“鲭草鲩”的四五倍。

由于鳜鱼食材的名贵，以鳜鱼制菜，堪称“大菜”。湖北菜中的“红烧鳜鱼”，杭帮菜中的“糖醋鳜鱼”，淮扬菜中的“松鼠鳜鱼”等都是鳜鱼菜式中的名馔。从烹饪方法上讲，不管这些“大菜”出自哪个帮口，它们有一个共同的特点，即都是以鲜活鳜鱼作食材烹制而成，比较符合鱼鲜吃活吃鲜的常理。

原创于安徽古徽州绩溪的名菜——“臭鳜鱼”，其烹饪方法显然是不按常理出牌，这款菜的食材不仅不用活鱼鲜鱼，反而故意将活鱼弄臭之后而烹之，做成闻起来奇臭，吃起来奇香的“臭鳜鱼”。

据称，绩溪“臭鳜鱼”的传承，已有300余年的历史了。

在皖南，诞生“臭鳜鱼”的传说版本有多种。在多种传说中，有几个要素是共同的，即“臭鳜鱼”的发明地是安徽徽州地区，鳜鱼是长江的出产，最先享用“臭鳜鱼”的群体，是明清时期财大势大的徽商及其家人。

其实，即令是嗜吃“臭鳜鱼”的绩溪人也知道，鳜鱼这个东西，总归是要吃活吃鲜才是正道。鳜鱼生性难养，无奈绩溪远离长江，从安徽的长江边到绩溪有500多里路，而且山区的路途崎岖，在几百年前，受限于贮藏和交通条件，即使徽州商人的钱多得可以敌国，但想不出门坐在家里就能吃到一条长江里打起的活鲜鳜鱼，这个可能性几乎为零。

一个群体的旺盛需求会激活市场强大的创造力，有人就琢磨开了：绩溪人新鲜的鳜鱼吃不上，不新鲜的鳜鱼也吃不上吗？

于是沿江一带的鱼贩，掌握了绩溪人极爱吃鳜鱼的信息，每年入冬时，便将捕捞的长江鳜鱼，用木桶装运至徽州山区出售（简称

"桶鱼"），途中为防止"桶鱼"变质，鱼贩采用了一层鱼上洒一层淡盐水的办法，然后沿途不断翻动。如此这般，花费七八天，鳜鱼运抵徽州各地时，鱼鳃仍是红色，鳞不脱，质未变，只是闻起来有一种似臭非臭的特殊气味。

民谚说，臭鱼不可臭肉，没有变质的臭鱼吃起来于身体并无大碍。绩溪人把闻起来有臭味的鳜鱼洗净，经热油煎至双面油黄，然后细火干烧，奇迹发生了，起先闻起来有臭味的鳜鱼，此时不仅没有臭味，反而有一种奇异的鲜香。吃起来，美味的程度一点也不逊色于以活鲜鳜鱼烧成的鱼菜。人们把这闻起来臭，吃起来香的鱼菜命名为"臭鳜鱼"。

"臭鳜鱼"成为徽菜的代表菜式，广泛流行于安徽、江苏一带。改革开放的这 30 多年，"臭鳜鱼"走了商业渠道，沿着长江上达重庆、成都，下至上海，乃至"臭鳜鱼"以独特的味型叫响全国。

经过数代人的不断改进，"臭鳜鱼"的烹饪方法才基本固定下来。我的厨师朋友总结说，现在餐馆制作的"臭鳜鱼"，制作程序大同小异：将鳜鱼宰杀并清洗干净，并将鳜鱼从鱼肚向鱼背处剖开。将鳜鱼两面均斜地打上花刀。将鱼从案板上移至稍大的盘中，打开王致和臭豆腐瓶盖，用干净的筷子搛出 5 至 6 块臭豆腐放在鱼身上。戴上一次性手套，将臭豆腐均匀抹满鳜鱼的全身。准备一个稍大、稍厚的塑料食品袋，将两片鱼身合起放入食品袋中，将袋中空气用手排挤一下，并把袋口扎上。准备一个稍大的保鲜盒，将食品袋中的鳜鱼放入盒中，并放入冰箱冷藏。冷藏 7 天即可取出。烹饪"臭鳜鱼"时，将臭好的鳜鱼从冰箱取出，用清水将鱼身上残留的臭豆腐彻底冲洗干净，沥干水分备用。姜切丝，蒜切片，葱切段，干红辣椒切段，花椒几粒备用。热锅下油，放入臭鳜鱼，将鱼里外两边稍煎至焦黄，然后干烧，收汁即可起锅装盘。

“臭鳜鱼”传进武汉，距今也就20年时间，起初能够在菜谱上见到这款菜肴，一般都是在各种商务型的酒店。毕竟，鳜鱼是价格不菲的食材，做成的鳜鱼菜式，价格动辄大几十元人民币甚至上百元，一般消费者，受限于消费能力，大菜的点餐率不会太高。

我是在沿江大道江汉关附近的“楚老宋”生活菜馆吃的“臭鳜鱼”。“楚老宋”的这道菜式出品很工整，色泽红亮，很能诱人食欲。端菜上桌，闻起来有一股腐乳的臭味，但臭得不招人嫌。用筷子挑开鱼身，鱼肉白中透红，像腊鱼一样，呈现出如石膏般的片状，鱼刺很容易从鱼肉中搛出。鱼肉吃起来有咸鲜香味。当然，吃“臭鳜鱼”性急不得，以慢挑细啖为妙，“臭鳜鱼”，于好喝二两的酒“麻木”，是佐酒菜之一绝。

“臭鳜鱼”丰富了餐饮市场上鱼菜的味型。湖北的鱼菜中，多为红烧、油焖、香煎、清蒸，味型多为咸鲜微辣，“臭鳜鱼”能够在武汉餐饮市场中立足，靠的，正是咸鲜微辣，闻起来臭，吃起来香的独特风味。

说到底，一道菜能被食客普遍喜欢，好吃才是硬道理。

溜圆“苕粉坨”

因为要考察通山特有的食材黑山猪，在浓绿深染，草长莺飞的阳春四月里，同几位餐饮业界的朋友往通山那厢走了一趟。

到了通山，少不了要吃通山的特色菜肴，按通山人的待客之道，招待来访的朋友，少不了会把通山的独特食物端上餐桌。在为数不多的具有通山地域特色的食物中，断然不会少了一款菜肴——“苕粉坨”。

人说靠山吃山，靠海吃海，这话极有道理。中华文化几千年生生不已的历史，起码可以说明一个道理：人与自然必须是和谐相处的关系。反过来，如果你硬是要与天斗，与地斗，与自然界拧着干，你就会在大自然面前输得很惨。在这方面，人类教训多多，远的不说，就说被称为浩劫的“文革”期间的所作所为，我们吃的亏也是车载斗量。

通山的地理条件，是八分山一分水一分田。从农业尤其是种植业角度讲，通山的地理条件确实有些不尽如人意，这样的自然条件，种植附加值高的经济作物可能性不大，在山地种植适应性极强的大众作物红薯，倒是顺其自然的不错选择。

一个地方，有什么样的种养殖出产，当地居民的餐桌上，就会出现什么样的菜式。所以，红薯当仁不让地成为通山百姓餐桌上最为常见的吃食。吃苕的时间多了，吃苕的历史久了，通山人就把以苕为原料的吃食，变出了各式的花样。这，就叫到什么山上唱什么歌。

“苕粉坨”就是通山人变着法儿吃红薯的范例。

“苕粉坨”也叫“苕粉圆子”，还有叫“苕粉粑粑”的，是通山人生存智慧的结晶。

我手头上没有说明“苕粉坨”起源于何时何地，具体诞生于何人之手的文本材料，只是听闻当地朋友传说，“苕粉坨”在通山至少已有百年的历史。

“苕粉坨”与武汉人熟知的元宵或者汤圆从形式到制作方法完全相同，都是由外皮和馅料两大部分组成，所不同的是，汤圆或元宵，外皮由糯米磨粉吊浆制成，馅料依各地的饮食习惯任意添加，总体上，其馅是甜的，是当作小吃或者主食品种吃的。而“苕粉坨”的外皮，则是由苕粉制成，里面的馅料，也可依照各人的口味任意添加，总体上“苕粉坨”的馅是咸的，是用来当作菜式品种吃的。

“苕粉坨”在通山很受欢迎，我的推测，不仅是在味道上能与通山人的饮食习性相匹配，而且，还体现了通山当地的地域文化。

通山处于多山多丘陵的鄂南，自古受儒家文化浸染，耕读传家被当地许多百姓奉为治家格言，即至现在，已经进入了移动互联网时代了，我们却能在通山境内，随处见到农民用现代建筑材料修建的可以与城里相媲美的各种楼房，楣门却以不同字体刻着“进士及第”的字样。由此可以窥见通山人对传统儒家文化钟情的程度。

儒家文化讲究内敛，行事低调，财不露白。通山算不上是个富庶之地，尽管在清末时产生过如王名璠这样的旺族，但总体来讲，这厢不是富豪云集斗富的所在，不流行因斗富而露富的浮夸行事风格。

深受儒家文化影响的通山人，讲究的是怎样“把肉蒙在饭里吃”。而“苕粉坨”就是“把肉蒙在饭里吃”的具体表现。

中国人有“天上九头鸟，地上湖北佬”之说，形容湖北人脑袋好使，处事圆融。湖北人普遍喜欢圆子形式的菜式，肉、鱼、豆制品、菜蔬等等，几乎都能做成圆子。如此这般的饮食习俗，恐怕与湖北人处事讲圆融的习性大有关系。通山人把“苕粉坨”的外表，做成橘子一般大小的玻璃体，溜圆溜圆，正是湖北人喜欢处事圆融的体现。

在通山，能干的家庭煮夫主妇没有不会做“苕粉坨”的。不会做“苕粉坨”的家庭主妇，时常招人哂笑。能把“苕粉坨”做好的姑娘媳妇，绝对生有一双巧手。

做“苕粉坨”很费工夫。做菜之前，先得把当地产的黑山猪瘦肉或五花肉，香菇、干子等食材一齐剁碎，撒上盐、胡椒、味精等调味品，拌匀成馅待用。然后再烧开水在瓷盆里调苕粉，和包饺子和面的程序一样，要将调适的苕粉用力揉，致使苕粉越来越有韧劲。

像搓汤圆一样，把苕粉皮捏成一只小圆罐形状，将调好的馅子放进去，收拢苕粉圆罐的口子，把已成坨的苕粉丸子团得圆圆溜溜，不露收口的丝毫痕迹。

烧一锅滚水，将乒乓球般圆溜的白苕粉丸子放进滚水，苕粉丸子渐成深色，慢慢浮上水面，此时可用捞子将苕粉丸子捞起。将锅烧热，放少许猪油，将煮熟的苕粉丸子放进油锅里，加少许盐，也无需再添加别的作料，即可起锅装盘，撒上葱花，一款通山特有的菜式便可上桌待客了。

表面油光水滑的“苕粉坨”，极像我们小时的玩物——玻璃珠子，只不过是直径更大些的玻璃珠子罢了。吃时先得将单筷捅进“苕粉坨”，这时还不能性急地张大口去咬苕粉丸子，它的外面不烫，可里边还热乎着呢，一不留神，把嘴唇烫起泡也是可能的。苕粉皮很有弹性，皮薄，味道微甜。吃“苕粉坨”的核心是要品味多种食材汇集的馅，闻着土猪肉拌着香菇的鲜香，那是人的嗅觉享受，吃着“苕粉坨”馅的那个鲜，那个美，通山人喜欢，我们这些不是通山籍的美食享受者，又何尝不喜欢？

美食自有美食的力量。只要真能称得上美食的东西，总是能俘获那一颗寻找美食者的芳心。

毛嘴名吃卤公鸡

真是歪打正着，本来是去虾乡潜江享受吃虾之乐，不期然却在彼地尝到江汉平原的著名美食——“毛嘴卤鸡”，实为一件赏心乐事，值得一记。

前两日，随一行朋友去潜江，目的是去龙虾一条街上的老大“虾皇”虾店吃招牌菜“油焖大虾”，该店厨师长与我们颇为相熟，安排的菜品都是“虾皇”的拿手之作，卤菜上了三道，其中一道就是装盘造型讲究的“毛嘴卤鸡”。

“虾皇”出品的“油焖大虾”的好吃，这里暂且不去说了，且说一说江汉平原的名食“毛嘴卤鸡”。

“毛嘴卤鸡”在湖北餐饮业界名声极大，可谓是如雷贯耳，资深吃货尽人皆知。

毛嘴是个地名，是今天湖北省仙桃（过去叫沔阳县）市下辖的一个镇。有资料说，毛嘴镇原名三槐地，因此地有古槐而得名。相传1705年有毛姓居民开始在河滩沙嘴开店，这个地方就被人称为毛嘴，毛嘴之名一直沿用至今。

资料上说毛氏在河滩沙嘴上开店，却没说开的什么店。据毛嘴镇坊间传说，毛姓人家开的店为卤味店，售卖的卤品便是“毛嘴卤鸡”。如此说来，“毛嘴卤鸡”至今已有300年的传承了。

真正把“毛嘴卤鸡”声名弄出了大的响动的，是一个叫“卤保林”的毛嘴人。

“卤保林”原名叫做刘保林。从刘保林上溯4代，都是以做卤鸡为生。当刘保林接过家传的卤水钵，以制作、售卖卤鸡为业养家糊口时，已经是上世纪40年代初日本人统治湖北的时期。

且说刘保林这个人，他不仅从上辈那里学到卤鸡的技术，也分毫不差地继承了上辈人刚直的秉性。一日傍晚，一个日本翻译官来到刘保林家里，大大咧咧地要刘保林第二天将卤鸡送到镇公所，为从省城来毛嘴镇检查征粮工作的日本官佐们摆接风宴。

刘保林十分不待见这种靠出卖祖宗生活的汉奸小人，更不待见从东洋来到毛嘴的倭寇。他虚以尾蛇地应承汉奸翻译的吩咐，并赶快将他打发走。汉奸翻译一走，刘保林就开始琢磨怎么糊弄那些日本吃客。

一夜难眠。东方出现鱼肚白时，刘保林终于将糊弄日本人的方案想好了。方案的要旨是既不能让日本人吃好，又不能让他们“找歪”，说白了就是四个字：偷工减料。

他开始卤鸡。将祖传卤水方子减半，剩下的一半往里面兑水，然后放进昨天吃剩的米酒。刘保林心想：日本鬼佬想品尝佳肴美味，做你们的大头梦去吧！我给你卤得咸中有甜，弄成个怪味，看你们还怎么吃？

刘保林本只想搞点小动作戏耍一下日本人，不曾想到这次卤出的鸡，色泽亮丽，大异于平常。日本人享用后赞不绝口，连称“大大地好”，汉奸翻译还来刘家连声称谢。

日本人的称赞惹得刘保林生了一肚皮的气。生气归生气，刘保林却意外收获了“毛嘴卤鸡”的新卤方。这个卤方，是今日卤制

“毛嘴卤鸡”的基础，也是“毛嘴卤鸡”声名在外的基石。

经刘保林无意而成，正宗“毛嘴卤鸡”的制作要领是：一是选料讲究。必须是当地土鸡，乡里人房前屋后放养的本地品种；二是必须是阉公鸡。母鸡脂肪多，公鸡全身是肌肉，吃起来才有嚼劲；三是在卤制过程中，配以蜂蜜、杜仲、肉苗、枸杞、八角等近 20 种名贵中药及天然香料，用百年老卤汁兑毛嘴米酒加工而成。如此这般，才成就了“毛嘴卤鸡”的 300 年传奇。

也该是“毛嘴卤鸡”交了好运。刘保林的卤鸡经日本人一传扬，引来了更多慕名前来尝鲜的食客。有一位人称著名美食家的食客，从南方远道而来湖北，遍访各地名吃，辗转打听到毛嘴刘保林家卤鸡的声名，便来到了毛嘴，逢人便问“卤保林”的宅子。大概是南方人听不懂沔阳方言，把“刘保林”误听成了“卤保林”，毛嘴人笑着引导他找到了刘家。

这一餐美味吃得南方美食家笑逐颜开，酒足之余，雅兴大发，南方美食家磨墨铺纸，写下“毛嘴卤鸡，香飘万里”8 个龙飞凤舞的大字。刘保林也从此被毛嘴人戏称为“卤保林”，以至于不少毛嘴人只知道有个“毛嘴卤鸡”的传人叫“卤保林”，却不知道他原来的名字叫刘保林。

凡一地的名产名吃，能够老少皆宜，传承久远，这个产品必有独到之处。“毛嘴卤鸡”亦不例外。“毛嘴卤鸡”号称荆楚一绝，在湖湘地区赢得美誉，靠的，就是味足好吃，颇有回味。之所以说“毛嘴卤鸡”味足好吃，因为它熟而不烂，嚼之不腻，嚼得人嘴巴、鼻孔、眼睛等到处都是香的，甚至吃剩的鸡骨头也舍不得丢，细嚼慢咽，发现连骨头都是酥香的。最让人记忆深刻的是，“毛嘴卤鸡”颇有回味，吃过之后好长一段时间，齿颊仍然留香。

在潜江“虾皇”吃到的“毛嘴卤鸡”，确实具备了上面所述卤鸡的特点，不然，不会受到我们这么一群职业好吃佬的一致首肯："毛嘴卤鸡"完全可以视为湖北独特"酱卤"的代表品种。

我们不妨作进一步设想：如果有大的商家以互联网思维思考，以大资金投入，做好毛嘴镇上多家分散的"毛嘴卤鸡"资源的整合，江汉平原上的名食"毛嘴卤家"，将会是一点不逊色于武汉"精武鸭脖"的食品大品牌。

我们期待着这一天早日到来！

“藏王羊排”，爱意满满

只要问一下武汉的旅游发烧友，恐怕没有一个不把西藏看作是圣地，没有一个不想踏上西藏的地界，看一眼冷峻的珠峰，抚摸一把绵柔的白云，听一曲高亢的藏歌吧？

事实上，也不是每个喜欢西藏的人，都能踏上那片神奇的土地。

那么，是不是没去西藏的武汉人，就不能领略西藏的风情呢？

那也不见得。比如，我们可以去位于汉口京汉大道武商段一家西藏文化主题餐厅——“西藏印象”看一看，逛一逛，吃一吃，那也算是别样的“西藏游”哦。

“西藏印象”虽说是家餐馆，却更像是一个藏族文化的展示交流中心，里面除了能够吃饭进餐，还可以购物，尤其可以买到来自雪域高原的藏药。“西藏印象”离我的住地直线距离不足 300 米，我去过多次“西藏印象”，倒不是去吃饭，而是闲来当作博物馆逛的。

因为混了个“美食评论家”的虚名，会经常受邀去一些餐厅酒店试菜，所谓试菜也就是自己掩耳盗铃的说法，用朋友们的嘲笑解释，其实就是以职业名义混吃混喝而已。如果是我感兴趣的餐厅酒店，感兴趣的菜式品种，只要有人一叫，就屁颠屁颠的生怕跑掉了队。

这不，“西藏印象”的董事长、康巴汉子斯朗·丹增曲培先生，邀我们去“西藏印象”做客，我二话不说，赶紧把桌上摊开的文件收了，同一行人，乐呵呵地去吃西藏菜。

老实说，过去我对西藏菜式不甚了了，更没去过西藏实地吃那藏民烹制的藏菜，没有建立藏菜的起码概念。因此而言，对此次吃藏菜后的评价，完全是以个人的口味好恶出发，一点儿没有顾忌，当然也无法顾及藏菜的通行标准，纯属个人见解，对错与否，还由列位判官评判。

我曾问过资深的厨师：西藏有独立成系的菜系吗？回答说有，但历史传承时间较短。西藏菜系真正形成，且系统地见诸汉字，是在上世纪50年代亦即和平解放西藏以后，由西藏菜与汉民族菜系逐渐融合而成的一支独具特色的菜系。

由于西藏地处世界屋脊，大部分地区空气稀薄，土壤贫瘠，植物类食材生长困难，鲜有菜蔬出产，所以动物食材以牛、羊、猪、鸡等肉为主，蔬菜以土豆、萝卜等块茎类植物为主，主食以米、面、青稞为主。藏民多喜欢重油、厚味和香、酥、甜、脆的食品，调料多用辣、酸调味，喜用香料。烹饪实践中多用烤、炸、煎、煮等技法。

看来，斯朗·丹增曲培先生为招待我们颇下了些本钱，飨客菜品多为“西藏印象”的拿手大菜。除了几道本帮菜品（这也是照顾武汉当地食客口味，菜品接市场地气之必需），其他菜式皆为藏菜：“雪域双拼”“石锅藏香鸡”“康巴坨坨牦牛肉”“多彩人参果”“康巴血肠”“藏王羊排”“桑吉卓玛”“青稞石烤馍”……只觉得这一桌菜装盘考究，盛器极具藏族特色，形式感颇为养眼。

这一桌菜品色香味俱佳，但若问有没有哪道菜更让人印象深刻，更值得说道说道，我个人以为“藏王羊肉”颇值一谈。

理由似乎很充足。一款菜式“藏王羊肉”诠释了历史上汉民族与藏族人民和谐相处的一段佳话，也见证了唐朝文成公主和藏族一代英主松赞干布夫妻恩爱的史实，蕴藏着一段美好感人的故事。另外，“雪域羊肉”从选材到烹饪方法再到味道，都有独到的地方，有可供湖北厨师借鉴之处。

距今1300多年前，唐朝文成公主离开繁华的都城长安，西行约3000公里，历经千难万险，来到雪域高原，与吐蕃王松赞干布和亲，开创了唐蕃交好的新时代。

公元7世纪初，中原地区经过数年的争战，唐高祖李渊、唐太宗李世民父子终于鼎定天下，于618年以长安为都城，建立了大唐帝国，史称唐朝。唐朝国势强盛，成为当时东亚地区文明的中心，对周边民族部落产生了强烈的影响，周边民族部落纷纷与唐朝修好，或称臣内附，或纳贡请封，是中国历史上汉族与其他少数民族交流最为频繁的时期之一。

同期，雪域高原的一代英主松赞干布，完成了对一些小国的兼并，定都逻娑（今西藏拉萨），建立了统一的吐蕃王朝，成为吐蕃王。极具战略眼光的吐蕃王谋求与唐王朝建立密切关系，两次派专员出使长安，向唐皇求亲。唐太宗李世民审时度势，答应把宗室之女文成公主嫁与松赞干布。

消息传到拉萨，松赞干布欣喜异常。唐室发亲后，藏王亲自率军远行至柏海（今青海玛多县境）迎候文成公主。在离黄河源头不太远的扎陵湖和鄂陵湖畔，一对异族夫妇便在这美丽的地方，度过了他们的洞房花烛夜。

文成公主安抵拉萨时，人们载歌载舞，欢腾雀跃，欢迎她的到来。松赞干布非常喜欢贤淑多才的文成公主，专门为公主修筑了布达拉宫，共有1000间宫室，富丽壮观。藏王对文成公主的爱，由此可见一斑。

虽然拥有夫婿的爱，但作为一位生于中原，长于中原的女子，文成公主在雪域高原生活的不适是可以想见的，连维持生存最基本的元素——吃饭都是问题。西藏少有蔬菜，菜式以牛羊肉为多，每日一日三餐的进食，似乎都成为文成公主的受难时间。

中原饮食习俗与藏族饮食习俗的差异显而易见。文成公主吃不惯西藏饭菜，身体日见消瘦。这一切，松赞干布都看在眼里，急在他的心里，他非常担忧，长此以往，文成公主的身体怎么吃得消哇。

怎么办？松赞干布开始琢磨，能不能用牛、羊肉食材，按照汉族人的烹饪方法，做出让文成公主喜欢吃的菜来？

藏王把他的想法讲给王府的厨师们听，希望厨师们能为他排忧解难，厨师们却回答说：藏王的想法很好，但他们不会做。

看到厨师们指望不上，于是松干赞布亲自披挂上阵，穿上厨服，当起厨师。经过连续几天的试验，聪明的藏王终于找到了做菜的门道：选用当地绵羊身上的排骨，腌制一个晚上，第二天撒上西藏香料，加水煮熟，然后再放进油锅里炸，炸至外酥里嫩时，趁热让文成公主蘸着酱汁吃。

藏王没想到，文成公主非常喜欢吃他烹制的羊排。藏王便将制作羊排的方法，传授给厨师，让他做菜给文成公主吃。藏历新年初一，王府开宴，招待各位藏族的上层人物，厨师以藏王传授的技艺做出了酥炸羊排，博得席间的藏族上层人士的一片赞叹之声。待管事的解释说，这是藏王发明的新式菜品，话音一落，更是激起席间的一阵掌声。有能说会道的王公贵族，提议将这道菜以藏王命名，博得了席间的好一阵喝彩！

由此，这道出自藏王之手的酥炸羊排，被命名为“藏王羊排”，流传千年……

故事好是菜肴传播范围广大的基础，菜品好是传播范围广大的前提。能让我对“藏王羊排”有很深印象，原因在于“藏王羊排”的菜式确有特点：外酥里嫩，蘸料独特。羊排外酥的程度，与我们经常吃到的油炸春卷很相像，但比春卷软和。羊排里嫩的程度，与糯软的奶酪有得一比，当时我吃着“藏王羊排”的那个糯劲，心里怀疑，这还是羊排吗？怎么会酥嫩到这种程度呢？

虽说本人没有到过西藏，可在“西藏印象”吃过藏菜，这一经历，可以作为对那些没去过西藏，也没在“西藏印象”吃过藏菜的“西藏迷”吹牛的本钱。若不想听我吹牛，行，那你就去“西藏印象”吃一吃藏菜，看看我到底吹牛与否？

餐盘里透出的民国味道

按照史学家的界定，中华民国是从清朝灭亡至中华人民共和国建立期间的国家名称和年号，简称民国，通俗地说，就是指从1912年至1949年这个区间的社会阶段。

我们知道，正是1911年10月10日发生在今天武昌起义门清军工兵营惊天动地的一声枪响，才结束了中国历史上漫长的封建帝制，才开启了一段称为民国的历史时期。为期不到40年的民国，在中华五千年的历史长河中，可称是眨眼间的一瞬，也是离我们现今生活最近的一个历史时期，像我这般年纪人的上一辈，都算是民国的老人，所以历史概念中的民国，好像与我们没有什么关系，其实它或多或少与我们每个人都有这样或那样挥之不去的纠葛。

近些年，有学者据史详论，民国短存的37年，却在政治、经济、文化、学术等不同领域，名人辈出，大家荟萃，气象宏阔，为中国近代史上所鲜见。一时间，谈论民国名人，钩沉民国历史，竟成为网络上大众的一个时髦话题。

而我要说的是，民国那些离我们现今生活渐行渐远的名人大家，与我们日常生活须臾不可或缺的一日三餐的饮食品馔有什么关系吗？与当下家常菜、农家菜大行其道的餐饮业有什么关系吗？或者换句话说，人们在进餐果腹之际，能够从餐厅的餐盘中嗅到民国的味道吗？

我的答案是：能。

但显然这需要解释。

前几日，应美食品鉴圈内的朋友之邀，去汉口火车站附近“大武汉 1911”美食商圈中一家叫做“督府老厨”的中餐馆试菜。这家餐厅以“民国风韵”的主题示人，从店面的装修装饰，到菜系的选择、菜品的装盘、命名，里外都透出一股浓郁的民国情韵。

“督府老厨”店面的装修，庭高廊深，门窗宽大。门窗地板，整个装饰色系以适中的暗淡和适度的浅灰为主调，近于咖啡般的褐色，这种色调，正是民国时期主流社会认可的基本色谱，稳健沉雄。饰物也以过去的老物件作摆设，如曾经在上世纪 30 年代风行一时的留声机，悬挂的民国画片，以肥为美的民国美女画像等等，都散发出一股沉醉的民国风情。以当下的眼光看去，这种色调和装饰，与现在崇尚简捷，线条明快的设计潮流大相径庭，让人很容易产生一种幽远的怀旧情绪。

如果你多有一点民国历史知识，你的家族与民国名人若有这样或那样说不清道不明的关系，对“督府老厨”酒店弥漫的民国味道，或许你的怀旧感受更深。

当然，到一家餐馆，看装修，看环境，重不重要？很重要，但更重要的落脚点，还是要落实于口腹之欲的满足之上。老实说，对于我这样一个对美食有偏好的人，美食才是我对这间餐厅更感兴趣的地方。

以本人在此进餐的感受，我以为最能体现“督府老厨”民国情调的，是它经营的菜式及其菜式的命名。它推出的菜式，以淮扬菜系、杭帮菜式为基本班底，以湖北菜为辅。但不管是淮扬菜、杭帮菜抑或是本帮菜式，几乎每款菜品都与民国的名人有关，有的菜式本身就出自民国名人之手，有的菜式则是民国名人的一生所爱。真是每一款菜馔都隐藏着一段名人轶事，每一款菜肴都能让人记忆起一段历史佳话。

譬如，“美龄花雕贵妃鸡”是以宋美龄的名字命名。原因无它，此菜是宋美龄的至爱。这款菜原是上海一家叫“梅龙镇酒家”的风味菜，起源于上世纪 20 年代末，以京剧名作《贵妃醉酒》的故事为主题创制，原名“京葱贵妃鸡”，后因宋美龄的喜爱而声名远播。

“美龄花雕贵妃鸡”以贵妃鸡为食材，汤中洒些许花雕，慢火细功，半汤半菜。此菜上桌时，以盖碗盛装，揭开盖后，香气四溢，鸡翅肥嫩，汤鲜味纯，滋味绵长。

又如，“健生竹龙蛋烧卖”是以国民党著名军事将领白崇禧的名字命名。白崇禧字健生，广西桂林人，回族，阿拉伯名“乌默尔”，意义与“崇禧、健生”吻合。他是国民党军中骁勇善战的常胜将军，是中国近代著名的军事领袖，抗日英雄，国民党陆军一级上将，国民政府的国防部部长，亦为桂系首领，世有“小诸葛”之称。

由于白崇禧为回民，在当时首都南京供职时，常去南京一家开业于 1845 年的老字号清真菜馆“马祥兴”用膳。他喜欢吃烧卖和虾，“马祥兴”厨师金宏义针对他的喜好，将蛋液调散，虾仁上浆作馅，手执炒勺于炉，火摊蛋皮，蛋皮内放虾仁馅，筷子一夹收口，是为“蛋烧卖”。“蛋烧卖”分卧式、立式两种，入笼蒸熟。再浇以鸡汁、生粉、鸭油调制的卤汁，成品“蛋烧卖”色泽鲜亮，造型小巧玲珑。

白崇禧公务之余，每来“马祥兴”进膳，必点“蛋烧卖”。物以人贵，既然“蛋烧卖”为健生先生钟爱，“马祥兴”老板顺势而为，把“蛋烧卖”取名为“健生竹龙蛋烧卖”。此举虽有拍白崇禧马屁之嫌，但此款吃食因其特别的取名，傍上了民国大佬，传播范围之广，传播速度之快，确实是有目共睹……

餐盘中透出了民国味道，每道菜里都有故事，每件饰物里都有讲究，成为“督府老厨”重要的经营特点。把文化融入餐饮经营，把文化融入菜式出品，从“督府老厨”的装修设计，到集合苏、杭精品菜式所体现出的民国情韵，不难看出经营者与周边餐厅差异化经营定位的独具匠心，还可以解释是为主题餐厅的定位经营作了一种可资借鉴的诠释。

我对“督府老厨”以民国名人菜作为独特销售主张的探索，加点加赞，我更希望能在武汉餐饮界看到更多这样的经营案例！

意境湖北菜

猛一看本文的标题，你可能有些奇怪，抽象概念的意境与具象概念的菜肴扯得上关系吗？尤其是意境之美与以烹制家常菜见长的湖北菜扯得上关系吗？

我的回答是，不仅有关系，而且还大有关系。我们不妨围绕意境菜的题目，先来梳理一番。

什么是意境？按照美学家的说法，是指抒情性艺术作品中呈现的那种情景交融、虚实相生、活跃着生命律动、韵味无穷的诗意空间。诗歌、绘画、音乐、舞蹈等不同的艺术形式，都能表现出一种难以言状的美好情境，给读者和观众以审美享受。

厨师出品的菜式是特殊的艺术作品。具象的菜品不仅具有果腹充饥的实用价值，而且还有与其他艺术形式相同的审美价值。基于菜品具备的审美价值，近年来的厨界才有了一种名曰“意境菜”的菜式体系独立存在，而且，它不从属于任何一种地方性的菜系。问题的关键在于，意境菜不仅被业内人士赏识，还被消费者青睐有加，颇具市场号召力。

最早提出意境菜概念的，是北京“大董”酒店的著名厨师董振祥先生。

什么是意境菜？意境菜是指以菜品为媒介，让菜品的色、香、味、形、器、滋、养这些元素的完美组合与欣赏者精神世界高度融合，协调统一的菜品新流派。其主要特点是运用中国绘画的写意技法和中国盆景的拼装手法，让菜品在有限空间内，呈现出情景交融、虚实相生，活跃着生命律动的韵味和无穷的诗意空间，反映出中国古典文学的意境之美。意境菜不受地方菜系门派的限制，在不同区域不同类别的菜式中，取其菜肴的色、香、味、形、器、滋、养的要素，把烹饪技法与绘画审美结合起来，制成与各地方菜式有相同之处又有不同之处的菜肴流派。董振祥的代表菜式如“董氏烧海参”，品质特点葱香浓郁，入味透彻，口味醇厚香美，其菜品的装盘受西方传统绘画的影响，以点、线、圆与抽象为表现手段，让菜品呈现出中国传统绘画的美感，苍劲古朴，灵动秀美，线条简洁，意蕴深远。北京“大董”“俏江南”“新富贵”等酒店，成为了意境菜的大本营。

北京的董振祥、屈浩等厨师把意境菜做得风生水起，给了湖北厨师们创新湖北意境菜以启迪。武汉汉阳府酒店的行政总厨杨波，有在北京“新富贵”任职行政总厨的经历，对“新富贵”的意境菜很有研究。从北京返回武汉后，他尝试着做“第一个吃螃蟹”的人，琢磨着要把“意境”的帽子，戴在湖北本帮菜的头上，希望建立一个湖北意境菜的体系。

杨波是第一个提出湖北意境菜概念的厨师。

什么是湖北意境菜？是指以湖北出产的食材为主，以湖北菜烹饪方法为基本技法，在湖北传统菜品的基础上提炼演化，按照绘画的构图原理，盛菜装盘，让菜品与盛器融为一体，呈现出一种律动的诗意空间。具有上述要素的湖北菜，可称为湖北意境菜。

众所周知，湖北菜植根于湖北本地食材出产的优势，向以家常菜技法烹饪为其特点立足于全国各菜系之林，咸鲜微辣，原汁原味。正如一个硬币总是有两个面一样，当以家常面目立世的湖北菜，粗放性的加工方法为多，所以，要想让湖北菜上升到有意境的层面，没有一点创新思维，没有整合烹饪资源的能力，不可能创造出有品位的湖北意境菜。

湖北意境菜既然是以本帮菜品作媒介，那么，它首先要具备菜品的属性，不光要把菜做得好吃，还要做得好看。因此，厨师做湖北意境菜需要具备综合条件。一是要有扎实的烹饪功底，具备碟子、墩子、炉子三套本事。换言之，但凡一个优秀厨师应该具备的本领，做意境菜的厨师必须具有。二是需要有绘画的基础，要懂得透视、焦点、视点在画面中的应用，还要对绘画常用的点、线、面、圆的技法驾轻就熟。不会绘画的厨师，要把意境菜做得能与绘画的效果相媲美，相对于会画画的厨师而言要困难得多。三是要对湖北人的饮食习俗有深入的了解，做出的菜品必须符合湖北人的口味喜好，否则，做出的意境菜，形式感美则美矣，然而却不好吃，成了让人诟病的中看不中吃的“看菜”。

杨波正好具备做湖北意境菜的充要条件。从厨二十余年，从和泥巴封炉子当学徒做起，配菜、站炉子，一个厨师该经历的过程，他都经历了。将近30岁时，师从一代鄂菜大师汪建国，更是对湖北本帮菜式的前世今生有了透彻的了解。杨波是厨师中比较少见的能画国画的厨师，画虾成为他除了工作之外的最大业余爱好，他的虾画水平达到了一定的高度。同时，他对近代和当代在画坛上表现抢眼的国内画家给予了足够的关注，武汉美术馆里举办各种美术作品展览，杨波都会尽量抽出时间进馆观摩。湖北省内书画名家的作品，杨波几乎都有收藏。日积月累，他的审美水平得到了很大的提升。杨波在餐饮业内摸爬滚打20多年，有在多个餐馆多个岗位的从业经历，对湖北境内的风土人情了解甚深。具备了上述各项条件，又具有创新意识的杨波，才开始踏上创新湖北意境菜的征程。

如同作家要靠作品说话一样，一个厨师，也得靠作品说话。几年下来，杨波创制了在业界颇有影响的“QQ豆腐”“桂鱼扒配卤水豆腐角”“煎藕饼配法国蜜汁鹅肝”“金丝桂花血糯米藕”“七月橄榄”“三文鱼拼北极贝”“珍珠鮰鱼配香芒带子卷”“真功夫大鱼丸”等意境菜。这些菜品的共同特点在于：一是取材选用的全部是湖北本地的特色产品。譬如“金丝桂花血糯米藕”，金丝桂花选用的是咸宁的出产，血糯米选用的是京山的出产，藕则选用蔡甸莲花湖的出产。二是将各种菜系流派的技法进行混搭。譬如，“珍珠鮰鱼配香芒带子卷”，就是湖北菜烹饪技法与浙江菜烹饪技法的混搭。三是盛器与菜品的搭配色调和谐，相得益彰。菜式装盘借鉴国画线描、留白的手法，使黑白色调对比、线条粗细对比、画面的动静对比，让整个盘面显得画面美丽，气韵生动。

当然，从本质上讲，制作湖北意境菜对厨师的要求很高，决定了湖北意境菜只能在高端餐厅才能与食客见面，经营农家菜式的排档类餐馆，与湖北意境菜难以有缘，即令有厨师做出了意境菜，则与低端酒店的装修，盛菜的器皿很难匹配。所以，从普及的角度来看，湖北意境菜想有广泛的普及，客观上存在着一定的难度。但是，杨波费时费力地试制湖北意境菜，其意义在于，不失为丰富湖北整个菜系的创新走出了一条路子，更何况相对高档的酒店，湖北意境菜毕竟有很大的生存空间，更显示了杨波试制湖北意境菜的价值。

一个菜系，一款菜品，只有不断地推陈出新，才可能在市场上永葆活力。这个道理，我们的先人早就说过：问渠哪得清如许，为有源头活水来。

“十里风干鸡”，时间制造的醇厚美味

前几日在汉口建设大道一家叫“顺缘阁”的餐厅请朋友吃饭，宾主坐定，由我点菜。我见菜谱上有一款武汉难得一见的菜肴——“十里风干鸡炖莴笋”，且注明是这家餐厅的招牌菜，于是点了一客。

“十里风干鸡”的声名，我早已知晓，却没吃过。这餐品尝了它的美味，小有所得，遂写此小文以记之。

这款荆楚著名美食的故乡，在湖北省沙洋县的十里铺镇。沙洋民俗，将下蛋的母鸡以腌制风干（放在阴凉的地方，让自然风吹干，不用太阳晒）的方法处理，使其成为有别于以新鲜鸡肉食材烹成的菜肴——风干鸡，沙洋十里铺是发源地。

由是，这种风干鸡约定俗成被称为“十里风干鸡”。

如果从制作工艺上给风干鸡归类，它当属腌腊、风干、糟醉和烟熏类别无疑。换句话说，“十里风干鸡”不是新鲜食物，而是由时间二次制造出来的醇厚美味。

我如此之说道，是不是有违美食必新鲜的常识之嫌？有人势必就会问：不新鲜的食物能够称其为美味美食吗？

也是，在吃货们的美食辞典里，美味一般与食材的新鲜程度紧

密相关。在表述食物的口感享受时，“新鲜美味”总是连在一起使用的，正因为新鲜，所以才会美味。每个人的生活经验，都能体味出陈旧食物与新鲜食物口感的明显差异。

所以，在食不厌精、脍不厌细的好吃佬那里，对新鲜食物的追求永远没有止境。

但是事物总是有两面性，不新鲜的食材，未必就不能制成可口的美食。

我们知道，使食物由新鲜变成陈旧的最大推手，是时间。时间可以看成是食物的死敌，反过来，时间也可以成为食物的挚友。中国饮食文化的巨大魅力之一，恰恰是能把时间变成美食的挚友，让时间成为制造食物醇厚美味的利器。

追求食物的新鲜美味，没有古今之分。一个地方的美食，总是与一个地方出产的特色食材相关联。不管是哪一种食材，又总是会受到季节的制约，当季能够吃到新鲜食材制成的食物，这不是问题。可是季节一过，没有了新鲜食材的出产，还能不能保证当地人们的一日三餐之需，这才是个问题。

人的生存需求，迫使人们必须得想出办法，把当季的食材经过处理后，让其在不当季的时节也能成为美味，以保持人们的正常生活节奏，这，确实能考量中国人的生存智慧，而中华民族交出的答卷，绝对能获高分。

古时科技水平不高，不像现在有那么多的科技化方法处理食物。古人为了保存食物，在长期的生活实践中，掌握了一套利用时间作为保存食物的方法，常见的是采取腌腊、风干、糟醉和烟熏之法，而这些方法蕴藏着中华民族对于滋味和世道人心独到的体味与感触。

依我看，“十里风干鸡”可视为以腌腊风干方法制成美味的代表食品之一。

认真研究起来，风干鸡能在十里铺这个地方得势，是有其必然性的。

十里铺镇位于荆门市南部，离荆州古城 10 公里，系江汉平原的腹地，也是一个传统的农作物生产城镇。当地种植农作物以优质水稻、双低油菜为主；养殖则以当地的蛋鸡（土鸡）品种为主。十里铺土鸡体形较大，体重比武汉周边的黄陂、孝感黄鸡品种要重，且以谷物等饲料喂养，肉质松软，肥厚。

无论是红烧，还是煨汤，母鸡吃活鸡为好，尤其是生长期一年左右的蛋鸡为最。但养鸡超过了一年半以后，鸡不再长大，肉质慢慢变老。所以当地农妇，像腌腊肉一样，每年冬月间，选用一年以上的蛋鸡，宰杀去毛，除去内脏，用盐抹上鸡身，在陶瓷钵里放上一周左右，然后起钵，放在不见阳光且通透的房屋里，让风将鸡肉吹干，鸡肉逐渐收紧。这便是“十里风干鸡”最原始的制作方法。

在沙洋一带的坊间，相传“十里风干鸡”的起源与三国人物中的蜀君刘备有关。

三国时东吴孙权欲与驻节荆州的刘皇叔联手抗曹，为了表现诚意，将自己的亲妹妹孙尚香嫁与刘备。婚后刘备住在十里铺。古书记载刘备嗜吃母鸡，被称作贤妻的刘夫人孙尚香，变着法子做鸡菜给刘备吃。细心的尚香夫人发现，唯有在冬天制作的腌鸡（也就是今日的风干鸡），刘备百吃不厌。

刘备为了笼络人心，时常在家宴请文武官员。每有宴席，必上腌鸡。腌鸡风味独特，醇香软嫩，不油不腻，回味悠长，易于保存又不失新鲜。席上刘备每每介绍说这款菜肴是夫人手艺，总是博得席间一片掌声。于是孙尚香腌鸡的名气很快传开，普通百姓亦开始如法炮制，在冬日腌鸡。久而久之，腌鸡成为沙洋一带老少皆宜的吃食。

因传说中腌鸡为刘备老婆孙尚香所创，于是在十里铺，风干鸡又被叫做“刘皇叔婆子鸡”……

我个人的经验，以为将“十里风干鸡”当成火锅的主料为好，它可以和莲藕搭配，做成“风干鸡莲藕火锅”；它可以和白萝卜搭配，做成“风干鸡萝卜火锅”；它可以和莴苣搭配，做成“风干鸡莴苣火锅”。事实上，我这次就是吃的“风干鸡莴苣火锅”，一热三鲜，文火将风干鸡的鲜劲一点一点逼出来，再沁进本身没有味道的莴笋里边，吃一块莴笋，喝一口鸡汤，那味道，才叫一个鲜，才叫一个美！

而这种鲜美，确实有别于用活鸡熬制的鸡汤鲜味，别有一番鲜美中透着醇厚的味道，或许，这就是时间二次制造的醇厚味道？

酷夏“伏狗宴”

眼下正是太阳一照似火烧的三伏盛夏，在我们这座以“火炉”著称的城市，气温动不动就蹿上 38 摄氏度的高端。武汉伏天的可怕，不仅奇热，而且还湿度大。在湿热逼迫下，人的食欲不旺，浑身乏力。按照本地土著的生活经验，伏天居家最好的吃食，是稀饭咸菜绿豆汤，萝卜白菜保平安。

没想到现在这个热得快让人发疯的季节，去吃燥热大荤狗肉的人却越来越多，美其名曰吃“伏狗”。

在汉口车站路美食一条街上，有一家开了 10 多年、专营狗肉菜式的餐馆“御世方”，老板兼主厨郭四海与我相熟，邀我于二伏的头天，去“御世方”参加“伏狗宴”。

显然，现在一些热衷于吃“伏狗”的人，是受了那些入伏去贴“伏贴”治病者的影响，目的是以食疗之法，驱除寒湿，治治冬病。

夏季贴“伏贴”治病，媒体宣传是依据传统中医“夏病冬治”“冬病夏治”的原理，其疗法出自清初三大名医之一张璐所著的《张氏医通》。我没读过《张氏医通》，也不知道他究竟在书里如何阐述“伏贴”的治疗方法。也许是我的孤陋寡闻，在我的视线内，没看见有谁把 16 卷的《张氏医通》用现代白话文清楚明白地表述出来。我从媒体上看到的，是找不到出处、语焉不详的古文引用，我猜测极有可能还是断章取义的引用。

不管是被动还是主动，我们现在已经习惯了各种媒体找不到出处的任意引用。我们姑且就把现在被人津津乐道的贴“伏贴”，看成是张璐疗病技艺的传承吧，这样，患者在进医院贴“伏贴”时，心里可以稍许平和：一个现代的治疗方法好赖有一个靠谱的古医家的出处作为支撑，治不治得好病另当别论，至少不会治出什么乱子来。

所谓“冬病夏治”的理论究竟源自哪里，媒体的说法是出自《黄帝内经·素问》中“四气调神大论”的“春夏养阳，秋冬养阴，以从其根”，与“六节脏象大论”中的所谓“长夏胜冬”。

还有一说，是出自明朝高濂的《遵生八笺》，说到农历六月，此月肾、肝都气微，脾旺。肾为水，肝为木，脾为土，脾借木气疏之，而肾为肝之母，所以，脾旺便导致肝、肾都弱，所以要增咸减甘以补肾，因为肾是根本。

《素问》及《遵生八笺》两书中都讲到了时节与人的脏腑关系，其实并没有关于“冬病夏治”“夏病冬治”的记载。但都明确地说了夏季养肾养脾，确乎为养生的重要方法。

我估计，现在“冬病夏治”的应用，很有可能出自众多临床的中医，他们综合了古代医家理论和根据自己多年的行医实践，故古为今用地采取了“冬病夏治”“夏病冬治”的治疗手段。中医认为，夏季人体的阳气浮散于外，阴气内盛于中，呈外热内寒的状态，人此时不宜过受寒凉，须避免伤阳。所以中医开出“冬病夏治”的药物，多为湿热之品，有助阳之功。

这样的解释，在医理上应该站得住脚吧？

在中华文明的发展史上，巫医同源，医食同源。古代人们在生活实践中发现，以进补食物为手段，往往也能达到治疗病症的效果。因此之故，食疗理论贯穿于中华饮食文化发展之始终也就成其为必然了。

自然而然，有创新意识的厨师就想了：既然助阳的药物能够“冬病夏治”，那么助阳的食物，理所当然也就能“冬病夏吃”了。于是乎，狗肉，这个被中医认为味咸性温，补中益气，温肾助阳的食材，被厨师顺理成章地选作了“冬病夏吃”的主角。

明代李时珍《本草纲目》记载，狗肉能滋补血气，专走脾肾二经而瞬时暖胃祛寒“补肾壮阳”，食之能使气血溢沛，百脉沸腾。故此，中医历来认为狗肉是一味良好的中药，有补肾、益精、温补、壮阳等功用。民间谚语有云：“吃了狗肉暖烘烘，不用棉被可过冬”“喝了狗肉汤，冬天能把棉被当”，等等，都是百姓对狗肉温补作用的肯定。

狗肉不仅是一味良药，还是美食。俗话说“狗肉滚三滚，神仙坐不稳”，足见狗肉美味独具的魅力，也是百姓对狗肉美味的肯定。

按有丰富经验的厨师说法，狗的种类繁多，毛色各异，黄狗为上，黑狗、白狗次之。

吃狗肉在民间并不稀奇，但大多数人都以为吃狗肉在三九寒冬之时为宜。这没有错。但我国许多地方如湖南、贵州、四川等湿热之地，盛夏有流行吃伏狗、伏鸡的习俗，并有“冬羊夏狗”之说。湖北与湖南、贵州、四川气候条件大致相同，湖北人在伏天吃狗肉也在情理之中吧。

“御世方”在开发狗肉菜品上是下了深功夫的。厨师把烹饪中的蒸、煮、煨、烧、氽、卤、爆、炒、烩等十八般技法，悉数用于烹制“伏狗宴”。狗的全身部位皆可入菜，“御世方”正是这么做的。他们飨客的“伏狗宴”品种有“手抓伏狗”“药膳狗腰”“药膳卤狗爪”“粉蒸伏狗”“杜仲伏肝”“药膳卤狗尾”“药膳卤狗鞭”“伏狗珍珠丸”“伏狗狮子头”“雪菜扣伏狗”“白椒脆伏肚”“水煮伏狗”等50余款。味型多样，对于爱吃狗肉的人而言，总有一款能合你的胃口，得享口腹之欲。

老实说，我不爱吃狗肉，席间只喝了一口伏狗冬瓜汤，便再不伸筷子。来参加“伏狗宴”，于我有观摩学习单品经营之道和体验“伏狗宴”氛围的意思。

吃“伏狗宴”的氛围确实值得一说。

吃席时不必衣冠楚楚，而要脱去上衣，打上赤膊，每人肩上搭一条冰镇过的湿毛巾。吃席时，关掉空调，连电扇都不吹。喝的是陈年药酒，浓度不低。正值高温天气，喝药酒，吃狗肉，正是热上加热。三两口酒下喉，三两块狗肉下肚，立时看到每个人身上的汗珠，顺着前胸和后背，如雨下滴。

我虽没吃狗肉，但也喝了一杯“御世方”泡制的药酒“满地走”（很有药力，喝后燥热，据说有壮阳之功），汗便冒出来。我用手摸摸，感觉汗水有些黏糊糊的。我暗自揣度，大概这是药酒发挥的作用，逼出自己身体中的寒湿之气了吗？

或许是心理作用使然，反正，饭毕走出“御世方”店门，自我感觉身体轻松，走路的脚步，似乎比平日多了些气力。

木子店吊锅

你猜得出下面的谜语吗？

“半天云中一只脚，冷了伸，热了缩”——打一大别山地区人们生活中常用、既能当炊具也能作盛具的器物。

谜底是做菜用的吊锅。

你若问一问原籍麻城市木子店镇的人，谁都知道上面谜语中所指为何物。

如果说到麻城市的木子店，吃货们可能有所不知，但一说麻城的老吊锅，那情况就大为不同了。在武汉吃货们的眼里，不知道麻城老吊锅，那还叫什么吃货？

而麻城老吊锅的发源地就是地处麻城东端，大别山中段南麓的木子店镇。木子是植物乌桕树的别名和俗称。木子店地区遍地都长有木子树，一到秋天，木子树叶彤红，美比枫叶。一眼望去，山峦丘壑，层林尽染，木子店镇因故而得名。

木子店深藏于大别山腹地，气候条件为温带季风气候。这里的深秋、冬、早春三季，不仅气温低，而且空气湿度大，“湿冷”两字，是木子店除了夏天和初秋之外其他季节气温的“主旋律”。

一方水土养一方人，木子店的地理环境决定了当地居民喜食吊锅的饮食习俗。一口吊锅不仅和谐了人与自然的关系，而且还和谐了人与人的社会关系，形成所谓木子店吊锅文化。

木子店与安徽省六安市只有一山之隔，山的那边，就是安徽的地界。自古，木子店就受徽州文化影响，当地传统的民居，以白墙黑瓦，马头墙的徽式风格为多。房屋通常为“明三暗六”式。这种式样的房屋，外面看起来只有三间房，实则可以作六间房用。房屋中间为堂屋，堂屋两边是厢房。堂屋后面是柴灶间。厢房住人，堂屋吃饭及待客。从房前的立面看去，三大间房子不处一条平行线上，两厢前突，堂屋后收两尺余，厢房与堂屋形成的凹槽，人称卧马槽，冬月间在此晒太阳，可避风。

在木子店人家的堂屋里，紧挨着八仙桌，一年四季，都会搁着一只木架托着的一口状如草帽的火塘（也称火盆）。火塘之上，从屋梁上悬下一根绳索，绳索上系一个铁吊钩，绳索两头拴有活套，可伸可缩。这也是本文开头所说吊锅谜语的由来。

盛夏一过，秋风乍起，山里寒意渐浓，木子店人家的火塘，便开始生火。

火塘里燃着的是老树蔸。那是木子店人家从山上挖来的。守着峰峦叠嶂的群山，枯枝死树挖不胜挖。挖回的树蔸，放在避雨的灶房阴干。一旦烧火塘时，老树蔸便派上用场，因为它特别熬火经烧。烤火，做吊锅，老树蔸在木子店每户人家，成了必不可少的宝贝疙瘩。

吊钩上钩着一口锅。锅是生铁锅，与湖北各处农村乡里的土灶间炒菜焖饭用的铁锅尺寸相当，约尺五。不同之处在于，吊锅需用铁丝把铁锅两耳固定死，然后用几根缠在一起的铁丝连起，像是在河的两岸间架起的一座彩虹桥。铁丝中段弯一个“凸”形的形状，以便让从屋梁上悬下的铁钩钩住“凸”点，如此这般，吊锅才不会在火塘上大幅度晃动。

长年累月的烟熏火燎，木子店人家的铁锅，早已是黝黑黝黑的了。

事实上，吊锅新老，煮出菜的味道差异较大。老吊锅吸足了油分，经柴火烘烤，铁锅向外冒油，锅里的食物不仅没有生铁味道，反而能给菜肴增鲜。新锅煮出的菜，往往有一股生铁味道，而且糟糕的是，似乎不管采用什么方法，这股生铁味道都很难消除。

吃吊锅很费时间，所以木子店人家晚餐时吃的吊锅，要比中餐吃吊锅时的内容丰富许多。

吊锅里煮的吃食，木子店的人家大同小异，以自给自足的食材为主：切几块去年冬至时腌的腊肉放在锅里一煎，生铁锅里立马“吱吱”作响，冒出热油，散开油烟，一时腊香四溢。把干辣椒、生姜片放进锅里，炒香，加水，煮沸。然后再把肉糕、笋干、豆腐、木耳、香菇等依次下锅。

木子店人家吃吊锅的程序，与吃四川火锅相似。木子店吊锅没用火锅底料打底，锅汤只要是动物食材煎烹之后加水加调料成汤就算，然后再下现成的豆制品、山货和新鲜的蔬菜，这种吃法，更接近于“东北乱炖”一锅烩。

看木子店人家吃吊锅，是一幅非常温暖的图景。待锅里咕咕冒了热气，透出了鲜香之气后，一家人便围锅而坐，喝酒的喝酒，吃饭的吃饭，其乐融融。

吃吊锅不仅能果腹，还能驱除大山带来的寒凉。再加上锅里的食物一热三鲜，美味足以诱人，在此情境之下，又有谁能顶得住这般的美味诱惑呢？不大快朵颐实在对不起自己。

更何况一家人围锅而坐的氛围，是一道有独特味道的人伦风景。一家人吃着吊锅，话着桑麻，嘿，木子店人之所享的，乃是上天赐予的绝好福气。

难怪，在木子店有“老米酒，蔸子火，除了皇帝就是我”的民谣流传。依我看，这一口老吊锅，确乎被木子店人家吃出了境界。

我曾多次在武汉、黄石、麻城三个地方的餐馆，分别吃过打着“麻城吊锅”招牌的吊锅，当然，这些所谓的乡土吊锅全由职业厨师操刀主理。我所吃吊锅的内容，有肉、有鱼、有鸡、有鸭作主食材，待主菜吃得差不多时，加汤，然后加荤、素、豆制品配菜一齐下锅，近似于吃火锅的程序。以味道而论，也不能说不合我的口味，做工也工整，只是我总觉得，城里餐馆推出的吊锅，少了一种乡村旷野的山野风情，实在很难体验到“老米酒，蔸子火，除了皇帝就是我”的自得意趣。

也是，不唯是木子店吊锅，但凡是乡野土菜，一旦登堂入室，被职业厨师们改造，然后进入程序化、标准化的生产，端上餐厅餐桌的那道土菜，那股原有的诱人乡野土气，早已不见踪影了。

唉，没办法，在中餐的标准化生产与菜肴的美味品鉴之间，总是一道不得而解的两难题。

嘉鱼吊锅

我曾说过，被称作湖北人的火锅的吊锅，过去应与居住于深山密林中的山民关系更为亲密，而现在兴起吃吊锅的地方，远不止山大林深的地区了，山区有，湖区有，乡里有，城里也有。

譬如，湖北省嘉鱼县，是典型的湖区，现在那里的吊锅菜式大行其道，声名远播，并且成为餐饮输出品牌，在像武汉这样的大城市餐饮市场上，都占有了一席位置。

至于嘉鱼吊锅的魅力，我举一个例子，每到节日或双休，百十公里开外的武汉吃货们，便不辞劳苦，开车两小时去嘉鱼，还愿意坐在餐馆外面排队等号，愿景便是想吃一餐嘉鱼的吊锅。

客观地说，嘉鱼吊锅只是湖北吊锅家族中的新成员，并没有久远的历史传承。嘉鱼吊锅能有如今的局面，我以为全拜央视拍摄并热播过的一部纪录片《舌尖上的中国·第一季》所赐。

那么，过去嘉鱼人就不吃吊锅了吗?

那倒不是。只是过去嘉鱼人所吃的吊锅，不是《舌尖上的中国·第一季》画面中的那个样子，而是煮饭炖菜熬汤一体化的生铁鼎锅。现今吃客在嘉鱼县城和武汉餐馆里吃到的嘉鱼吊锅菜，则是餐馆经营者们偷师鄂东大别山吊锅的形式，在吊锅里加入了嘉鱼当地特色食材内容的改良结果。

嘉鱼紧傍长江，虽然从行政区划上归于咸宁，却是江汉平原的一部分。嘉鱼多湖，湖宽水广，嘉鱼的湖泊，不仅盛产鱼虾水鲜，而且出产浆足质优的莲藕。

过去许多沿湖而居的嘉鱼村民，确切地说，更应划入渔民的行列。渔人在打鱼季节，一日之中有大半时间活动在船上。一条木船既是渔人干活的地方，也是渔人做饭吃饭的生活之地。

到了中午吃饭时间，渔民们舍不得划着船荡着桨劳力费神地回到岸上吃饭，往往中饭这一餐是因陋就简地在船上将就解决。

船上的空间狭小，渔人生火做饭时，就在木船舱前的船板上，铺上一块隔火的石板。讲究的人家，在生铁铸成的灶缸里生火，不讲究的人家，则用三块红砖垒灶，灶上架上一口生铁鼎锅。鼎锅上方没地方生根，即令想把鼎锅弄成像木子店吊锅那样能伸能缩的样子，也无可能。

鼎锅有大小之分。小号鼎锅用来做饭，大号鼎锅用来做菜。渔人的主食一般是大米做的米饭，生活困难的渔民，就拿采摘的莲藕和着大米当主食。

渔民的下饭菜，多半是从湖里打起的野鱼。在鼎锅里滴上几滴食用油，把鱼稍稍煎了，舀一瓢湖水倒进鼎锅，将鱼煮了，也没用更多的调料作料，只需往鼎锅里撒上稍许盐花，一锅鱼汤便告煮就。然后将从家里带来的豆腐、白菜、萝卜等等，一齐放进鼎锅里煮了，煮成了一锅大杂烩。

渔人蹲在舱板上，围着一口大鼎锅吃得津津有味。盛一碗饭，搛几筷子蔬菜，夹两三块鱼肉，淘几勺菜汤搁在饭里，三下五除二，一餐中饭便吃进了肚里。然后渔人们收拾家什，又开始了张网打鱼，划船荡桨的劳作。

如果非要为嘉鱼吊锅追根溯源的话，渔民船上那一口被柴火熏得黝黑的鼎锅，大概就是今天嘉鱼吊锅的前身吧？

我有一个位居要津、经多识广的朋友，不止一次向我推荐嘉鱼“忘不了”餐馆吊锅菜的美妙。于是，我们这些经不起美食诱惑的一行好吃佬朋友，择了一个得闲的日子，就奔着嘉鱼县城的嘉鱼吊锅美食而去。

在嘉鱼县做吊锅菜的餐馆，“忘不了”名气最大，原因无他，《舌尖上的中国·第一季》第一集《自然的馈赠》中的许多镜头，就是在这里拍摄的。

接待我们一行的嘉鱼县旅游局长，把我们的就餐地点选在了“忘不了”。

到了“忘不了”正好是中饭时间。环视店堂，每一张餐桌的正中，都从屋顶上悬下一根钢筋，钢筋的最下端有一个钢制吊钩，吊钩可伸可缩。每一张餐桌上，都吊有一口铁锅，铁锅下边，是一口钢盔式的火塘，火塘里烧的是木炭。吊锅各个部件形成的视觉效果，有很强冲击力。

严格地说，“忘不了”的吊锅菜并不是以吊锅为炊具烹饪的，而是事先已在厨房把菜品加工完成，吊锅只是菜品装盘的盛器而已。譬如我们点要的“龙骨藕汤”，是用砂吊作为烹饪炊具，在烧蜂窝煤的小火炉上煨制了很长时间成菜的。在我们点要了这款菜品后，传菜工就把一砂吊已经煨好的“龙骨藕汤”，装在吊锅器皿里端出飨客。吊锅在这里起到的作用，显然只是为菜品保温加热而已。

“忘不了”的吊锅菜已经做成了系列。菜品有吊锅鸡、吊锅鸭、吊锅鱼、吊锅“龙骨藕汤”等上十个品种。“忘不了”的吊锅菜不当涮锅，吊锅里不再添加别的食材，一锅一主题，这与大别山地区吃吊锅时的一锅大杂烩是有明显差别的。

打个不恰当的比方：大别山吊锅是乒乓球中的“男女混合双打”，而嘉鱼吊锅是“男、女单打”。

吊锅“龙骨藕汤”是“忘不了”的主打吊锅当家菜，《舌尖上的中国·第一季》拍摄播放的吊锅品种，正是吊锅“龙骨藕汤”。

我们这一桌点的吊锅品种，亦是吊锅“龙骨藕汤”作主菜，并搭配了“干煸叨子鱼”“农家柴火豆腐”“农家酸豆角”等荤素菜品，形成了主次分明的一桌席面。

“排骨藕煨汤”是武汉人的最爱，哪个老武汉居民都有煨好一吊子“排骨藕汤”的绝招。武汉好藕汤的标准是浓而白，藕汤沾了星点铁器就会变黑，在武汉人的眼里，黑藕汤算不上好汤。“忘不了”的吊锅“龙骨藕汤”与武汉人的藕煨汤大相径庭，因为用了铁锅作盛器，汤呈黑色，但也不妨成了“忘不了”的好汤标准。这就叫一方水土养一方人，一方人有一方人的好坏标准，此地的好标准未必是彼地的好标准。好坏实在不可一概而论。

“忘不了”的吊锅“龙骨藕汤”选用的是当地农家饲养的土猪猪背上的大脊骨，俗称猪大骨、龙骨。这一点与武汉人煨排骨汤又大有不同。武汉人认为猪排骨煨汤为上，猪脊骨煨汤次之。但猪龙骨煨汤的好处是骨头经熬，煨出的汤猪肉味重。

藕则选用的是嘉鱼周边湖里出产的野藕。野藕比家藕的藕节要长许多，纤维较粗，不适合爆炒，却特别适合煨汤。“排骨莲藕汤”本是嘉鱼的一道传统“迎客菜”，以前生活条件差，莲藕煨排骨可算是当地的名贵大菜，用于接待尊贵客人。有了历史的传承，再加上在动物和植物两种主要食材上的严格把关，“忘不了”吊锅“龙骨藕汤”的出品水准，又能够差到哪里去？其成为店家的招牌菜式，倒应是水到渠成的事情。

对于我们这些吃了一辈子排骨藕煨汤的武汉好吃佬而言，“忘不了”的“吊锅龙骨藕汤”，与我们经常吃的排骨藕煨汤，味道大同小异，如要找出两者间的差异，只是“吊锅龙骨藕汤”的味道比武汉人吃的排骨藕煨汤的味道更大更重了些而已。

但“忘不了”店面的吊锅式样和吃吊锅形成的热闹氛围，则会让我们的记忆久远而深刻。

“红油小面”，宜昌的一张美食名片

与每个人都有不同的个性一样，每座城市也都有不同的个性。而我以为，最能体现一座城市个性的，莫过于这座城市的小吃品种。

鄂西南的重镇宜昌是座著名的宜居城市，而备受宜昌市民推崇的一款小吃“红油小面”，当仁不让地成为一张最能体现宜昌城市文化个性的名片。

那么，没去过宜昌也没吃过“红油小面”的朋友就会问了：什么是“红油小面”？

“红油小面”是宜昌方言表述的一款面点小吃，把“红油小面”说成普通话的意思，就是汤呈红色的素面条。“红油”指面的汤汁浓香麻辣，色泽红亮，味道咸鲜香辣。“小面”在宜昌方言里有两层意思：一是宜昌方言“素面”的意思，“小面”跟上海把不加臊子的素面叫“阳春面”相近，“小面”就是不加臊子的光面；二是盛面的盛器是小碗，而不是像武汉人过早盛“汤面”时用的敞口海碗。

在宜昌，名食小吃“红油小面”受市民喜爱的程度，完全可以与武汉人喜爱“热干面”，荆州（沙市）人喜爱“早堂面”的程度相媲美。

出于一种内在的文化联系，在湖北省境内，沿长江而建的城市，特别是具有代表意义的长江边上的城市，如武汉、荆州（沙市)、宜昌，都有一个共同的文化现象：小吃品种中的面条成为这些城市的美食名片。

武汉是“热干面”；

荆州是“早堂面”；

宜昌是“红油小面”。

而“热干面”“早堂面”“红油小面”的诞生与流行，都是这些小吃品种所在城市深受码头文化影响的结果。

武汉的“热干面”和荆州的“早堂面”，我曾分别写过专文介绍，这里不再赘述。本文只说“红油小面”。

上周四的一个下午，应宜昌朋友之邀，我们一行 4 人从武汉乘动车去了宜昌。同行中有对宜昌饮食非常熟悉的业内人士，一路上心心念念地说，明早要到一个叫“闻丑香”的“红油小面”馆，去体验正宗的宜昌小吃味道。

于是第二天早晨，我们就去了“闻丑香”，准备见识地道宜昌美食“红油小面”的真身。

“闻丑香”面馆厕身于宜昌市的老街区，店面很不起眼，说成是寒酸也不为过。一爿民宅，完全没有装修，只是将前后的屋子打通相连，当作店堂使用。店内所有的桌椅板凳，一如平常居家人家的老旧家什，长短不齐，形状各异。

我们更关心的是“红油小面”产品的本身。

盛满一锅开水的铁锅，口径三尺有余，当街架在一只汽油桶做成的煤炉上。面是碱面，与武汉小吃“汤面”所用的韭菜叶型碱面一样，看样子也不是由面馆自家生产，而是由专门生产碱面的供货商供应。一锅冒着热气的开水，极有展示性。锅大水宽，每次所下面条，不超过两三碗。

应该说“红油小面”的煮面程序，与武汉人下“汤面”的程序完全一样。不一样的地方有二。一是浇在面碗里的那勺卤水红油汤和切成块状、入口即化的卤牛肉的滋味，这里面藏有多少代宜昌人味觉记忆的密码。二是盛面的碗是我们通常用来盛饭的蓝瓷小碗。蓝碗红油面，感观色泽，十分诱人。

店堂内坐着的、站着的，挤满了一屋吃面条的人。下面的铁锅前，排起了一条长队，在等吃面条的人中，不少人是开了几十分钟车，专程来吃这一小碗面的，驾车来此耗费的油钱，肯定超过了一碗面的售价。据我的观察，这爿毫不起眼的小店，在中餐开饭之前，售出面条的数量，当在千碗之上。

由此可见，“闻丑香”的“红油小面”在宜昌受人热捧的程度。

“红油小面”诞生并盛行于宜昌，我以为是有充分理由的。红油小面的诞生与宜昌的地理位置、经济形态以及与当地人选择的生活方式密不可分。

从地理位置上看，宜昌市位于湖北省西南，地处长江上游与中游的结合部，是鄂西山区向江汉平原过渡的地带，所谓“上控巴蜀，下引荆襄”之所在。大巴山山脉和一条峡江把宜昌与渝东紧紧联系在一起。宜昌人的生存环境，如山水、土地、光照等自然资源与渝东人更为相似，宜昌地区的物产品种与渝东地区的物产品种差异甚微。

从文化空间距离上看，宜昌正好处在巴蜀文化与荆楚文化的结合处，距离荆楚文明核心的区域要比距离巴蜀文明核心的区域更近。换言之，宜昌在接受荆楚文化洗礼的同时，还同时接受来自巴蜀文化的洗礼。由于地缘关系，宜昌受巴蜀文化的影响更甚。

譬如，宜昌当地人所讲的方言，在音调音韵上更接近于渝东而疏远于荆州方言，与省会城市的武汉方言差别更大。又譬如，宜昌满大街都可以看见挂有川菜招牌的餐馆，宜昌人从饮食味道的选择取向上，与荆楚流行的“咸鲜微辣，原汁原味”基本味型有所差异，而是流行“咸鲜麻辣，原汁原味”的基本味型。如此说来，宜昌在饮食基本味型的选择上，也是亲近四川（重庆）的。

宜昌方言和市民喜欢的饮食基本味型，都可以视为宜昌亲巴蜀文化而疏荆楚文化的证明。

更重要的是，宜昌乃万里长江冲出峡江后流经的第一座城池。长江水面自宜昌始，一改狭窄急促的格局，变得开阔而雄浑。江水深邃而缓慢均匀的流速，沿江陡峭的石岸，使宜昌成为船舶驶出峡江后能够停泊的第一个天然的优良口岸码头。

宜昌码头的重要意义在于，下游的货物用大吨位的船舶运抵宜昌，然后改换乘能走峡江的小吨位船舶，将货物运进川蜀。而由川蜀小船运输出川的物资，运抵宜昌码头，一部分经过中转移至大船，然后运往长江中下游；一部分货物则通过宜昌码头的枢纽功能，把货物向鄂西山区和江汉平原集散。因此而言，把宜昌说成是一座以长江为依托的码头港口城池，大抵是符合实情的。

把宜昌打上了强烈的“码头港口城市”烙印的契机，缘自1840年的鸦片战争。鸦片战争的失败和一系列不平等条约的签订，使得中国社会性质发生根本性的变化。这种变化之一，是西方列强逼迫清政府先后开通了江海口岸。

继汉口开埠后，1876年（清光绪二年），宜昌亦被辟为中国最早的通商口岸之一。1877年清朝政府在宜昌设置海关，英、日、美、德、意、法等国也相继在此间设立领事馆和商行。宜昌开埠，商行林立，货运日益频繁，从长江上游和下游运来宜昌码头的货物常常堆积如山。

在那机械化程度不高的年代，为了能及时将堆放在宜昌码头的货物转运出港，唯一能采取的措施，就是增加装卸货物的人手。于是，宜昌码头货运的繁荣，催生了一个以转运货物为职业的装卸工人（俗称扛码头，也称码头工人）群体。而这些码头工人的组成成分，有的是宜昌周边的失地农民，数量不在少数的码头工人，则是坐着木船顺着峡江来到宜昌讨生活的川东汉子。

在四川长大的人，不管走到哪里，当然是吃四川口味的食物更对口味。也由是，我们所尝到的宜昌“红油小面”有诸多的四川元素，也在情理之中了。

宜昌坊间的传闻，“红油小面”的诞生，正出自从原籍四川来到宜昌码头谋生的淘金客之手。

在宜昌，关于诞生“红油小面”的版本有多种，但广为流传的版本，比较集中的说法是“码头诞生说”：

相传，有一对新婚不久就从四川万县（现为重庆万州）来宜昌谋生的小夫妻。男人来到宜昌后所找的工作，与大多数四川汉子来宜昌找到的工作一样，是在码头上当搬运。扛码头是个重体力活，干活时出大力流大汗，是拼了性命才换来一口饭吃的活计，身板不扎实的人吃不了这碗饭。

妻子则按照中国女人的传统，待在家里缝补浆洗操持家务。她的娘家是在万县一个小镇上开小面馆的。打小，她就在小面馆里帮忙，在店堂招待客人，在灶间煮面当下手。一来二去，倒是把她娘家经营面馆的独门手艺，无师自通地学到了手。妻子很贤惠，见到自己的男人在码头上出的牛马力，吃的猪狗食，心疼得要死。于是，只要男人在家吃饭，她便变着法子做合他口味的食物。自然，她最拿手的，是下一碗在娘家面馆学会的红油面，也是她男人百吃不厌的最爱。

与这对小夫妻一条船来宜昌码头谋生的四川老乡，多半是单身汉子，结了婚的也没带家小。小夫妻俩为人和善热情，他们的家，自然便成了四川老乡们下班后睡觉前的聚集之所。时间久了，四川老乡们都有在他们家吃老家味道面条的经历，对他们家女主人下的那碗面条赞不绝口。

某日，一个老乡提议说："嫂子的手艺这么好，干脆就在码头附近开家面馆，一来嫂子可以赚点小钱帮衬家用，二来正好能解决我们老乡的吃饭问题。再说，嫂子不开面馆，那么好的做面手艺，不是白白浪费了?"

这个提议立即引起四川老乡们的一片赞同之声。

小夫妻一听，这主意不错。说干就干，他们就在码头附近找了间小屋，在老乡们的帮助下，刷白墙壁，盘起炉子，置办铁锅，到面铺里订好碱面，众人拾柴火焰高，不到三两日，小面馆便开张迎客。

小面馆是"一人馆"，能干的女老板既是跑堂、收银又兼下面的师傅。下面技术是她练就的童子功，调出的面汤红油是纯正的四川味道。其制法是将干红辣椒去蒂和籽，洗净，切成长小段；大蒜去皮捣碎成蒜泥，加入少许精盐搅匀，制成蒜汁备用。将花生油倒入锅内，烧至六成热时，放入红辣椒段，用中火炸至辣椒变色。当油色转红时，即成红油。待油温下降，再加入酱油、精盐、味精、花椒，用勺搅匀，即成红油味汁。将碱面面条煮熟，均匀地挑入盛了红油味汁的碗内，拌匀；再分别浇入蒜泥汁、麻油拌匀，一碗红油面条即可上桌飨客了。

小面馆开张时，主要经营素面，因为码头工人消费能力有限，面价必须低廉。小面馆的客源先是四川老乡，渐渐地，宜昌本地的搬运工也时常光顾小店。小面馆的面条，盐味重，油厚，辣椒油浓，受到所有出大力流大汗的码头工人的共同喜爱。尤其到了冬天，码头工人们下班后，在小面馆一坐，吃完面条再喝下碗里的辣汤辣水，浑身的毛发舒张，筋骨伸展，感觉舒服极了。吃完面后再抽上三两支烟，三两个人天南海北地摆上一阵“龙门阵”后回家，快快活活地打发了几个小时的辰光。

小面馆用小碗装面，碗面中的辣椒油艳红，宜昌本地码头工人便用当地方言，把四川人开的小面馆叫做“红油小面”馆，把四川人下的这碗面叫做“红油小面”。从此，“红油小面”馆以码头为源头，逐步向周边地域铺排开去。小吃“红油小面”的名字一直沿用至今。百多年后，“红油小面”竟成为宜昌市民最为喜爱的小吃品种。

时间过去了一百多年，经过不断改进，“红油小面”成了今天我们所看到的模样。至于面碗中加入的不同臊子，则是宜昌人根据自己的喜好，在漫长的发展过程中不断改良的结果。由于“红油小面”便宜实惠，荤素由人，味道咸鲜香辣再加上微麻，是非常符合宜昌当地人饮食习惯的基本味型，成为宜昌人过早选择率最高的品种，成为一张宜昌美食名片，体现了宜昌城市的文化个性，一句话，“红油小面”在众多小吃品种中脱颖而出也是势所必然。

当然，作为我个人的口味喜好而言，我们在“闻丑香”所吃的“红油小面”，辣、麻可以接受，盐度则感觉有点偏高。我一问同行来吃“红油小面”的武汉朋友，他们都有同感。

或许，这是武汉人的口味，整体较宜昌人要稍微偏淡一些的缘故吧？站在宜昌消费者的角度看，“闻丑香”的“红油小面”味重、厚油、偏咸的味道，应该是有合理性的。

随谈“压锅菜”

新近认识了一个在武汉专做“压锅菜”的厨师姜连军，受他之邀，陆陆续续吃过几次用鸡、鸭、鱼、肉、泥鳅、鳝鱼等动物食材做出的“压锅菜”，可以说对传说中的“压锅菜”有了基本的认识。

或许有人会问，什么是“压锅菜”呢？

所谓“压锅菜”是指以高压锅为烹饪器具烹制的菜肴，尤以烹饪动物类食材为多，也可以烹饪少量淀粉含量丰沛的菜蔬。“压锅菜”的烹饪方法，其实质是烹饪技法中的“焖”。把“压锅菜”归类出一个菜系，并以这样的概念进行推广和传播，是近些年才出现的新事物。换言之，“压锅菜”不是流传久远的菜系，没有很长的历史传承，作为一种菜系的存在，“压锅菜”还非常年轻，充其量也只有10多年的历史。但是，以高压锅为器具制成的菜式，早在“压锅菜”概念流行之前就已然存在。比如，从上世纪70年代开始，武汉有多家餐馆做湖北传统菜式——粉蒸肉飨客时，就是用高压锅来蒸肉的。另外，有些居民在家做粉蒸肉或焖鸭子之类的肉菜，也有用高压锅做菜的成例。只是那时，不论是餐企还是制菜的厨师，更不用说居家的百姓，都没把用高压锅烹制的粉蒸肉冠以“压锅菜”的称谓而已。

高压锅又叫压力锅，是由法国物理学家帕斯卡于 1679 年发明的，高压锅应用的是“气压和水的沸点成正比”的物理学原理。常识告诉我们，在正常大气压下，用普通的锅烧水，水的沸点是 100 摄氏度。水开后，即便再怎么加热，水的温度也不会再高出沸点。另一种情形，当我们身处海拔 4500 米的高原，若使用普通锅烧水，基本上烧到 70 多摄氏度时水就沸腾了，无论之后再怎么加热，水的沸点也不会上升。基于这样的原理，人们通过物理方式而造成气压的增高，比如制成封闭性能极好的压力锅并以压力锅为器具烧水，水的沸点就会相应升高；高压锅里的水加热至烧开后产生蒸汽，再继续加热，蒸汽的压力会逐渐加大，根据“气压和水的沸点成正比”的原理，锅内水的沸点就会不断升高，锅内的温度也随之上升，可以超过 120 多摄氏度。现在压力锅广泛应用于化工、印染、医疗卫生、航天等领域。最早应用压力锅的与人们日常生活联系最紧密的行业是医院。医院使用高压锅来消毒。医卫人员使用高压锅使其内温达到 120 摄氏度并保持 15 分钟左右，可以灭菌。后来人们发现，相较于普通的锅，用高压锅烹制食物可以节省不少时间。以“压锅菜”飨客始于北国的哈尔滨，那里天气寒冷，早些年一些饭店开始陆续使用老式高压锅压制一些不易熟的食材，这些食材以肉类为主，如牛肉、猪手、排骨等，是为“压锅菜”的雏形，为“压锅菜”在全国遍地开花奠定了基础。

作为一种烹饪器具，压力锅具有以下优势：

以高压锅作炊具，可以节省烹饪时间。餐饮行业规定，从顾客点好菜到上菜，凉菜不超过 5 分钟，热菜不超过 8 分钟。“压锅菜”可以通过预制的方式，预先将食材初加工成半成品，然后依据顾客的需要，上灶架锅，很短时间内即可将菜上桌，缩短了顾客等待上菜的时间。

以高压锅作炊具，能够较好地形成制菜标准。菜肴制作的标准化和菜肴的风味体验在中餐馆是一对矛盾，中式菜肴尤其是炒菜的成品质量较大程度上受控于厨师的烹饪技艺，难以形成菜品质量的标准化，因人不同，菜式出品的色香味形都会不同。中式菜品非常难以复制，因而经营炒菜的餐馆，在开分店时，其菜品质量就很难保证能与样板店的菜品质量相一致。而“压锅菜”非常容易形成统一的标准，在试制“压锅菜”时，可以事先设定使用多少主料、辅料、调料，给多少油，添多少水，上灶多少时间，使用多大的火，都很容易量化。这就为复制和推广“压锅菜”奠定了基础。

以压力锅作炊具，可以调和菜品出产的标准化与菜品美味不足的矛盾。上面已经讲过，“压锅菜”很容易形成标准化生产，它的另一个特点为汤压，压后无油无汁水，不需要另外勾芡。入压力锅的汤可以是老汤、高汤、鸡汤、鲜汤、骨头汤，也可以用啤酒来压制。压制过程中，靠了气压和汤汁的多少来蒸发水分，使调料香全部入味食材里边。高度的密闭性，使锅内的原料营养不会流失。因此，用压力锅烹出的菜品，具有香而味浓、汤汁浓郁的鲜明特点。

我们在试吃姜连军烹制的“压锅菜”时，压力锅也是当作盛器装菜上桌的。虽然把压力锅当盛器，有保持菜品原汁原味和保温的好处，但总归器皿的卖相不佳。压力锅只一种尺寸、一种颜色，不同菜式的色香味形，在这里几乎没有分别，体现不了每道菜式的差异性。而且，压力锅锅沿比较高，吃菜时夹菜不太方便，致使食客“吃相”不雅，由此看来，以压力锅做盛器利少弊多。

话说回来，湖北菜里，食材多以鸡鸭鱼肉、飞禽走兽、河鲜水产为主，烹饪方式多以烧、焖、煨、煮、蒸等技法为主，“压锅菜”的烹饪方法与湖北菜的烹饪方法有许多的相似性，而且“压锅菜”也能契合湖北人“一热三鲜”的饮食习俗。把滥觞于东北的“压锅菜”引入武汉乃至湖北来，对于丰富湖北菜的烹饪技法和丰富湖北菜系，都大有益焉。

恩施土家吊锅

恩施是湖北省恩施土家族苗族自治州的简称，位于湖北省西南部的湘、鄂、渝三省（市）交会处。在过去交通不便利的年代，世人难窥恩施的真貌，恩施给生活在湖北中东部地区的人们，留下一个云遮雾罩、神秘莫测的印象。

而今，随着交通境况的极大改善，恩施已然成为全国著名的旅游目的地，其美妙的自然风光与独特的土家文化，吸引了越来越多观光客的眼球，它的神秘面纱亦随之一层一层褪去。

去过恩施旅游观光的人，都对当地土家族、苗族人家住吊脚楼吃老吊锅菜的原生态生活情状印象深刻。

恩施是湖北省唯一的少数民族自治州，以土家族、苗族为主的少数民族占全州总人口的56%。大山，是大自然对恩施多民族百姓的丰厚馈赠，恩施境内层峦叠嶂，连绵不绝；沟宽壑深，川谷盘旋；枝茂草盛，林密径曲。

恩施的气候属亚热带季风和季风性湿润气候，冬少严寒，夏无酷暑，雾多寡照，终年湿润，降水充沛，雨热同期，四季如春。

恩施的山川形胜、气象条件、多民族构成、土特产，决定了恩施地区的土家人，与住吊脚楼吃吊锅菜有难解之缘。

事实上，在恩施传统土家人的日常生活中，吊脚楼与老吊锅总是关联在一起，缺少两者中的任何一项，对当地土家人而言，都是生活中一个不小的缺失。

与当地平地少陡坡多的自然条件相适应，深山密林中的恩施土家族人世代居住的房屋，多采用吊脚楼形制。

吊脚楼，是各少数民族杆栏式建筑中极具特色、极具生存智慧的建筑形式，是人与自然和谐相处的一个典型范例。它依山傍水，因地势形状不拘一格而建，具有防毒蛇猛兽侵袭、干燥通风、土地利用率高等特点，是土家文化的重要组成部分。

典型的土家族吊脚楼是全木结构的三开间单边样式。

吊脚楼有两间屋子落在实处，一间屋子悬空。中间为堂屋，堂屋左边是厨房，右边是厢房。厢房下面有木柱而无壁，是谓吊脚楼。楼上干燥，用来住人或堆放粮食。如此安排，既可避免毒蛇野兽对人的伤害，楼下又可喂养牲口、置放农具、堆放柴草，最大限度地节省了土地资源和提高了建筑空间的利用率。

堂屋是土家族一家人最重要的活动空间。堂屋除了用作待客和供一家人聚集或商量事情之外，还同时兼有厨房和饭厅的功用——在堂屋的火塘上做菜做饭，一家人围着火塘吃饭。

土家人的吊脚楼堂屋，中间必放有一个木架，木架上架一口火塘。本来火塘的主要功能是用作天冷时烤火，驱除寒湿，但土家人却把火塘一器多用，也用火塘做菜做饭，还用火塘中柴火燃烧的烟，熏腌腊肉、猪蹄等腊货。

吊锅是在火塘上做菜做饭的器物，大多数人家的吊锅都被熏得黑乎乎的。锅是一般的生铁锅，口径在尺五左右。与普通铁锅不同的是，在两锅耳之间用一根扭成麻花状的铁丝连起，呈彩虹状。当用吊锅做菜做饭时，取来一个用三根木棍架成的“三脚猫”，三根木棍的交叉处，用绳索绑紧，然后在三根棍子的逢中部位，垂下一根短绳，短绳上拴住一个铁钩，这个铁钩用来钩住吊锅，让锅与火塘间隔一二十厘米的距离，使火塘里的火苗能够舔着吊锅的底部。

土家人的吊锅菜，普及程度最高的菜式当属“熏腊肉土豆吊锅”无疑。这个吊锅菜式也是土家人用以待客的贵重菜。如果有客人来家，主人必做“熏腊肉土豆吊锅”飨客，主人借这一款吊锅菜式传达的信息，是对来客的看重与尊敬。

熏腊肉和熏腊蹄是土家人户户必备的烟熏腊货。每年的冬至前后，土家人都要宰杀自家饲养的肥猪，然后把猪白条切成上十斤一刀的长方形状。把猪蹄与猪后腿切开。在猪肉和猪蹄上抹上盐、花椒，在缸盆中腌制三两日，取出。不像湖北其他地区做腊肉时要放在太阳下晾晒，土家人是把腌渍的猪肉和猪蹄，整齐地挂在吊脚楼堂屋的梁上，让火塘燃烧的烟味，慢慢沁进猪肉和猪蹄里边，直至熏成恩施有名的熏腊肉和熏腊猪蹄。

做“熏腊肉土豆吊锅”非常简单，舀几勺油放进吊锅里，切上一碗大块的熏腊肉进锅爆炒，让腊肉出油，待油香四溢后即加水煮沸。然后添进当地特产的小土豆，加盐、胡椒、味精、辣椒……不多久，吊锅中的“熏腊肉土豆”就会散发出诱人的浓香。喝一口浓汤，那滋味，除了有咸鲜之外，还兼有巴蜀菜的麻辣风格，最重要的是，“熏腊肉土豆”吊锅有一股浓重的松树烟熏味道。

待吊锅里的熏腊肉与小土豆吃得差不多了，再添加一勺猪油，洒入胡椒、味精、盐，放进当地所产的豆腐、豆棍、豆肠、菌子、香菇、青菜等等，此时的这口吊锅，该改叫一锅“东北乱炖”了。

在恩施，吊锅器物也可以用来煮饭。恩施的吊锅饭，最有名的是包谷与大米混合做成的包谷饭。从前土家人在大米中掺上包谷，是巧妇难为无米之炊的无奈之举，而今在大都市里，吃用大米与包谷做成的包谷饭，却是代表着具有健康的膳食理念，其也因而成为都市白领热捧的吃食而售价不菲……

毋庸讳言，用吊锅做菜的这种烹饪方式，在今天的恩施已是越来越少见了。大多数的情况是，吊锅作为土家文化的一个具象器物，主要用来向八方游客展示土家文化。所以，吊锅在今天恩施的各个风景区，所具有的最大功能是“秀”。

现在，恩施土家吊锅经过职业厨师改造，早已走出了深山老林，沿着商业渠道，入驻了各个城市中以“农家菜”为招牌的众多家常菜馆。

只是，这些餐馆，已经摈弃了恩施吊锅的原始烹饪方法和原来式样的器具，其经过改头换面，成了著名的砂锅菜，最有名的是“砂锅腊蹄炖小土豆”，它几乎成了恩施风味菜式的代表品种。其实，这款菜式也是事先在厨房做好，在食客点单后，用砂锅做盛器上桌且能在餐桌上加热而已。

以我的就餐经验，只要是打恩施地域牌的餐馆，菜谱上如果没有这款“砂锅腊蹄炖小土豆”，我有一百个理由相信，这间餐馆的菜品风味离正宗的恩施味道得有十万八千里。

川湘鄂鱼菜，烹法有不同

综观中国的地理版图，处于长江上游的四川（含重庆地区。重庆在未成为直辖市之前，属四川省范畴。从菜系角度而言，重庆菜现在仍属川菜系列，为叙述的方便，本文指的四川，是涵盖有重庆地区在内的大四川概念，与行政区划无关）、中游的湖南、中游稍稍偏下的湖北三地，山水相连，地理人文有许多的相似性，三地都是湖泊众多，江河纵横，水质优良。

人类文明进化史表明，具有动物和社会双重属性的人类，也是大自然的产物，地缘条件决定了某一区域内人的文化属性。一条长江连接了川、湘、鄂三地，让它们具有了太多的共同点。比如，在饮食习性上，这三个地方有一个非常大的共同点：民众都爱吃鱼菜。不信，你翻开川菜、湘菜、鄂菜的菜谱看看，以鱼为原料烹饪的菜肴，在川菜、湘菜、鄂菜中都占有相当比重。甚至可以说，如果把鱼菜从这三个地方的菜系中抽去，那么这三个菜系将不复存在。

对鱼菜的共同依赖，是这三个地方菜系的相同之处。但这三个地方菜系中鱼菜的不同之处也不少。不然的话，这三个地方就不会有各自独立的鱼菜存在了。把鱼菜做成不同风味，才能让好吃鱼菜者，在吃三地鱼菜时有不同的味觉体验不过。三地鱼菜的差异主要还在于三地地域文化属性的差异。

一般来说，菜肴的风味主要是由食材和烹饪方法决定的。同样是吃鱼菜，即使是以同一种鱼为原料做成的鱼菜，细心的老饕们都能够吃出川、湘、鄂三地鱼菜的差别，那是因为每个菜系都有自己独特的烹饪方法。

我们知道，凡是含有动物脂肪的食材，烹饪后都能散发出香味。这是因为烹调时，动物脂肪受热会溶解，伴着动物脂肪的溶解过程，菜肴就会透出香味。当然，一旦动物脂肪溶解殆尽，菜肴就不具备食用价值了。比如说烤肉，炙烤过程中，肉会散发出香味，但烤炙过度，肉就成了煳状，谁都不愿意去吃那烤得又焦又黑的肉食。烹调菜肴，不管用什么烹饪方法，一款合格的含有动物脂肪的菜肴都有一个共同的标准，那就是熟透（嗜吃生食者例外）能吃，且保有鲜香滋味，没有熟透或成焦煳状，都不符合烹饪的技术标准。

鱼类食材亦含有丰富的动物脂肪。制作鱼菜的基本标准，应该是鱼肉熟透，且保有鱼之鲜嫩本味。为了符合烹制鱼菜的基本标准，四川、湖南、湖北三地的厨师在制作鱼菜的方法上，目的一致，采取的手段却个个不同。怎么样才能使鱼菜熟透且保有鱼之本味呢？传承久远的烹饪经验告诉我们，烹饪鱼菜时，在鱼肉的表皮做一层围住鱼身的“膜”，这个“膜”的作用，一方面是将热量较快传导至鱼肉里面，使鱼肉能够熟透；另一方面是阻止鱼的动物脂肪溶解而外泄，以保证鱼的鲜嫩。虽然川、湘、鄂三地厨师都要做“鱼膜”，但方法各不相同。鄂菜以油制“膜”，行话是采用“油封”；川菜是以淀粉挂浆制“膜”，行话是采用“浆封”；湘菜是以盐制“膜”，行话是采用“盐封”。

烹制典型的湖北鱼菜——红烧鲭鱼块，是用大火热锅，先放油，然后下鱼或煎或炕，待鱼皮颜色起了变化（形成了“膜”）后，再加水加调料转小火烧熟，用旺火收汁而成。这是以油为“封”做成鱼菜的基本方法。

烹制典型的湖南鱼菜——剁椒鱼头，是把鱼头从上面切开，把盐及调味品涂抹在鱼头表面，稍腌片刻，鱼肉遇盐收紧（形成了“膜”）。把红辣椒、小葱洗干净，切成小丁，姜切成姜末，蒜也切成丁，舀出剁辣椒拌匀，然后把蒜末和姜末也放进剁椒里。把剁椒撒在鱼头上，旺火蒸熟。这是以盐为“封”做成鱼菜的基本方法。

烹制典型的四川鱼菜——水煮鱼，是将草鱼杀好洗净，剁下头尾后，将鱼肉片成鱼片，将鱼片用少许盐、料酒、生粉和一个蛋白抓匀，渍15分钟。烧开一小锅水，将豆芽洗净后，放入开水中烫一下，捞入大盆中备用。在炒锅中加油，油热后放豆瓣爆香，加姜、蒜、葱、花椒粒、辣椒粉及干红辣椒煸炒。出味后加入料酒、胡椒粉、白糖等，再加入热水，以及盐、味精调味。待水开后，将鱼片一片片放入，用筷子拨散，3～5分钟即可关火。把煮好的鱼及全部汤汁倒入盛有豆芽的大盆中。这是以淀粉化浆为“封”做鱼的基本方法。

从以上三款鱼菜的烹饪方法中我们可以看出鄂、湘、川鱼菜的制作要点：湖北鱼菜妙用“油”，湖南鱼菜善用“盐”，四川鱼菜巧挂“浆”。三地鱼菜的烹法各异，做成的鱼菜的风味各不相同，也是必然的了。

各位方家，日后在餐馆品评川、湘、鄂鱼菜之时，您可以细细品味，看看我的说法有没有道理。

吊锅，湖北人的火锅

火锅在四川、重庆（在餐饮业界，川渝是一体的菜系，都被称为川菜，本文所称火锅亦然）讨人喜爱，是地球人都知道的秘密。其实，湖北人对火锅的热爱程度，与四川、重庆人亦可有一比。

只是，湖北人爱吃的火锅，与川菜火锅叫法不同，其名曰吊锅。

火锅与吊锅不仅名字有异，在食材品种、锅底汤料、炊具式样等方面，两者亦有不同。按字面上的意思，所谓吊锅就是“吊起来的锅”。作为一种炊具，吊锅在鄂东的大别山区、鄂南的咸宁和鄂西南的恩施等多山地区，算是个稀松平常的器物，只是各地吊锅式样有所差别而已。山越大、林越密的地区，吊锅的普及程度越高，吃吊锅受到当地居民的喜爱程度亦越高。

湖北人吃吊锅的历史可谓久矣。从武汉近郊盘龙城出土的文物中，就有数量不在少数的不同尺寸的陶制鼎罐，或曰“釜”，其形状与我们现在所说的吊锅有很多的相似之处。用鼎罐和吊锅烹饪饭菜的方法也是一样的，皆是将鼎罐或吊锅架在火上，在鼎罐或吊锅里烹菜焖饭。也可以这么说，古时先民使用的鼎罐就是我们今天吊锅的前身。鼎罐与吊锅的主要差别在于材质的不同，鼎罐是陶制的，吊锅是铁制的。当然，汉民族使用陶瓷的历史要比使用铁器的历史久远多了。

如此说来，吊锅在湖北人日常生活中扮演重要角色，至少已有4000年的历史了。

湖北人吃吊锅，与四川人吃火锅一样，不分季节。但论及吃吊锅与人的身体脏腑之间的平衡协调关系，以及吃吊锅的情趣，当推冬季吃吊锅为佳。

事实上，湖北人吃吊锅成为传统，且久而不衰，是在于吊锅暗合了当地土著喜欢“一热三鲜”的饮食习俗。食客冬天吃着烫嘴的吊锅，咂摸着吊锅中鲜润的滋味，人的身体从里到外，从上到下，都会有一种难以名状的舒适感。

在我看来，湖北人冬季吃吊锅，可以吃出文气和江湖气两种气度。

三九天里，屋外朔风怒号，寒气凛冽，滴水成冰。屋内朋友家人，围吊锅而坐，推杯换盏，把酒话桑麻，确实可以体味白居易“绿蚁新醅酒，红泥小火炉；晚来天欲雪，能饮一杯无”的境界。

毋庸置疑，能把吊锅吃出诗情画意的，仅限于文人雅士一类，是吃吊锅菜中的少数。更多的人，则把吊锅吃出了江湖味道。也可以这么说，吃吊锅与湖北的主流文化形式——码头文化的属性是非常合拍的。

所以，我们时常在吊锅大排档上看到这样一幕：一圈人，围坐一口吊锅旁，大小不论，高低不分，长幼不计，男女无别，人的社会属性此时淡淡隐去，肩膀一齐便是兄弟。食客大块吃肉，大口吃菜，大碗喝酒，大声喧哗。酒管够，菜吃饱，吃得好不好？全依着自己身体的本钱作为评价的依据。这样吃吊锅，确实吃出了几分豪气。

我们说湖北的吊锅是个好东西，那么有人就会问了，未必湖北的吊锅还能好过四川火锅?

客观地说，在食材品种、锅底汤料、炊具式样等方面，湖北吊锅与四川火锅的差距还是非常明显的。从作为炊具到盛器的形式感考量，吊锅远没有火锅形式感强、变化的样式多。从火锅底料到锅内的内容，吃火锅比吃吊锅不知要丰富多少倍。如果从被社会接受的程度上看，四川火锅早已扬名四海，天下无人不识；反观吊锅，也只在湖北省境内吃香，走得稍远的外省地区，大约也就是安徽、河南等与湖北交界的鄂豫皖大别山地区，说白了，其实也就是沾了三地同为大别山一脉的光而已。

吃湖北吊锅与吃四川火锅的最大不同在于，吊锅的汤汁没有火锅多，也不像吃火锅那样需要不停地添加待煮的菜。一言以蔽之，湖北的吊锅就是一锅“大杂烩”。

不能否认，湖北吊锅有其鲜明的地域特点，有久远的文化传承，有丰富的食材支撑，作为一种饮食形式和烹饪方法，基础确实很好。但以我之见，湖北吊锅缺失的是极富特点的“一招鲜”菜式，没有影响力卓著的吊锅菜式品种，且缺乏整体的推广宣传。当然，湖北也有些地区在打“吊锅牌”，比如罗田每年都在举办“吊锅美食节”活动。但从整体上讲，吊锅的影响不大，还没有吸引住外地食客的眼球，没有形成品牌效应。

总而言之，要想让湖北人的火锅——吊锅像四川火锅那样火遍天下，还有太远太远的路要走，还需要湖北餐饮人付出更多的努力。

古今美食烤肉谈

也算是老夫聊发少年狂吧，前两日，我与几个吃货朋友相邀，去光谷国际大厦一家叫“京成一品”的韩国料理餐厅吃韩国烤肉，喝韩国清酒，过了一把城市小布尔乔亚的瘾，用现在流行的网络语言表述，是装了一回嫩。

韩国我没去过，韩国烤肉我倒是早就知道的。但我百思不得其解的是，烤肉这个中国最古老的吃食，现在它的前面，怎么就加了个“韩国”的修辞语了？

我所阅读的史料，都确切无误地表明烤肉的发源地与朝鲜半岛没有半点关系。

世人总说厨师做菜有十八般武艺，烧、烤、焗、炒等，它们是职业厨师安身立命的技能，而且前传后教，不绝于后世。但若以烹饪方法传承时间的久远而论，“烤”大概是我们中国人使用最早、传承最为久远的烹饪技法了。

严格地说，“烤”作为烹饪技法之一，并不是人类的刻意创造，而是真正意义上的自然天成。

远古的洪荒时代，我们人类还过着狩猎采集茹毛饮血的原始生活。当我们原始人祖先偶然发现，吃那些被天火、野火焚烧过的动物尸体，远比吃动物的生肉容易咀嚼和消化，我们原始人祖先便开始了有意识地学习保留火种，所以，我国有伏羲取来天火的神话。后来，原始人类学会了钻木取火的技能，火才在各个不同的部落族群中广泛使用开来。

按照考古学家的说法，人类有意识或无意识使用火应该有170万年的历史。大约在60万年前，居住在北京周口店的北京猿人已经开始吃用火烤熟的动物肉了。对距今6000年的马家浜文化考古中，学者们曾发现用来制作烧烤食物的器具。在对龙山文化时期的考古发掘中，发现的烧骨约占考古物品总数的三分之一。在二里头遗址中，也发现了不少烧焦了的兽骨，其中以猪骨和牛骨居多，这说明二里头文化时期，“烤”作为一种烹饪技术已经广泛使用了。

“烤”在古代时称为“炙”，汉代的经学家郑玄说，炙，“贯之火上”。炙是个会意字，上面是肉，下面是火，意思就是用火烤肉。先秦时期的文献中对于以“炙”之法烹饪猪、牛、羊肉多有记载。如《礼记·内则》中就有“豕炙”的内容，表明“烤”是周代上层社会一种很流行的烹饪方法。

自先秦始到后来相当长的一段历史时期，“烤”虽然成为一种固定下来的烹调手段，但其与我们今天80后、90后们喜欢的烤肉之法相去甚远。其一，那时，先民们不管是烤猪、牛、羊肉还是烤野鸡、野鸭甚至体量更大的猛兽野味，要么是把动物食材整个拿来烤，要么是把动物的肉切成块状来烤。其二，先民烤肉的方法是让食材与火直接接触，中间没有一个器物充当导热的媒介。换句话说，其实那时的“烤”更接近于直接用火烧。

把动物的肉尤其是把猪肉切成薄薄的片来烤，并且使用铁器作为传热的媒介，不让明火与食材直接接触，这种烹饪技法有明文记载的时间是明代。

明代宋诩著《宋氏养生部·火炙猪二制》中说："一、用肉肥嫩者薄切牒，每斤盐六钱腌之，以花椒、莳萝、大茴香和匀，微见日，置铁中，于炼火上炙热。二、用肉薄切小牒，粘薄瓷碗中，以纸封之，覆置炼火上烘熟。"从烤肉的器具到切肉片、烤肉的程序，表明距今几百年前的明朝人所做的"烤肉片"，与我们现在商圈餐饮中大行其道的"韩国烤肉""东北烤肉"已经完全一样了。

按照历史上的记载，可以说烤肉本来没韩国什么事，但韩国人很善于从汉民族学习汲取文化营养，那些由中国输出的文化形式包括烹饪技术在内，经过韩国人的消化吸收，然后给予改头换面，形成新的产品式样，打上时尚的韩国烙印后，反过来作为文化输出产品，逆袭中国。

所谓韩国烤肉走的也是这样一条路子。

烤肉在武汉餐饮市场流行，至多只有 20 年时间，韩国烤肉在商圈中走红，也就是近 10 年左右的时间，韩国烤肉能够在市场上立足，在于它新瓶装旧酒，披上了一件年轻时髦的外衣，赢得了 80 后、90 后们的青睐。

我们在"京成一品"韩国料理餐厅见到的烤肉器具非常先进，是可以调节温度的电磁烤炉，食客可以根据烤物的生熟程度或自己的喜好调节炉温，卫生洁净，使用方便。而且烤炉的外观漂亮，形式感极强。

吃烤肉时，食客的参与性很强，每一款烤品的消费者同时也是烤品的生产者，想吃什么，吃多少，全由食客自己做主，平添了食客参与的乐趣。

"京成一品"烤品丰富，我们的烤炉台面上，七七八八摆了十多道食材，同来的吃货们吃得不亦乐乎。我个人历来对吃烧烤类的食物不甚喜好，望着一大堆的烤羊腰、烤牛蛙，挑三拣四地伸了筷子，夹了最小的烤品尝尝味道，真个是浅尝辄止。

这一餐我吃得最多的是烤猪肉。

生切的肉片端上来时，红红白白地摆满一大托盘，很好看，与生切的羊肉片、牛肉片类似，显然是把猪的五花肉冰冻后用刨片机刨出来的薄片。

烤肉时，先在炉具槽内放上一张纸。这张纸（可更换）的功用是将炉具的金属与食材隔开，一来可以避免高温下金属板将食材烤煳，二来让食客感觉放上纸更为卫生与安全。然后打开炉火开关，用夹子把食材放在烤纸上，待食材的一面渐渐变色时，翻过来烤另一面。待食材两面烤熟后，用银筷夹起，放入装有调料的碗内，蘸料蘸酱而食。

烤肉片肥的部分比瘦的部分多，吃起来不会发柴，口感软糯，且有肉香。佐餐的酒是从韩国进口的清酒和米酒，清酒只有十几度的酒精度，从口感上可以分辨出属清香型，有一股很浓的米酒香味。对于喝惯了高度白酒的人，觉着喝清酒没劲。但喝着韩国清酒，吃着韩国烤肉，确实别有一番滋味。喝了两杯清酒，吃上两片烤肉，并不觉腻。清酒解肉腻，我算是见识了。

现在的审美趣味是以瘦为美，妙龄少女，谈胖色变，且大多数人以为，吃猪肉特别是肥肉，是致胖祸首。其实不然。我得为猪肉包括烤肉说几句公道话。

长期以来我们被告知脂肪（特别是饱和脂肪）对健康有害。事实上，和碳水化合物相比，脂肪能增加人体的饱腹感，且饱腹的持续时间也比较长。此外，高脂饮食还能促进胰高血糖素的释放。胰高血糖素的作用是在饭后几个小时内，促进体内脂肪的分解，从而达到减肥的效果。

许多摄入大量脂肪（如爱吃肥猪肉）的人都保持着非常健康的

状态，在英国，每天摄入 60 克的脂肪被认为最健康。从这个角度上说，烤肉，是古老的美食，也是年轻的美食，而且是于健康有大益的美食。

每隔一段时间，去吃一顿烤猪肉，不仅能增加生活的情趣，而且对人体的健康也有补益。但凡事切忌过度，过于频繁地吃烤肉，于身体就是大大的坏事了。

食疗兼具“本草鸭”

早春时节，有几位与我相熟的贵州餐饮业的朋友，来武汉考察湖北本帮菜的市场行情，让我推荐几家在武汉经营本帮菜的餐馆试吃。正好我要去位于堤角的“农家小院”酒店办事，便带着贵州朋友一起，去了在三镇以经营本帮菜立身的“农家小院”。

按照贵州朋友的要求，我点的都是湖北传统菜式，比如“排骨藕煨汤”“清蒸武昌鱼”“黄陂三鲜”“酱香猪弯弯”等，禽类菜式，我特意点了一款在“农家小院”久销不衰的招牌菜式——“神农本草鸭”（也叫“砂锅药膳鸭”）。

“农家小院”的“神农本草鸭”从品相到味道确实不错，黑色砂锅中卧着一只色泽黄橙油亮的鸭子，鸭身上点缀着几颗红色枸杞，散放着两根翠绿香菜，黄、红、绿三色搭在一起，颇是养眼。鸭肉口感肥而不腻，除了咸鲜味道，鸭肉中还透出一种独特的药香味。

在我看来，“农家小院”的这款“神农本草鸭”确有值得说道的地方，排除我个人的偏好原因，我说此话的理由相当充足：一是这款菜的食材具有湖北当地特点，二是其烹饪方法使其味型比较独特，三是这款菜是一道食疗兼具的养生菜肴，而且有一个流传久远的美妙故事。

“农家小院”的“神农本草鸭”是以湖北禽类特产——麻鸭为主要食材，加上湖北传统的烹饪方法制作而成。

麻鸭又称高邮鸭，原产江苏省高邮，是我国有名的大型肉蛋兼用型麻鸭品种。高邮鸭是我国江淮地区良种，系全国三大名鸭之一。麻鸭善潜水、耐粗饲、适应性强、蛋头大、蛋质好，且以善产双黄而久负盛名。湖北水系发达，水土肥美的地理环境，极其适合麻鸭的饲养与生长，产于湖北省仙桃（原沔阳县）市沙湖、杨林尾、西流河、彭场等地区著名的沔阳麻鸭是湖北麻鸭饲养品种中的翘楚。1974 年湖北省科委组织有关单位制定品种标准时，命其名为沔阳麻鸭。现在沔阳麻鸭已经成为地标产品。沔阳麻鸭所产的鸭蛋，为食用之精品，口感极佳，其质地具有鲜、细、红、油、嫩、沙的特点，蛋白凝脂如玉，蛋黄红如朱砂。“神农本草鸭”正是选用了湖北本地麻鸭为食材，才能够保证菜肴正宗的湖北味道。

烹饪“神农本草鸭”，很能考验一个厨师对火候的掌控水准。这款鸭菜烹饪方法步骤大抵如下：

将麻鸭褪毛洗净，用刀背将鸭脖捶软；在鸭食管处切开一个斜口，把鸭脖塞入鸭食管切口里边。用刀背将鸭腿捶软，在鸭屁股处也切开一个口子，把捶软的鸭腿塞入鸭身。

将黄芪、党参、山药、甘草、人参、当归等中药材打磨成粉，加入胡椒、精盐等调料，一并制成料包待用。需要指出的是，调节“神农本草鸭”菜肴味道的关键之处，就在于料包中加入的药材成分和药材之间的配伍关系，但这也是每家餐馆烹制“神农本草鸭”的独家秘籍，一个能够熟练掌握料包制作秘密的厨师，没有三个六月两个冬的磨炼，恐怕难成。

以砂锅作炊具，将处理过的鸭子放入砂锅，加清水，放入料包，大火烹制三五分钟，改用小火煨制约两个小时，揭锅盖，将汤汁浇遍鸭子全身，让汤汁的味道沁入鸭肉，然后再用大火收汁，锅内只余少许鸭油时，转入文火慢炖两三分钟，撒数粒枸杞，点缀香菜，连砂锅配酒精炉一起上桌。

如此这般，药食兼具的“神农草本鸭”也就具备了药味独特、皮薄肉香、回味久长的好口感了。

在我看来，“神农本草鸭”之所以能够广泛流行于食肆，不仅在于其好吃，品相好看，还因为它有一个好故事。好菜品自己能说话，再加上附着了一个传奇故事，其影响和扩散范围就难以估量了。

从菜名上就可看出，“神农本草鸭”与炎帝神农有关。

神农氏本是五氏之一，故里在湖北随州，传说他出生在随州烈山的一个石洞里，出生时身体透明，头上长有两角，即牛头人身。他看到百姓得病，痛苦不堪，便只身一人千辛万苦去都广之野的天帝花园，欲取瑶草为天下百姓疗疴时，恰遇天帝巡园。天帝感念神农的悲悯之心，赠神农一根神鞭。神农拿着这根神鞭从都广之野走一路鞭一路回到了烈山。他执神鞭尝百草，以百味草药医治百姓百病，被后人奉为炎帝。今日湖北神农架山区，传说就是因神农搭架采药的地方而得名。

相传有一日，神农外出采药，晚上借宿在一个养鸭的农户家里。这户农家只有两口人，孤儿寡母，40 多岁的母亲患病久卧在床，20 来岁的儿子非常孝顺，除了在外劳作外，其余时间便奉伺病母。那时既无专业医生，也无治病的医药，儿子唯一能做的事情，就是杀鸭煮汤，为病中的母亲增加营养。

神农有感于农户儿子的孝道，便从药篓中找出草药，将草药洗净后放进瓦罐，连同鸭子一齐熬汤，让病人吃鸭肉，喝鸭汤。第二天，神农带农户儿子进山，教他辨认草药，又告诉他哪种草药和哪种草药配伍，与鸭子同熬多长时间等等，待农户儿子一一明了，熟记于心，神农离开农户母子，继续采药之行。

病人吃鸭喝汤，一周后，已可下地活动，再一周，病人竟能下田劳作。村人见久病在床的人竟能下地干活，皆称神奇，便问农户母子缘由，农户母子据实以告。村人找农户儿子讨要草药药方，农户儿子便将神农所教内容全盘告知。

以后，众乡邻家家户户以草药熬制鸭汤，吃鸭肉，所活年龄十之七八都过了古稀之年。人们为了纪念神农的恩德，便把这种用草药当配料烹制的鸭子命名为“神农本草鸭”。

当然，以麻鸭为食材制作鸭菜，即便不加药材，其本身就具有食疗效果。按照中医的观点，麻鸭性寒，五味甘，常食有益于心血管健康及通血等其他功效。一旦以药入鸭菜，其药用功能就更大了。湖北传统菜肴“神农本草鸭”，既为菜，亦为药，药食兼具，食之既满足了口腹之欲，又滋补了身体，在现在普遍注重养生的现实环境下，它能受到市场的追捧，也是必然的了。

“鱼汤泡饭”回味长

鄂西南的宜昌，有一家餐馆的名字起得很有意思，叫“鱼汤泡饭”，规模不大，但在湖北省饮食业内的名气可不小。

2015 年 8 月，我与几个朋友去宜昌公干，朋友人还在去宜昌的动车上呢，就做好了宜昌之行的吃喝规划：明天过早去吃宜昌的“红油小面”，中午就来一碗“鱼汤泡饭”。

第二天的早餐和中饭，我们确实是按照朋友已然规划的线路在走，早上过早，去了“闻丑香”吃“红油小面”；中餐便去“鱼汤泡饭”餐馆，探了个究竟，了了心愿。

“红油小面”我已专门写过文章介绍，本文不再赘述，只说道说道“鱼汤泡饭”餐馆的鱼汤泡饭。

“鱼汤泡饭”的店面不在闹市，应该说连路边店都算不上，所在地段有些偏。按一般开酒店的常规，在比较偏僻的地段开酒店，人流量不大，生意有点悬乎。可是出乎我们意料，我们一行到该店已经是中午 12 点多了，400 多平方米的大厅，座无虚席，店外还有人排队坐等餐位。要不是我们宜昌的朋友预订好位子，“鱼汤泡饭”这顿饭，我们不知道需要等多长时间才能吃到口。

老实说，一间如许小店生意却如此火爆，这着实让我有点儿惊讶。

在去吃饭的路上，我还为这家店为何起名“鱼汤泡饭”犯过嘀咕：按店名理解，未必吃客在这里，就只能吃上一碗鱼汤泡的米饭吗？

当我们一行坐定，看过服务员递过的菜单，心里的疑问便释然了：哦，这家经营家常菜式的酒店，主打品种是鱼菜火锅。

客观地说，单论菜式品种，却也能在武汉各个家常菜餐厅见到。胖头鱼火锅、草鱼火锅、鲶鱼火锅、酸菜鱼火锅、番茄鱼火锅……这些鱼菜火锅的做法，与武汉各个家常菜餐馆所做的鱼火锅大同小异，相较于武汉做鱼菜火锅的不同之处，是在“鱼汤泡饭”的鱼菜火锅中，多多少少加了宜昌人爱吃的山胡椒。“鱼汤泡饭”其余的各种炒菜也都是家常品种，在武汉家常菜餐馆的菜谱上也是司空见惯。“鱼汤泡饭”的经营模式一言以蔽之，就是一家以鱼菜火锅为主，炒菜为辅的主题餐馆。

如果说“鱼汤泡饭”在经营上有创新，在我看来，并不是在鱼菜上用功，而是在一碗用土豆和大米搭配做成的锅巴米饭上使劲。“鱼汤泡饭”所用的锅巴米饭，脆软适中，吃客把火锅中的鱼汤舀进碗里，让米饭完全与鱼汤融合，就汤下饭。一碗米饭既是主食也是菜式，是为餐馆的亮点。举目四望，这道菜几乎是每桌必点。

“鱼汤泡饭”走的这条经营路线可谓顺了天时，接了地气，促了人和。

所谓顺了天时，“鱼汤泡饭”把服务对象定位为百姓消费而不是公款消费。

所谓接了地气，是把菜式主打品种定为鱼菜而非其他。吃鱼是湖北人最为广泛的饮食喜好，鱼菜能最大限度满足食客的需要。

所谓促了人和，是指“鱼汤泡饭”的消费水准在宜昌餐饮市场中属低端定位，人均消费在 50 元以下，一般工薪阶层都能消费得起。

当然，我看“鱼汤泡饭”生意火爆，最重要的一点，还是得益于菜式品种的选择得当和烹饪方法的运用得当。从大的方面讲，在湖北做本帮口味的主题鱼菜，可谓是餐馆酒店的经营正途。

拜上天所赐，湖北人大多是嗜鱼馋腥的“鱼猫子”。湖北多水，出产了数量众多的河鲜水产，尤其是鲭、鲤、鲩、鲫、胖头等鱼类品种，更是湖北人饭桌上的当家鱼种，并为形成湖北人喜欢吃鱼的习俗奠定了坚实的基础。

在洞庭湖的北边，做一个喜欢吃鱼的湖北人不难，难的是做一个会吃鱼的“鱼猫子”，意即吃鱼的本领与猫子可有一比。能被称作所谓“鱼猫子”的人，必须满足两个条件：一是吃鱼时，不管是鱼刺粗细，不会让它们卡住了喉咙，吃鱼必有娴熟的避刺捋刺的技巧。我的朋友中，不乏吃鱼的高手，我亲眼得见他们在吃过一整条鱼后，能把吮过的鱼骨刺还原成一条完整的鱼形，且在吃鱼的过程中，除了用筷子把整条鱼夹起送到口边外，其余时间不再需要筷子来辅助帮忙，用嘴的左角吮进鱼肉，用嘴的右角吐出鱼刺，整个吃鱼的过程用“表演”二字来形容，也决不为过。二是“鱼猫子”对某种鱼该吃哪个部位了然于胸，他们熟知吃鱼的武汉方言顺口溜：“鳊鱼吃边，鳜鱼吃花，胖头鱼的脑壳，草鱼的皮，鲭鱼的尾巴真好吃（读 qí 音）……”

在湖北吃鱼，是分为吃鱼和喝汤两个层面的。有人喜欢吃鱼肉，有人喜欢喝鱼汤，两者间没有好与不好或者高下之分。这种喜好的取向，好像也没啥道理可讲，所谓“萝卜、白菜，各有所爱”罢了。

不管是哪类家鱼种类，湖北人的家常烹法，多为红烧。作为鱼菜烹饪技法之一种，红烧鱼即是把鱼的两面经油煎之后，加上胡椒、味精、盐等作料和调料，加水（水的多少，以能将鱼完全淹没为适宜）与鱼同烹，水、作料、调料加上鱼肉味道，便一齐混合成了鱼汤味道。所以，“鱼猫子”们往往在把整条鱼吃光之后，还觉得意犹未尽，舍不得那盘子里的几勺鱼汤，便盛上一碗米饭，顺手将鱼汤倒进碗里，把鱼汤和米饭一拌，让色浓如酱的鱼汤把饭染成同色，于是饭里有了鱼肉味，吃起来的那个回味那个美呀，实在难以用语言表达。这种鱼汤拌饭在武汉的方言表达里就叫“鱼汤淘饭”，我这般年龄的武汉人，大概都有过吃鱼汤淘饭的经历，也无不留下深刻的记忆。

很显然，“鱼汤泡饭”的经营者正是从湖北人喜欢吃鱼汤淘饭的习俗中，找到了经营的灵感，他把湖北人的家常菜红烧鱼改成了各种鱼菜火锅，并配以一碗“土豆锅巴米饭”，“鱼汤泡饭”生意火爆当然不出餐饮界行家里手的意料。

老少咸宜的“黄山烧饼”

暮春时节，我们一行朋友驱车从武汉去徽州绩溪出差，途经安徽省的黄山市，离天下名山——黄山也就是踩一脚油门的路程。于是有人提议不妨顺道上黄山一趟。

这个提议受到了同车人的一致赞同。

但是是时天公实在不给力，雨雾迷蒙中 10 米开外就已看不清楚，想必上山也是云遮雾罩，看不着什么名堂，于是我们沮丧地打消了上山的念头。但我们心有不甘，不想就这么离开黄山的地界，于是改为开车在黄山市的街上转悠。沿路看到有多个店家的招牌上书有“屯溪烧饼”的字样，便找了个门脸干净的小店停车驻足，买来袋装的“屯溪烧饼”尝鲜。

我从事的工作是美食评论，按理说对于美食，应该算是见多识广了，但惭愧得很，祖国幅员辽阔，物产丰饶，烹饪技法花样繁多，许多美食我都没有见过，更不用说亲口尝过了。比如，在没来黄山之前，对于黄山有名的吃食——“屯溪烧饼”，只是耳闻过而没有吃过。

烧饼在全国各地都不是陌生的小吃品种，尤其是在北方更是司空见惯。我们常常见到的烧饼，形状多为椭圆形和圆形，长相像小鸡蛋糕似的“屯溪烧饼”我还是第一次见。“屯溪烧饼”颜色近似稻谷黄色，而且像景德镇烧造的“窑变”瓷器一样，其黄色深浅不一。“屯溪烧饼”的外壳有些酥脆，里边包的馅是梅干菜裹有猪肉丁，味道咸鲜、微辣，且有微微的腌渍味道。这种烧饼的味型对于我们一行湖北佬而言，完全能够接受。

回武汉后我查阅资料，才知道“屯溪烧饼”在黄山地区也叫“黄山烧饼”，屯溪是黄山市的一个区，依据黄山当地大多数人的看法，“黄山烧饼”的起源地为屯溪，所以把这种吃食叫“屯溪烧饼”或许更准确。但是，从地名的知晓度而言，黄山市比屯溪区的名气不知道要大多少倍，在全世界，知道黄山的人多，知道屯溪的人少，把“屯溪烧饼”叫成“黄山烧饼”，更利于这道小吃的宣传推介。所以，为了达到更好的传播效果，我更愿意用“黄山烧饼”来说道说道这款小吃。

说实话，把“黄山烧饼”以小吃定位来写本文，我心里还是有一番纠结的：因为我有点儿拿不准，到底应该把“黄山烧饼”归类于点心还是归类于小吃？

按照辞典里的解释，饼的意思是圆形薄片或扁圆形的面制食品。以我这个外地食客的眼光看，“黄山烧饼”更像点心而不像小吃。首先，从外形上说，“黄山烧饼”不是“薄片或扁圆形”，倒是与小鸡蛋糕的造型相似，说得更具体点儿，“黄山烧饼”与武汉人所熟悉的油炸豆腐泡一样，外表光洁，棱角圆润。

其次，“黄山烧饼”烹制方法为烘焙，其程序大抵是备好上等精面粉、净肥膘猪肉、梅干菜、芝麻、精盐、菜油等，用手工分别制作成皮和馅；然后经泡面、揉面、搓酥、摘坯、制皮、包馅、收口、擀饼、刷饴、撒芝麻、烘烤……十余道工序制成。

“黄山烧饼”的烘烤是在特制炉中进行的。炉中燃木炭，将饼坯贴于炉的内壁（与武汉小吃烧饼的烘烤方法相似），经烘烤、焖烘及将炉火退净后焙烤，前后需耗费数小时。这种吃食经木炭火焙烤后，形如螃蟹背壳，色为蟹黄，烧饼层多而薄，外形厚，口味香、甜、辣、酥、脆，被文人们形容为“薄如秋月，形似满月，落地珠散玉碎，入口回味无穷”，所以这道吃食又叫“蟹壳黄烧饼”。

如此看来，“黄山烧饼”的制作方法与月饼类的点心没什么两样。

但诡异的是，我所查阅的书籍资料，全都说“黄山烧饼”为徽州汉族传统小吃，盛行于古徽州地区及周边部分地区，没有哪一种资料称“黄山烧饼”为点心的。

也罢，为了尊重黄山当地民众的饮食习俗，我在本文中还是将“黄山烧饼”以小吃品种加以说道。

“黄山烧饼”是一道古老的吃食，相传始于晋代十六国，原称“胡饼”。经过约 1700 年时间的流传与淘洗，现在的“黄山烧饼”融合了徽州饮食文化，已然成为黄山地区民众老少咸宜的吃食，是当地百姓过早食物的首选品种。当地百姓对“黄山烧饼”的热爱情感，人民教育家、徽州人陶行知先生曾写过一首白话诗淋漓尽致地予以了表达：“三个蟹壳黄，两碗绿豆粥，吃到肚子里，同享无量福。”经过无数次的变化，这款黄山地区的特色小吃已然成为一张黄山当地的文化名片。

从食材角度而论，“黄山烧饼”无疑当属草根阶层的吃食。它的最大优点，首先在于取材容易，其外层多用在徽州地区算不上稀罕的面粉。馅儿也多以山区人家的当家咸菜——梅干菜为主。

其次是携带方便，易于保存。由于“黄山烧饼”烘烤时间长，饼中水分大多蒸发，极利于贮存，就算受潮，烧饼烘烤后依然酥香如故，而且食之扛饿。徽州自古地少人多，徽州男人大多在十三四岁时便离开故土，外出谋生。“黄山烧饼”正是走四方的徽州人，离开故乡在路途上用以度命的干粮。

从食材到烹制方法，“黄山烧饼”应该算是一款极普通的小吃，但普通的“黄山烧饼”却有着不平凡的故事。据徽州地区的传闻，平民吃食“黄山烧饼”曾经得到过清乾隆皇帝的赏识。

据说乾隆皇帝第一次下江南时，是由徽州商人江春出面接待的，这就是徽州历史传说中的“江春大接驾”。江春乃一代巨商，为“两淮八大总商”之首，其因为“以布衣结交天子”而留名至今。

为什么乾隆皇帝会对江春这样一个布衣商人首肯？原因就在于江春接待乾隆皇帝时，以一款吃食打动了乾隆皇帝，这款吃食就是徽州特产“黄山烧饼”。

乾隆来到徽州时，江春安排的茶点便是“黄山烧饼”。生于宫中长于宫中的乾隆皇帝吃过山珍海味无数，就是没有吃过如“黄山烧饼”这般的平民食物，且“黄山烧饼”非常合他的口味。吃过之后，乾隆皇帝欣然给“黄山烧饼”赐名为“皇印烧饼”，寓意乾隆皇帝对该烧饼的重视程度堪比随身携带的皇帝印信。

离开徽州，乾隆皇帝继续他的巡游之行时，相传是带着一大箱“黄山烧饼”上路的。所以至今“黄山烧饼”在徽州地区还有个名字叫“皇印烧饼”……

各位看官，如果你想去“黄山归来不看岳”的黄山游玩，别忘了尝一尝“黄山烧饼”，合你的口味叫做美食品鉴，不合你的口味，则当是尝个新鲜。依我看，这一路有游又有吃，你的黄山之游才算不虚此行，堪称完美。

湖乡水韵“煮桂鱼”

唐朝诗人张志和《渔歌子》“西塞山前白鹭飞，桃花流水鳜鱼肥”，给我们描绘了一幅诗意的唯美画面，至今读来仍然感染力极强。诗中所说的鳜鱼，也叫桂鱼，它是我国“四大淡水名鱼”中的一种。桂鱼肉质细嫩，刺少而肉多，其肉呈瓣状，味道鲜美，乃淡水鱼中之佳品。

事实上，桂鱼在湖北人的饮食习俗中，也是个非常讨人喜欢的鱼种。当然，湖北水多湖多的自然条件，也确实能够让湖北人非常容易享受到桂鱼的美味。仅凭这一点，就说明上天对湖北人有一份特殊的眷顾。

正因为把桂鱼归为珍贵的食材种类，所以一个湖北的职业厨师无论采取哪种烹调方法做成的桂鱼菜，其出品都能称得上“高大上”。翻开湖北饮食传统菜谱，诸如“松鼠桂鱼”“清蒸桂鱼”“红烧桂鱼”“番茄浓汤桂鱼”“糖醋桂鱼”“青椒煮桂鱼”等等，都是上得了台面的大菜。即使是在高规格的宴席上，任何一款桂鱼菜式端上餐桌，都不会为宴会的主家丢脸。

有一次，我们去武昌的“卢家故事”找中国烹饪大师卢永良商谈公事。事毕，已到中饭时间，卢先生做东招待我们吃饭。一桌菜由卢先生亲自安排，菜式有“金钱猪手”“桂花肉”“酥鳞武昌鱼”“紫包菜”“大骨藕煨汤”“酥皮羊排”“蔡妈煮桂鱼”等，每一道经过卢永良点化的菜似乎都有被我们品鉴点赞的理由，但限于篇幅，本文只对一道特别合我个人口味的“蔡妈煮桂鱼”说道说道。

“煮桂鱼”在湖北有广泛的烹饪基础和历史传承，说来其制法也不花哨，主要源于鄂省湖区水乡人家的家常烹饪之法。湖边的乡民，在河塘湖堰中捕捞起大小不一的桂鱼，用树枝在鱼唇上扎个眼，用一根草绳穿了鱼唇，将鱼提回家开膛剖肚，去除内脏，在柴灶锅里滴上几滴食用油，将鱼两面炕成黄色，然后加一大瓢水，撒上盐，把刚从自家菜园里摘下的青椒撕碎放进锅里，让灶火慢慢将鱼肉炖熟炖软，让鱼汤的白与青椒的绿，交融混合成青黄色的鱼汤，就成了一锅香喷喷的“煮桂鱼”。

由此说来，把“煮桂鱼”归结为具有湖北本土湖乡风韵的家常菜式，大概不会有错吧？但是，我在“卢家故事”所吃到的“蔡妈煮桂鱼”，从制作方法到装盘效果，都可以看出是卢永良从民间家常烹饪桂鱼的方法上汲取了养料，加上他对桂鱼食材的深层理解做成的菜式作品，可谓是源于家常菜而高于家常菜了。

“蔡妈煮桂鱼”很让人养眼：一个硕大的青花瓷碗，一条桂鱼卧在鹅黄色的汤中，鱼身上覆盖着一层青椒。闻着鱼汤飘着的菜油香味，伸箸从桂鱼的背脊夹一块鱼肉（正所谓桂鱼吃脊）放入口中，可感受到鱼肉细腻柔嫩，味道微甜，仅就这么一筷子就可以感受到桂鱼食材的鲜活和煮桂鱼时制作者对火候的掌控水准。

湖北餐饮业界人士都知道卢永良擅长烹饪湖北特有的鱼菜品类，烹饪桂鱼菜亦是他的强项之一。也难怪，卢永良祖籍湖北天门，打小在武汉的南湖边长大，对湖区人的生活习性，饮食风俗了然于胸。更何况，卢永良特别善于从民间传说中寻找创作菜品的灵感。

有关“煮桂鱼”的菜式，民间一直流传着一个故事，这个故事，不仅体现了人民军队与人民群众的鱼水深情关系，还为“煮桂鱼”成为名菜增添了几分传奇色彩。

相传1928年，以贺龙、周逸群、段德昌等为代表的共产党人，带领广大军民，通过武装斗争创立了以湖北洪湖地区为中心的湘鄂西苏区革命根据地。湘鄂西苏区革命斗争历时7年。7年苦斗，在这里倒下了20万革命英烈；7年鏖战，从这里走出了67位共和国开国将帅。

洪湖边上有一个叫蔡家榨的渔村，村民以下湖打鱼和榨油为生。村东头临湖边有一户人家，户主是位中年妇女，她的丈夫姓蔡，参加了红军，在一次与国民党军的遭遇战中牺牲了。村人也不知道这位中年妇女娘家姓氏，便给她冠以夫姓，年龄大的喊她蔡嫂，年纪轻的喊她蔡妈。

洪湖革命根据地经常遭到国民党军的扫荡，敌我间的战斗非常激烈，受伤的红军战士，往往会被送到洪湖各个村子的农户家中养伤。蔡妈是烈属，阶级觉悟高，人可靠，对红军战士亲，于是，一批接一批的伤员，都被区委干部安排在她的家中养伤。红军伤员都是毛头小伙子，无微不至照料他们生活起居的蔡妈，在他们眼中就是他们的亲妈。

蔡妈不仅为人贤惠，里里外外干活也是一把好手。每有伤员住进她家，她不仅好生照顾，还想尽办法让他们吃好喝足，让他们早日养好身体，重返战场打敌人。穷家小户也没啥好东西招待伤员，蔡妈便吩咐自己的儿子下湖网鱼。儿子是个能干的后生，熟知鱼性，隔三岔五下湖去，专拣肉嫩养人的桂鱼逮。

每见儿子打回了鱼，蔡妈便从村里的榨房打瓶菜油，在灶间烧上旺火，锅里搁上菜油，把桂鱼两面煎黄，加水，加盐粒，随手撕几个屋后菜园里摘下的青辣椒，小火煮成鹅黄色的鱼汤。然后给每个伤员添上一碗鱼汤，逐个用汤匙喂他们。蔡妈就是用一碗一碗的桂鱼汤，把一批批的伤员调养成了一个个生龙活虎的战士，使他们重返前线，杀敌立功。

新中国成立后的 1955 年，中国人民解放军首次授衔，曾在蔡妈家中养过伤的伤病员，只要还活着，军衔不是将军就是校官，他们聚会时，时常忆起洪湖边上的蔡妈和她煮的桂鱼汤，于是他们约好在一个春节一起去洪湖看望蔡妈。

1956 年的春节，几辆轿车、吉普车停在了洪湖蔡家榨村东头的蔡氏老宅前。此时，老宅的主人已经不是蔡妈了，而是她的儿子。蔡妈在解放洪湖的战斗中，因在前线战壕抢救伤员被流弹击中而光荣牺牲。

军官们齐齐跪在蔡妈的坟墓前，墓碑前供着一个大盆，盆中，是一条桂鱼和煮成了鹅黄色的鱼汤。为了纪念蔡妈，他们决定称这道鱼菜为“蔡妈煮桂鱼”。

听了这个故事，当你吃这道“蔡妈煮桂鱼”时，你还会认为“蔡妈煮桂鱼”只是一道具有湖北本土风味的家常菜吗？

鲁公鱼

鲁公者，乃三国著名人物鲁肃也。

鲁公鱼者，乃鲁肃发明的一款鱼菜也。

这款鱼菜到底是个什么菜？直白地说，所谓“鲁公鱼”就是现在武汉餐馆酒店菜谱上能够见到的“酥鳞武昌鱼”。

现在，武汉的“艳阳天旺角”就有“酥鳞武昌鱼”应市。

各种原因使然，近段时间在“艳阳天旺角”酒店吃饭的频率有点儿高。

那天，中国烹饪大师卢永良做东请我们一行吃饭，并吩咐他的门徒，也是湖北名厨、“艳阳天旺角”的厨师长董新洲为我们这桌客人执勺掌厨。

席间卢永良安排上了一道带鱼鳞一齐吃的武昌鱼菜——“酥鳞武昌鱼”。

端上桌的这道鱼菜，单个的鱼块仍是摆成了整条鱼的形状，其颜色白中透黄，味型咸鲜。鱼的皮鳞酥松，适于佐酒；鱼肉嫩中带咸，盐味沁进了鱼肉内里，适于下饭。

这道菜式从装盘形式上看，不能称之为大菜，盘子尺寸不大，装有十几块鱼，但可以看出食材选用颇有讲究，鱼是梁子湖出产的樊口团头鲂，也就是我们俗称的武昌鱼，然后专拣了武昌鱼的肚边(这是武昌鱼最好吃的部位，俗语所说“鳊鱼吃边”，也称“鳊鱼吃‘拖’”，就是指的这个部位)，切成方块，将盐暴腌，挂在房屋通风处阴干。

依我看，把“酥鳞武昌鱼”说成是油炸咸鱼块也不算过分。做“酥鳞武昌鱼”时，将阴干的武昌鱼块放入油锅中翻炸，油温不能过高，过高会将鱼鳞炸煳了，不仅影响成菜外观，而且不可避免地会让鱼菜有焦煳味道，影响鱼菜口感。所以这道鱼菜，颇能考验厨师对油温的掌控能力。

“酥鳞武昌鱼”不算近年创新的菜式，而是一道有历史传承的菜肴，在江汉平原的诸地，以及鄂东南的广大湖区，这种暴腌鱼块加油炸的方法，在湖区居民中早已广泛存在。究其原因在于，不管是三角鲂、长春鲂还是团头鲂，湖北人把它们统称为鳊鱼，而鳊鱼是湖多水多的湖北最为常见的淡水鱼类之一。过去我们的淡水鱼保鲜技术落后，鳊鱼出水后，能够存活的时间不长，于是富有智慧的百姓，在漫长的生活实践中，发明了以盐将新鲜淡水鱼暴腌之法，这不仅解决了淡水鱼的存放保鲜难题，还不影响鱼类食材成菜后的美味。

大概是作为对本人上述观点的印证吧，我在湖北赤壁绿水湖旅游时，听到这样一个故事。

相传，公元210年，东吴名将周瑜病逝，鲁肃接掌兵权，被孙权任命为奋武校尉，统领周瑜旧部，先驻军于江陵，后来，转屯陆口（今赤壁一带)。

鲁肃继承周瑜遗志，为迎接随时发生的战斗，终日操练兵士，无一日有懈怠。

士兵训练劳苦，体力消耗巨大，鲁肃爱兵，便竭尽所能改善士兵的伙食。赤壁多湖泊，湖里出产鳊鱼，鲁肃命军中伙头军就地取材，下湖捕鱼，想着法子烹饪鳊鱼菜为兵士补充营养。新鲜的鳊鱼，厨师便依照传统的煮、烧、蒸之法，做出来很受士兵喜欢。

但在1800年前的历史条件下，我们人类对食材的保鲜手段极其有限，鳊鱼出水后，存放不了几日即会死去。死去的鳊鱼尤其是死了很长时间的鳊鱼，厨师再用煮、烧、蒸之法烹饪，做出来的鱼菜实在不好吃，于是，兵士们总是将吃不完的鳊鱼菜一盆一盆地倒掉。

鲁肃找伙头军问明原委，伙头军称实在没有办法能将死去的鳊鱼做得好吃。

鲁肃是个心细如丝的人，想起家乡安徽临淮东城（今安徽定远）冬季有腌鱼的习俗，便让伙头军依临淮腌鱼之法，在鳊鱼还没死去之时，即给予开膛破肚，去除内脏，既不抠腮，也不刮鳞，撒上盐粒，入瓮中存放两三日，后取出挂在屋内通风处阴干，随用随取。

伙头军把阴干的鳊鱼剁成块，下入油锅开炸，炸至鱼块呈黄色，即捞出油锅，端给兵士下饭。没想到酥香的“油炸腌鳊鱼”的菜盆一端上桌，即被兵士风卷残云般连鱼肉带鱼鳞抢个精光。

吃得高兴的兵士问伙头军：“是哪位大师傅能有这样的神本事，能把鳊鱼做得这么好吃?”

伙头军回答说：“是咱们的鲁大将军教我们做的，这个菜叫‘鲁公鱼’……”

随着时间的推移，“酥鳞鳊鱼”的制法，由东吴军中逐步传至赤壁民间，经后人演绎，“酥鳞鳊鱼”渐渐成了一道湖北名菜。

我们在“艳阳天旺角”所吃的“酥鳞武昌鱼”，是卢永良和他的菜品研发团队，在汲取了湖区居民家常暴腌武昌鱼烹饪之法的基础上，研发而出的武昌鱼菜品种。以我之见，这款菜式，易于标准化制作，且易于存放和运输，如果将其做成真空包装的食品，完全能够进入更多餐馆酒店的宴席，并且能起到丰富宴席的作用。果如是，这款有故事、有传承的湖北鱼菜，影响会更大更远……

“铜锅巷子”，火锅里飘出的婉约情调

只要对川渝饮食有点儿了解的人都知道，川渝火锅是四川、重庆两地最为百姓喜爱的大众饮食品种。火锅之所以在川渝大受欢迎，原因在于吃火锅能调节人与当地自然环境关系，维持人体生命平衡，还在于从火锅价格、火锅吃法再到嗜吃火锅如命的吃客们的参与热情，这一切构成的富有川渝特色的火锅文化，有让人上瘾的魔力。或可这样表述，火锅文化从本质上讲，极具被当地百姓亲近的草根特质，与川渝两地的地方文化属性相吻合，吃客能从川渝火锅里，用味蕾领略豪放的巴蜀文化风采。

川渝火锅一直是价廉美食的代名词。为什么川渝火锅会以价廉在市场上攻城略地？以我的观察，恐怕与它的低微出身不无关系。

在川渝两地的坊间，火锅的诞生历来有两个版本，即“四川泸州小米滩”船工诞生说和“川江纤夫”诞生说。

酒城泸州的小米滩是四川境内长江边上的一个码头，长江上的船工们跑船常在这里抛锚住宿，停船后即生火做饭。相传有一个脑袋灵光、负责打杂烧火的船工有一天将一块铁板铺于舱板之上，用三块红砖在铁板上摆成三角形状，便垒起一个简易炉灶，其将随船携带的瓦罐，往砖灶上一架，罐中加水，水开后放入各种蔬菜，滴

几滴油花，搁几粒盐，添些辣椒、花椒，一道饱腹驱寒的火锅菜便成型了。

三块砖垒灶，一锅烩成菜，这是泸州船工发明火锅的最初模样。作为川渝火锅起源于泸州的佐证，泸州至今还有“菜当三分粮，辣椒当衣裳”的方言俚语在坊间广为流传。

还有一种说法，川渝火锅起源于川江上拉纤的纤夫。早年三峡水流湍急，行船逆流而上，必得靠人力帮忙，称为拉纤，拉纤的人称为纤夫。纤夫的工作就是用一根绳索，一头拴住船头，一头握于纤夫之手，身体前倾，用肩膀绷紧绳索，拉船上行。拉纤是人间最苦活计，酷夏严寒，急流险滩，船行一步，纤夫必得全力以赴。更糟糕的是纤夫在野外作业，一日三餐怎么吃到口都是问题，春夏秋季还可以将就着将携带的饭菜吃进肚里，倘是滴水成冰的隆冬时节，纤夫携带的饭菜经常冻成了冰坨，实在难以下咽。一日，有一个纤夫提议把每个人带的菜，兑上峡江水，烧上火，来个大杂烩一锅煮。一热三鲜，没想到在露天以江水煮就的大杂烩，各种菜混杂一起，味道还真不错，吃起来气氛也特别热烈。当年纤夫做成的大杂烩，就是今天风行天下、人们百吃不厌的火锅的初始状态。

不管川渝火锅起源于泸州小米滩船工，还是峡江上拉纤的纤夫，说明了火锅既不是源于官府大户的灶台，也不是源于专业厨师的刻意发明，它是最底层民众劳动之中的无意发现。火锅发源的草民性，对它后来的传承与发展产生了重要影响，直到现在，在重庆的老火锅店里，这样的吃景屡见不鲜：三伏夏天，一干人众，脱光上衣，打着赤膊，围坐于一口黑旧大锅，锅内木隔漂于锅面，昏暗的光线里，也看不清锅里到底是什么颜色的滚汤（锅底），一层红油冒着蒸腾热气，吃客夹了菜蔬、畜禽肉、海鲜等食材，置入锅中煮涮成菜，然后夹起烫熟或半生不熟的菜大快朵颐。

这样的火锅，大受男人们的青睐，这样的火锅，可以吃出一种豪气，可以吃出一种率性，可以吃出一种畅快。

但火锅远不止能够吃出一腔豪情、吃出场面壮观这么简单，据我所知，火锅还能吃出一种小情小调的婉约。因我居住的城市非川渝而是武汉，所以把火锅吃出了小情小调的这种体验，不是在川渝，而是在位于汉口新华下路与发展大道交界处一家叫“铜锅巷子”的时尚火锅店里。

在我的记忆中，川渝火锅顺江东下而在武汉盛行，是从上世纪80年代中期开始的。当时汉口黄兴路上开了一家名叫太珍的火锅店，然后呼啦一下，这地方接连开了十几家味道相同的火锅店，形成了火锅一条街。现在想来，当时黄兴路上的火锅街，其实也就是水煮盐拌的水平。那时，火锅吃客在路边大呼吃得过瘾的时候，武汉火锅也属豪放派，与现在把火锅吃出品位，吃出时尚，吃出小情小调相比，显然还处于吃火锅的初级阶段。

把火锅店经营往小资情调上靠，是十年以内的事情。随着武汉各个商圈的兴建，火锅店开始从路边搬进商场。到商圈火锅店吃火锅的一族，以80后和90后为主力消费群体。为了能与装修精美的购物商场相匹配，火锅店店面的装修就不能不上档次。有80后、90后作为火锅消费主体，商圈火锅店开得有小资情调渐成主流。这种格调清新的火锅店形式亦被路边的火锅店所借鉴，于是路边火锅店装修成小资风格的也越来越多。

我去吃过几次的火锅店“铜锅巷子”，虽是路边店，但也属于能吃出小资情调的一类。其不仅店内软装具有清新的精致格调，店名起得也可看出这间火锅店主的文化用心。

起名巷子，暗示这家店铺与成都宽窄巷子有着传承关系，表达的是向成都火锅致敬之意。成都的宽窄巷子，无论是建筑还是在那里经营的饮食，都是以精致著称的。

起名铜锅，表明对火锅产品的精致追求，食不厌精，脍不厌细。

客观地说，“铜锅巷子”的火锅底料与别家火锅店相比小有差异，看来是下了工夫的。他们用了永川的豆豉、郫县豆瓣，加上料酒、花椒、辣椒面、冰糖、米酒、细盐、牛油、牛肉汤等制成，味道微辣、麻、咸，武汉吃客大体都能接受。除了火锅底料，他家的食材也比较新鲜。我在这里的用餐体验是，“铜锅巷子”的每一盘火锅配菜都可谓是真材实料。

我个人比较喜欢“铜锅巷子”的水牛毛肚。这里的毛肚切得有款有型，肚片底下用冰镇着。夹起毛肚下进滚烫的火锅，默数 13 秒左右时间，用筷夹起，便见毛肚表面烫起多个大小不一的水泡，这里面传达出的信息，表明毛肚新鲜嫩爽的程度。正如人稚嫩的皮肤，遇上高温会起水泡一样，高温之下毛肚表面水泡越多，表明毛肚越新鲜。新鲜的毛肚吃进嘴里，确有鲜香脆嫩的口感，如果只有一个人坐在火锅炉边，慢慢涮，喝点小酒，吃上一盘两盘毛肚，一点儿不算稀奇。

显然，“铜锅巷子”走的是婉约派火锅线路，装修格调清新，餐具精致，播放的背景音乐轻柔曼妙。食客以 80 后、90 后居多。每位用餐的人，大概受就餐环境影响，说话都轻声细语，全然不见武汉人粗喉大嗓高声喧哗的场面，这样的就餐场景，确实透出了几分婉约的意境。

饕餮美食牛肉宴

新近认识了一位厨师出身的餐馆老板黄浩，他开了两家四川风味火锅店，一家在武昌，一家在汉阳，生意都很红火。去年，他诚邀我去他的火锅店小坐，我一向对吃火锅兴趣不大，便找理由推脱。他看出我对吃火锅没有兴致，便说："那请你到'解牛歌'吃牛肉宴，怎样？"

黄老板这一下算是挠到了我的痒处。

一个以品评美食为职业的好吃佬，确实经不起自己所喜欢美食品类的诱惑，这不，一听到有新鲜美食可资品鉴，我立马露出了一副馋嘴猫的嘴脸，赶紧定下赴约日子。

在此之前，虽然整天与各种美食打交道，各种风味的牛肉菜式也没少吃，但整席的牛肉宴我却没有吃过。

当下物资丰富，牛肉食材肯定不是什么稀罕物，不管是居家的餐桌还是餐馆的宴会席面，不同风味的牛肉菜式，都算常见菜品，吃上一款两款牛肉美味，只要是经常出入餐厅酒楼的人，都不缺少这种美食体验。

如果我要问，有多少人吃过一桌全是以牛肉为食材制成的牛肉宴呢？大概是点头的少，跟我一样摇头的多吧？

择了一个得闲的周末，与几位业界朋友一起去了黄浩开在青山鄂州街上一家专做牛肉宴的餐馆——“解牛歌”，享受了一席美味牛肉宴。

“解牛歌”的店名取得很有些学问。按照店家的解释：庖丁解牛，技艺高超，“奏刀騞然，莫不中音”，刀入牛身游刃有余，似歌一曲。传古人神技，扬中华文化，数载磨一剑，深领解牛烹牛之韵，精选驰名中外的鲁西上品黄牛，得以呈牛之饕餮美食，故而取名“解牛歌”。

从店名上，我们可以感受店家对烹饪牛肉菜式的自信，也可以清楚明了这家餐馆的主打菜品，就是各种牛肉菜式。从营销学角度考量，“解牛歌”的销售主张可谓是简单明了。

从端上餐桌的菜肴，大概可以看出“解牛歌”店家对成语“庖丁解牛”的现实诠释，七七八八摆满了一大餐桌，竟没有一款菜肴与牛无关：“牛骨头鸳鸯火锅”“大块牛骨头”“牛肉丸”“凉拌牛腰”“凉拌牛板筋”“夫妻肺片”“凉拌牛脸肉”“卤牛心”“卤牛杂”“卤牛肠”……很明显，这是一桌价格不菲的牛肉宴。

与我同来的吃客，个个都是餐饮业界的资深专业人士，他们或经营餐馆已有数年，或像我这样是资深的好吃佬，总之，一桌客人都长有一条特别能识味辨味的舌头。

实事求是地说，眼前的这些牛肉菜式哪一款都好吃，假若搬上武汉各个知名餐饮航母的宴席餐桌，都算是佐酒下饭的好菜。尤其是“卤牛肠”“凉拌牛腰”，我之前没有吃过，只觉得卤味醇正，菜品内外透香，且有嚼劲，用来佐酒最为相宜。大约平日只有二两酒量的人，有“凉拌牛腰”“卤牛肠”下酒，多喝个两杯酒，多半也不会醉。

但每个人都有不同的喜好，同来的朋友各有各钟情的菜式，问及整桌牛肉席中哪道菜品味道为最，求同存异的结果是一道食之口齿留香的“牛骨头火锅”。

从“牛骨头火锅”可以看出“解牛歌”制作牛肉菜式的造诣。“牛骨头火锅”不是胡乱搭配的“拉郎配”菜式，其每块牛骨头上面都覆有精瘦的牛肉，牛骨头显然是经过卤制加工过的，连肉带骨头的味道，有辣、有咸、有微麻，有药材的香，有难舍的鲜，最后的回味是微甜。能把牛骨头弄成如此复合味型，可以想象得出，那卤料的配比绝不简单。

一问黄浩，这一锅“牛骨头火锅”来历果真很不简单。这是他从四川老一辈厨师那里传承而来的，只不过在传承的过程中，他结合了武汉当地人的饮食习惯，作了大幅度的调整改良而已。

“牛骨头火锅”还有一段故事。

相传唐朝时，一位屡建战功的贵族之家，诸事如意，却人丁不旺，偌大庭院，进出只有一个男丁独子。做老辈的人，希望下辈人与上辈人一样，从小练功习武，练成绝技，日后奔赴疆场，报效国家，然后建功立业，封妻荫子，光耀门楣。怎奈这家20多岁的贵族公子，天生体质虚弱，经常胃口不佳，动不动腰酸背痛辗转于床侧。此情此景，家人指望他练功习武，已近奢望。家人只好寄望他的身体慢慢好起来，于是遍访名医。贵族公子屡屡用药，却始终不曾见效。

一日，贵族公子偶遇药王孙思邈，药王见其求治心切，赐予良方：命他以牛骨熬汤，一日两餐。喝月余，公子痊愈。自始，公子习武练功，每日以牛骨头熬汤补进，凡五载，终于学有所成。待国家征召，入武仗剑，奔赴边疆御寇，屡建战功，得胜回朝，大受皇帝奖赏，封其为神武大将军。

“牛骨头汤”成为贵族人家的保留菜单，每日不绝于餐桌。

经贵族人家厨师的不断传扬，牛骨头汤的做法慢慢传入民间，经过一千多年的流传，经后人不断改进、加工，牛骨头汤成为可喝、可涮，既美味又养生的“牛骨头火锅”……

“牛骨头火锅”领衔的牛肉饕餮盛宴，让我们的味蕾得到了充分的绽放，成为我永远的记忆。

绩溪名食说“挞粿”

谷雨时节，雨雾弥漫中，我们一早从武汉出发，一路穿州过府，停停看看，在傍晚时分到了此行商务考察目的地——安徽省绩溪古县城。

入住酒店，用过晚餐后，闲来无事我们一行人便从酒店借来雨伞，冒雨出门逛街。

我已养成习惯，每到一个旅行地点，必要观光这个地方的建筑，找寻这个地方的特色吃食。

绩溪县城不大，是个海拔高度不低的山城，披绿染黛的逶迤群山将县城拥抱于怀。城内的建筑不管建设于哪个时期，建设时是个什么风格，现在的外墙面都一律被施以粉白色，能够加瓦的屋顶都刷了黑色，能加风火墙的墙头，都点缀上了形式不一的马头式样，目的是以显示徽州传统建筑式样——粉墙黛瓦马头风火墙。虽然绩溪古城的城容城貌远不能与将县城团团围住的叠嶂青山的灵动之美相比，但整个县城透出的鲜明徽派风格，形成了自成一体的小城韵致，其韵味远比我所见过的那些毫无建筑章法、千城一面的县城好出许多。

据说，绩溪是徽菜的发源地，被称为“徽厨之乡”。或许是我们没找对门路，我们在绩溪吃过的两餐饭，都没有体验到当地菜肴特有的风味。

当然，我们也不是一无所获。我们在一条吃食聚集的小街上闲逛时，发现了一家门脸不大的“绩溪传统‘挞粿’”小店，专做绩溪“挞粿”。小店的“挞粿”售价便宜，每个5元，重约二两有余。在试尝了梅干菜、香椿、槐树、芝麻等不同馅料的“挞粿”味道后，我们把每种馅料的“挞粿”都买了一个，并挑出一个最具代表性的梅干菜馅的“挞粿”，五人分食，算是领略了在整个徽州六县极有名气的传统小吃——绩溪“挞粿”的味道了。

粗略看去，“挞粿”形状与武汉小吃馅饼多有相似之处：圆形，颜色白中透黄，以面粉皮包了各种不同的馅料，在炉具上烤烙而成。从此款吃食名字上看，“挞粿”不是普通话的发音，而应是当地方言。

绩溪“挞粿”显然是非油煎食品，其制作方法不算复杂：在火炉上搁一块厚约3厘米的圆形平铁板，形状与北方摊煎饼时用的铁板完全一样。各种馅料在前一天就调配妥当，将包好馅料的“挞粿”以手按成饼状，置于被炉火烧热的铁板之上，铁板上滴上油星并涂抹均匀。先小火，让“挞粿”挨着铁板的一面慢慢烙熟后，再将“挞粿”翻面，直至“挞粿”两面全部烙熟。

“挞粿”烙熟之后，传统方法是将烙熟的“挞粿”放在篾筛之上，如此一来，既可透气，又可让“挞粿”在一定时间内保持形状不发生大的变化。“挞粿”食用方便，既可以将整个“挞粿”用纸袋包起，一个人独享一个“挞粿”，也可以让店家把一个“挞粿”用刀切成几份，几个人分食。

现今“挞粿”已然成为绩溪的一张饮食文化名片，是为徽州地区最古老、最有名气的传统面食之一。“挞粿”因使用场合不同而各有俗名：若作日常生活的食用品则统称“挞粿”，若作农人上山下田劳作所带的方便吃食则称“冷饭果”，徽商出门做生意携带的称为“盘缠果”，徽商出门前留下的称为“记家果”。

据说早在唐代，徽州人出门远行时就会带上“挞粿”作为干粮，这与山东人远行时带上煎饼作干粮的习俗类似。明清两代，徽商通行天下，在全国各地开商店设商号，贩卖茶、麻、丝、绸、米，“挞粿”一直是他们的必带干粮，其实，但凡是个徽州人，不管是离乡背井外出经商、考学、当学徒，还是留在家乡种田耕地当农民，“挞粿”都是他们早餐抑或是中晚餐的主食，原因无他，一是“挞粿”皮子不挑剔食材，用小麦粉、米粉、玉米粉均可为之，各种菜蔬均可为馅，比较常见的有香椿、竹笋、豇豆、槐树花、马齿苋等。二是“挞粿”属制作简单的方便食品，能够较长时间存放，且易于携带。

从另一种角度来说，“挞粿”能够赢得整个徽州人的喜爱，并形成一种独特的地域文化现象是有其深刻原因的。

以现代人的眼光看去，气候温和、雨量充沛的绩溪及整个徽州，山清水秀，风光绮丽，一步一景，美丽如画，是各路游客心目中的旅游胜地。

但如果上溯百年或者更早的农耕时代，徽州地区的自然条件则可用乏善可陈来概括：山多田地少，且土地贫瘠，农作物生长困难。徽州的田地养不活徽州的百姓。为了生存，徽州人走出大山，到全国各地谋生。徽州有一首民谣：“前世不修，生在徽州，十三四岁，往外一丢。”出生于徽州的人，先天注定不能安逸一生。

徽州人改变不了自然环境，只能改变自己适应自然环境的能力。那么，在传统的农耕社会，徽州人怎么样才能改变自己先天不足的命运呢？

其实，总结起来大抵也就这么几条：其一，寒窗苦读，通过科举考试成为封建社会统治集团某个阶层的一员，走出大山。其二，外出经商。地无分南北，哪里有生存的空间，哪里就有徽州人干着行商坐贾的营生，所以九州之内，竟有“无徽无成镇，无绩不成街”之说。其三，拜师学艺，经过三个六月四个冬的拜师苦练，学得烹饪手艺，以厨艺立身，在全国各个城市的餐馆酒楼司厨。这就可以理解，被誉为中国十大菜系之一的徽菜，其起源地为何是徽州绩溪了。

不管是外出当官，还是外出经商、做手艺，徽州人或沿着官驿大道，或沿着富春江乘船挂帆顺流而下，他们心里边装着临行前亲人的嘱托，怀里揣着母亲、妻子、姐姐、妹妹们用各种馅做出的“挞粿”，走向不可预知的远方。

“挞粿”是徽州游子心中永远的记忆，一个永远萦怀于心的“结”。

对于徽州男人，“挞粿”是他们外出后思念家乡的乡愁记忆。对于徽州女人，能不能做好“挞粿”，则是乡邻检视她们持家能力的标尺。所以在徽州，结了婚的小媳妇、大嫂子之间有着互相比试的习俗，谁家的“粿”做得好吃，谁家的日子就过得红火，谁家就会越来越兴旺。

直到现在，徽州的农家，还有做“挞粿”的习俗。平日里的早餐，“挞粿”永远都是徽州人的首选。更有甚者，徽州乡间还有“脚踏一炉火、手捧一‘挞粿’，除了皇帝就是我”的民谣广泛流传。这也可以看出，“挞粿”在徽州人饮食生活中难以撼动的地位。

徽州的文化底蕴深厚人所共知，站在外地食客的角度，我甚至认为“挞粿”所具有的文化意义比吃“挞粿”饱肚子、尝味道的实用意义还要大许多。

“挞粿”味道随馅料而变，各种口味都有，香椿、槐花、豇豆、韭菜、萝卜均可入馅，并可依据每个人的口味调配咸淡，所以在绩溪，“挞粿”是老少皆宜的吃食。

有意思的是，在绩溪以不同馅料制成的“挞粿”有不同的名称，代表不同的含义。比如，以香椿为馅料制作的“挞粿”取名为“招财粿”。

香椿又称白椿、香椿芽，属楝科，含钙、磷、钾、钠等成分。徽州人最为钟爱“香椿粿”。香椿是春季里最早发芽的乔木，徽州人取其“早发”之意，将“香椿粿”美其名曰“招财粿”。丈夫外出经商时，妻子总会为他准备 9 个“香椿粿”作干粮，寓意“九(就)要早发”，意思是希望丈夫早日发财。

以槐花为馅料制作的“挞粿”取名为“相思粿”。

槐树是中国人最早种植的植物之一，其树冠如一柄巨伞，遮天蔽日。人们喜欢在槐树荫下乘凉拉家常。在长江流域的江南一带，槐树还被看作爱情的象征。槐树阴下，是青年人谈情说爱的好地方。

在古徽州，女人们用槐树花为馅做成粿，送给男人用以表达心中的爱意和相思。“槐花粿”又叫“相思粿”，是男女间表达情思的信物。

以鲜笋咸菜馅料制作的“挞粿”取名为“祈福粿”。

“祈福粿”是徽州人去齐云山进香时所带的“挞粿”，这种“挞粿”大多用鲜笋咸菜作馅料，富裕人家还在馅料中加上绩溪火腿丁，使馅味更加鲜美香润。后来，这种粿在香客之间广泛流传，一直流传到江西、浙江、福建等地。因为以鲜笋咸菜馅料制作的“挞粿”是为了上齐云山求神祈福时备用的，故而取名为“祈福粿”。

…………

据2007年绩溪县官方统计，绩溪只有18万人口，在中国中部地区，绩溪应该属于规模偏小的县份。但绩溪虽小却名人辈出，且其所出人才皆属于顶尖级别。如中国现代文化巨匠胡适，前国家主席胡锦涛，晚清红顶商人胡雪岩等都出自绩溪。而且，胡雪岩和胡适，都与“挞粿”有解不开的缘分。

据绩溪坊间传闻，胡雪岩年过14岁即已成亲，按照徽州传统，他已是“往外一丢”的年龄了。他被家人送去杭州当学徒时，临行前，新婚妻子为他擀制了十几个“挞粿”，还有一包自制的豆豉作为路上的干粮。

胡雪岩到了杭州一家钱庄做学徒。一进门，他看见老板5岁的儿子，灵机一动，说：“少爷，我这里有好吃的，你看！”于是他将路上没吃完的“挞粿”和豆豉递给老板的儿子吃。东家很赏识他的机灵，一下子就对他另眼相看。别的学徒花10年工夫才出徒满师，胡雪岩用3年就出了师，并升职为“跑街”（相当于专职业务员），有了独立做业务的机会。这一切都为日后胡雪岩成为翻云覆雨盛极一时的巨商大贾奠定了基础。

从绩溪上庄走出去的学人胡适先生，从国外留学归来，在家乡娶江湾的江冬秀为妻，成婚之后胡适前往北大执教。胡适在北大的家常有居住于北京的徽州老乡前来做客，胡夫人江冬秀便做家乡的“挞粿”招待客人，客人都说胡夫人的“挞粿”做得地道，吃了她做的“挞粿”一股思乡之情不禁油然而生。从此，“秀嫂挞粿”誉满京城。

…………

绩溪“挞粿”承载着绩溪丰富的文化信息。一个外地人要想了解包括绩溪在内的徽州传统文化，不妨从吃一口“挞粿”开始。

冬藏养生“肚煲鸡”

也不知是不是老天爷把日子过忘记了，今冬的三九天都过去了一多半，天还没有下雪的意思。虽然近阶段每天清早的气温处于零下，但到了白天，尤其到了中午，气温都蹿到 10 摄氏度以上。明媚的阳光下，路边花坛性急的迎春花，竟零零星星地次第开放了。一朵一朵盛开的黄花，好像把现在还是数九寒冬的季节当成了春天了。

可人不能这么健忘。不管怎么说，现在还是隆冬数九天。往年的现在，还是滴水成冰呢。按照传统中医“天人相应”原理，现在时节最宜“冬藏”养生。

所谓“冬藏”，就是指人到了冬天，应该养精蓄锐、休养生息，以利来年应对春生、夏长、秋收的付出和收获。冬藏养生既是大自然植物与动物的生长普遍规律，也是人类一条养生的原则，同时也体现了我们中国人“天人相应”的哲学思想。

怎样才能冬藏养生呢？百姓的生存之道是冬令进补。冬令进补是中国民间传统的养生方法，根本原则是畏寒体质补阳，虚火体质滋阴，以达到阴阳平衡，身体强壮的最佳效果。

前些日，与武汉餐饮业界的几位领导去了开在江汉路步行街上的“捞旺猪肚鸡”，喝了用广东烹饪手法煲出的猪肚母鸡汤，以我个人的用餐体验，这一砂锅汤，不管是从味道论还是滋补身体的效果论，猪肚母鸡汤都可算“冬藏”养生的上品。

传统中医认为，猪肚母鸡汤里加上胡椒、花参、玉竹、党参等药材，有很好的滋补、祛风、驱寒、养胃的作用，可以暖胃去湿，对胃寒者，食疗效果更为显著。

猪肚母鸡汤的学名叫“肚煲鸡”，有的说它源自广东，有的说它源自广西，这都没错。而湖北包括武汉本地的农村，很早就流行用猪肚片来煨母鸡汤的。比如，湖北的大悟县和武汉的黄陂区，都有用猪肚片煨母鸡汤招待贵客的习俗。

因此，说猪肚母鸡汤是道地湖北菜也不为错。

2013年，我应一个老家在大悟县的朋友之邀，去大悟农村参加他家亲戚的婚礼。朋友知道我是个好吃佬，说去大悟乡下可让我见识一下什么是天下最好喝的肚片母鸡汤。

我们在婚宴正式开席的前一天到了大悟，住进了他的家里。人一到家，朋友一边吩咐家人去镇上买猪肚，一边让家人捉母鸡宰杀，点燃了许久没有用过的柴灶，烧了一锅开水，把鸡去毛洗净，剁块待用；把猪肚洗净，丢进滚水中焯水，捞起切片。用小瓦罐将猪肚片和鸡块盛了，撒了细盐、胡椒，罐上加上盖，将小瓦罐埋进灶中的灰烬里，并在小瓦罐周遭撒上木锯末，也不用再去看管小瓦罐。约3小时后，将小瓦罐从灰烬中起出，揭开罐盖，把猪肚母鸡汤倒出，汤呈羊脂白色，表面有一层淡黄的油晕。在倒汤的过程中，馋人的鸡肉、猪肚香味，直朝人的鼻孔里钻，用汤匙舀一勺汤送进口里，味道那个鲜，恨不得连舌头都想吞下去。

老实说，即便我天天进餐馆酒肆与美食为伍，但却没有喝过味道这么鲜香的原生态猪肚母鸡汤。

顺便说一句，武汉的老字号小桃园煨汤馆的鸡煨汤方法，也是从黄孝地区乡间用柴灶煨汤的烹饪技法演变而来的，只是小桃园出名的那一罐用黄孝土鸡煨制的鸡汤里边没有添加猪肚片而已。

猪肚母鸡汤颇有来历。

相传在清康熙朝，刚生完皇子的郭络罗氏宜妃，因为有胃病，产后身体愈加虚弱，康熙帝吩咐御膳房炖补品给宜妃吃，可是她吃什么都没有胃口，凤体日渐消瘦。宫里的太医想尽办法做各种名贵补品给宜妃吃，都无济于事。康熙便召集太医和御膳房，把旨意传下去，无论用何种办法，都要医治宜妃的胃病。御膳房想到“药补不如食补”的方法，把民间传统坐月子喝鸡汤的做法加以改良，把母鸡与猪肚相配，再加上名贵药材炖汤。宜妃吃后果然胃口大开，经过一段时间的饮食调理，宜妃的胃病竟然痊愈了，而且肤色红润有光泽，浑身焕发出美艳动人的光彩。

后来，御膳房厨师年老退休返回原籍，猪肚母鸡汤的制法便从宫廷传到民间，在不断的改良过程中，逐渐演变成为一款具有保健功能的营养火锅。

武汉有多家专门做“肚煲鸡”的餐馆，我们在江汉路步行街上吃过的“捞旺猪肚鸡”，是家具有广式风味的火锅店。在广东话中，“捞”的引申意指吃火锅，“捞旺”，是指吃了火锅人脉旺、生意旺、钱财旺的意思。

“捞旺猪肚鸡”，把传统的广东“肚煲鸡”作了改良，不再把整只鸡塞进猪肚里一起煲熟，而是将鸡肉切块、猪肚切片进行煲制。“捞旺猪肚鸡”选用农家在果树林里散养的土鸡，配以海南上等白胡椒及十余种名贵药材，采用广东的烹饪方法，慢慢将猪肚片和鸡块煲熟，最后以砂锅作盛器和炊具的特色火锅形式端上桌面。食之，猪肚的口感滑爽脆口，鸡肉的口感皮脆弹牙。

“捞旺猪肚鸡”一汤四味，第一轮汤的味道为浓香，第二轮汤的味道为甘香，第三轮汤的味道为清香，第四轮汤的味道为清甜。

从“捞旺猪肚鸡”出来，我们几个人都有共同的感受：周身通泰，浑身暖意融融。店家为“捞旺猪肚鸡”做的广告说，“肚煲鸡”是“男人的加油站，女人的美容院”。“肚煲鸡”是不是女人的美容院我不知道，是男人的加油站，我是有切身体验的了。

武汉，大年三十团年饭

在武汉的民风民情中，讲究节令习俗，是居民日常生活的一项重要内容。

武汉人的节令习俗，从年初的正月初一，至大年三十，几乎月月有节庆，而不管哪个节庆具有什么性质，最后的表现形式，则是落实在饮食的吃喝层面，要说有所差别，只是不同的节令所吃的品种不同罢了。

农历腊月三十，是武汉人最为重视的节日，俗称“过年”。不管政府怎样规定放年假（有时规定过年放假从正月初一算起，有时规定过年放假从大年三十算起），武汉居民传统上都把腊月三十看成是过年的开始。

腊月三十这天，一个家庭最重要的活动，便是一家人欢聚一堂，吃一顿丰盛的团年饭，也称“团年”或“谈年”。

与武汉居民过去吃年饭必须在家里操办的传统有所不同，现今武汉人的团年饭，已经分为在家里吃和上餐馆吃两种，而且上餐馆吃年饭的人家比在家里吃年饭的人家为多。

以我个人的感受，在家吃团年饭，更能显示吃年饭的传统意义和过年的正式意味。

每个家庭制作团年饭都颇为讲究，一般由家里公认厨艺最好者执掌炒勺，从烹饪技法上讲，多半会用上蒸、煮、炒、烧、炸、煨、煎、炖等传统的湖北烹饪技艺。

在家里吃年饭，席面一般要上“三全”（全鸡、全鱼、全鸭）、“双糕”（鱼糕、肉糕）、“三丸”（鱼丸、肉丸、藕丸，也有加豆腐丸的）等，必少不得的还要有一大碗汤，最常见的是排骨藕汤或萝卜排骨汤。近来时兴在桌间置一火锅和上一两个干锅，让席间热气腾腾，更增添了节日气氛，是谓“红红火火”。

传统的年味大餐有四样讲究：一、“看鱼”但不能吃，即餐桌上一定要有鱼，但不能吃，象征“年年有余”；二、八宝饭，象征“八方进宝”的吉祥菜；三、要有“汤”，一般可做排骨汤，比喻为“聚宝盆”；四、丸子，寓意“团团圆圆”，万事圆满。

年饭的开饭时间多在天黑之前，有的人家一直吃到转钟，把吃年饭和年三十的守岁合二为一，寓意是“越吃越亮”，祈望全家日子越过越好，好似芝麻开花节节高。

也有人家把年饭选在晚间开吃的。不管是在天黑之前或天黑之后吃年饭，饭前人们会先在门前屋外点上一挂鞭炮（武汉现在已经禁放鞭炮了），放完鞭炮即关上大门准备开席。

在大家围坐饭桌之前，规矩大的人家还要先祭祖：在案几上摆上几副碗筷（筷子要搁在碗上）请祖宗入席。祭祖仪式之后，大家才开始上桌吃饭。全鱼这道菜是不能吃的（称为“看鱼”），以祈年年富裕。至晚上 8：00，春晚开演，一家人一边把盏，一边观看春晚。

既然是“谈年”，还得边吃饭边聊天，有一搭无一搭地拉家常，谈话的主题，不外乎家人的工作、收入状态，小孩的学业，长大成人子女的婚恋等等，总之是回顾过去展望未来，家人间相互表示祝福。一家人边吃边谈，欢声笑语，其乐融融。

酒过三巡，菜过五道，长辈还要给儿孙们发“压岁钱”，祝福儿孙们快快长大。30多年前，年饭席上长辈给儿孙的压岁钱，5元、10元都是了不起的大钱，现在长辈给儿孙的压岁钱，最少上百，多的有上万的。从长辈们给晚辈压岁钱的出手，可以看到中国经济在这30多年里，发生了怎样的翻天覆地的变化。

人文学者、华中师范大学教授姚伟钧先生根据武汉人的过年习俗，曾列出了一桌颇具武汉传统风味的团年饭菜谱——“吉祥如意宴”，比较有武汉人年饭桌上所置菜式的共性：

1. 黄冈藕丸
2. 滚汤鱼丸
3. 关山黄焖丸子
4. 肉糕
5. 滚刀腱子牛肉
6. 红烧土鸭
7. 秘制大雁鹅
8. 大碗烧土鸡
9. 家常粉蒸肉
10. 农家煎豆腐
11. 天门茼蒿糊
12. 手撕野山笋
13. 农家土鸡汤
14. 豆油皮炒木耳
15. 口蘑菜心
16. 百合蒸南瓜
17. 清炒红菜薹

18. 烧全鱼

主食：北方水饺或八宝饭。

年饭桌上为什么要上18道菜？因为“18”的发音与武汉方言“要发”谐音，有祝福发财的吉祥顺遂之意。

现在越来越多的武汉家庭选择在餐厅酒楼吃年饭。家有上了岁数的老人，他们已做不动年饭了，而小辈们又嫌做饭麻烦的人家，多半选在餐馆吃年饭。显然，在餐馆吃年饭的过程与平日吃宴席没有多大的差别，热闹气氛也没在家里吃年饭浓烈。要说与平日在餐馆吃宴席的差别，只在于吃团年饭所点的菜式多了些讲究而已。

每年岁末，武汉各个稍有规模的餐馆酒店都会推出团年饭订餐，据有关资料统计，武汉现在各个餐馆推出的团年宴席式样，已达110种之多。各个餐馆酒店尤其是做本帮菜的餐馆酒店的团年饭，根据每席定价不同，档次会有所不同。

下面是一份具有武汉传统风味的喜庆食单，如果没有特殊要求的一般家庭，这席菜单，也基本上能满足家庭的团年之需了。

（一）彩碟：喜上眉梢。

（二）围碟：油淋鸡片、金钓香梗、翡翠鸭脯、挂霜花仁、五香兔肉、广米青豆、油炸豆干、凉拌泥蒿。

（三）热炒：金钱虾仁、银芽肉丝、番茄鱼片、如意蛋卷、桂花炙骨、爆墨鱼筒。

（四）大菜：八仙过海、五彩桂鱼、荷包圆子、桂花干贝、珍珠口蘑、糖醋脆鳝、满载而归。

（五）咸汤：松鹤清汤热。

（六）甜汤：菠萝银耳。

（七）点心：佛手酥、喜字糕。

（八）饭菜：瓜酱肉、火腿蛋、炝白菜、香茶干。

（九）水果：时令鲜果。

（十）采花毛尖各盏。

美食伴着美好的生活，在此祝福各位读者年饭吃得称心如意，春节过得愉悦祥和。

古朴食风炖钵香

在离我工作单位不远处，新近开了一家叫“广水乡吧”的餐厅。我现在从事餐饮传媒工作，少不了要交朋结友，每有朋友来访，如果正好到了饭点，我便就近带访客在“广水乡吧”用餐。

来访的朋友多为餐饮业的从业者，若在平常，要正儿八经请这些业内人士吃饭还真是件挠头的事，一餐饭吃了钱多钱少不是问题，关键是所吃餐馆的菜式没啥特点，入不了他们的法眼，作为请客的一方，我自己都会觉得难为情。

好在门脸不大，餐位不多的“广水乡吧”，没让我丢丑。单价不高的一餐饭，所吃菜肴的特点却颇为鲜明：席面上几个陶制小火炉上，搁着几个尺寸相同的陶钵，陶钵里炖有鱼、肉、豆制品和青菜，特别有“应山滑肉”这款标志性的湖北菜式。腊肉炖钵腊香四溢，越炖越鲜；鱼头炖豆腐，正应了千煮豆腐万煮鱼的老话，越炖味越长。尤其是在眼下飘着雨雪的四九时节，小火炉中的木炭火烧得正旺，粗陶炖钵里热气袅袅，香气四溢，菜还没吃进嘴里，只看一眼几个炖钵你缠着我，我缠着你的腾腾热气，立时，一股暖意便涌上了心头。

武汉的餐饮业态极其丰富，在这座以美馔品种丰富著称的城市，吃各种火锅稀松平常，吃各种吊锅也稀松平常，但吃与吊锅有异曲同工之妙的广水炖钵菜，倒不是每个好吃佬都能经常经历的。因此，请朋友在一家小店吃一餐广水炖钵菜的便餐，即能让我的朋友增加餐饮见识，身为主人，我的脸面不无光彩。

广水炖钵菜是鄂北广水的一大特色饮食，是当地过节待客的必备菜肴。湖北菜的味型特点之一是咸鲜，而广水炖钵菜式的美妙却正在于一鲜二热。

制作广水炖钵菜有几大要义：陶制小火炉、木炭、陶钵加上各种食材，烹饪方法为炖。广水炖菜品种不拘一格，荤腥食材、叶片菜和豆制品等等，都能一钵炖之，甚至在广水当地有无菜不炖之说。

广水炖钵菜到底起源于何年何时，我手头上没有资料可资查证。但我们经过类比可以发现，炖钵和北方的涮锅、四川火锅相像，都是用火烧锅，以水（汤）为介质导热，煮（涮）熟食物。从我们祖先发明陶器的新石器时代，到发明以油作为介质导热并形成主流的烹饪方式以前的漫长历史时期，煮，都是人们经常使用的烹饪方法。而以水为介质的烹饪器皿，则称“鼎”或陶鼎。古代典籍中有“击钟列鼎”的文字记载，用现在语言表述，就是众人围在鼎的四周，将牛羊肉等食物放入鼎中煮熟分食，陶鼎成为古人“烹于斯、食于斯”的炊、盛合一的“鼎食文化”的具象器物。

汉代出现的“五熟釜”，南北朝时称“瓲”，它既是炊具，也是保温性能较好的盛具，相当于现代的砂锅和煲。广水炖钵应该是古代瓲的改良物，其实就是我们现在吃食堂时还能经常见到的蒸饭用的陶制砂钵，它没有“耳朵”，平底，有棱角，敞口，钵边呈圆柱形，在做炖钵菜时，有人会用竹子扎成花边套，以防止端钵时烫手。

至于小火炉，像我们这般年纪的人对它都不陌生，30 多年前，城市居民都是以小火炉来烧火做饭以解决一日三餐之需。唐代白居易在《问刘十九》中所说：“绿蚁新醅酒，红泥小火炉。晚来天欲雪，能饮一杯无?”我以为是给小火炉做的一则跨越千年时空的好广告。

现在“广水乡吧”炖菜的小火炉是改良过的，用黏土泥巴上釉烧就的粗陶器具，可以直接上桌，燃料是木炭。粗陶火炉、木炭加陶钵，是烹饪广水炖菜必不可少的“三件套”，有了这“三件套”，不管是什么食材，皆可以一钵炖之。

回想起来，我与广水钝钵菜结缘已经有 20 多年的历史了。

20 余年前，我供职于武汉的一家新闻媒体，孝感是我分片跑线的主要地区，一年总要去广水八九次。那时的广水不叫广水市(现在隶属随州市)，而叫应山县，当时隶属于孝感市。应山县接待各级新闻媒体的对口单位，是中共应山县委宣传部，我第一次到应山，就被宣传部安排在县委招待所住宿、就餐。多次到应山后，我与应山县委宣传部的上上下下都交成了朋友，在后来的日子里，他们就不再安排我在招待所吃客餐，而是请我去当地的小餐馆吃应山特色——炖钵菜。

据应山的朋友说，炖钵菜起源于应山乡下，改革开放之前，这里的大多数农民家庭经济拮据，平常时日买不起新鲜鱼肉、新鲜豆制品来对付一日三餐，只有过春节杀年猪时才有肉有鱼吃。当地习俗，在冬至过后，下湖捞鱼，杀猪宰羊，腌制腊肉和腊鱼，一为过年做好吃食准备，二来等到年过月净，这些腊月间制成的腊货，便成为四时八节的节令应景菜肴和招待贵客的主打菜式，为主人支撑门面。

每逢佳节或有客人登门时，主人便将这些腊肉、腊鱼、干豆腐、笋子、腌菜和晒干的豆角、萝卜干等入钵炖煮，再加入一些新鲜的油白菜（也称泡泡青，是随州一带的地标产品），素有“大杂烩”之称。渐渐地，“炉子炖钵”成为广水地区惯用的一种烹饪方式，“大杂烩”也成为当地待客、过节的必备菜肴。不过，那时的小火炉不是现在“广水乡吧”看到的薄壁陶制品，而是用耐火泥糊制的小提炉。燃料与现在的木炭也不相同，县城居民烧的是煤球，乡下农户烧的是木柴。

我在应山吃的炖钵菜，给我留下极为深刻的印象。现在想来，原因有两点，一是那时的我，没有像今天这样，因工作之便，可以挑最好的厨师，挑选最好的食材，烹饪最好的菜肴，一言以蔽之，已经吃油了嘴。二是那时的食材是应山当地、当季的有机菜，绿色环保，加之用炖钵炖，原汁原味，越炖越鲜，留下好吃的记忆，也是顺理成章的事情。

依我看来，“广水乡吧”的炖钵菜既是一种经营形式，亦是一种美味佳肴，还传承着一脉古老的饮食文化源流。它来自远古时代，流传于民间，带着浓重的泥土芳香，在我们向往田园生活，崇尚自然的今天，能够在大都市的滚滚尘世中品尝到古朴食风的广水炖钵菜，也算是物质与精神的双重享受了。

湖北大菜“石首鸡茸鱼肚”

如果要评选湖北菜式中的珍稀大菜，“石首鸡茸鱼肚”可算一款。

“石首鸡茸鱼肚”在湖北菜中的名气极大，但限于食材的极度稀少，许多好吃佬只闻其名，难见其形，更未尝其味。即使在厨师界，如果没有在大宾馆大酒店从厨的经历，即使在小餐厅做了一辈子湖北菜的厨师，也未见得知道“石首鸡茸鱼肚”究竟为何物。

我倒是有吃过“石首鸡茸鱼肚”的经历，但屈指算来也就区区两次。

第一次吃这款湖北名菜是在20多年前。我在新闻媒体供职时，与湖北电视台及几家报社的记者，一起去湖北石首采访，受到当地宣传部门的高规格接待，在石首县城的一家宾馆吃过一次。席间，当地宣传干部皆绘声绘色讲述过石首鱼肚的种种神奇传说，并极力渲染了其所具的营养价值。那时，我对石首鱼肚的珍贵少有认识，清淡鲜美的“石首鸡茸鱼肚”，只是感觉吃在嘴里的味道极其滑嫩好吃，也没去探究石首鱼肚究竟为什么好吃。

近期所吃的“石首鸡茸鱼肚”，完全是一次刻意而为之的美食体验。

因为我动了想写“石首鸡茸鱼肚”的念头，便想再尝尝“石首鸡茸鱼肚”的滋味。我知道“石首鸡茸鱼肚”属“高大上”菜品，在偌大的武汉餐饮市场，其是一款非常小众的饮馔品种，若非找对人，难以尝到“石首鸡茸鱼肚”的。于是，我求助于以做鮰鱼菜式扬名的第四代“鮰鱼大王”、中国烹饪大师孙昌弼先生，请他安排酒店，吩咐人备好原材料，然后由他的得意弟子，亦是中国烹饪大师的甘泉亲自烹制，如此这般，我方得如愿。

“石首鸡茸鱼肚”让我惦记是有道理的。

据我所知，作为食材的石首鱼肚也称“笔架鱼肚”，特指长江石首江段回流湾特产的鮰鱼鱼肚。也就是鮰鱼的鱼鳔。此鳔的独特性体现在两个方面，一是其形状奇特出彩，二是其具有极高的营养价值。

长江自青藏高原汇聚千条溪流而成江，一路东下，九曲十八弯到了石首，横贯其境，蜿蜒两百多里。长江流域生产的鮰鱼在石首县内长得最为肥美，长一米有余，重达七八斤，甚至 20 多斤。其肉质细腻，味道鲜美，是一种上等食用鱼。

石首的江边有一座山，形似搁毛笔的笔架。石首笔架山临江而立，阻击北来江水东流去，江水经笔架山阻挡，形成急旋回流，这里便成鮰鱼栖身捕食的天堂。石首有首民谣：“鮰鱼石首有，名字叫石首，白天栖石洞，晚上戏回流。”这里不仅水质条件好、天然饵料多，而且水温差别大，在冬季 3 个月和春头秋尾的 3 个月里，石首江段水温低于 12 摄氏度，低于这个水温，鮰鱼便不再进食，所以石首鮰鱼只能半年生长、半年瘦身。说不清缘由的是，生长在这湾回流中的鮰鱼鱼鳔肥大厚实，外形如笔架山，且鳔内还有一个红色的笔架山图案。由于石首鮰鱼肚色似羊脂白玉，手感又重又滑，因此，人们把用这种鱼鳔晒制的鱼肚命名为“笔架鱼肚”。

“笔架鱼肚”产地的唯一性决定了产量的有限性。大凡世间万物，均遵从物以稀为贵的法则，石首野生鮰鱼数量的稀少决定了它珍贵如金的身价。另外，“笔架鱼肚”富含高级胶原蛋白、多种氨基酸、维生素和微量元素，有很高的营养价值。吃起来松软香鲜，入口即化，易于吸收。在药理上兼具补虚养生、壮腰健肾、止血、调经的功效。

石首的鮰鱼和“笔架鱼肚”自古为世人所看重。早在宋代，石首鮰鱼包括鱼肚即被列为朝贡极品。及至今天，石首人但凡访亲问友，“笔架鱼肚”都是拿得出手的珍贵礼品。现在，“笔架鱼肚”作为石首特产商品，已申请了地理标志证明商标。我们知道，地理标志证明商标是标示某商品来源于某地区，并且该商品的特定质量、信誉或其他特征主要由该区的自然因素或人文因素所决定的标志。一句话，地标产品是块含金量颇高的金字招牌，放眼湖北全省，能把这块招牌扛回去的地方不多。

石首鮰鱼也是历代文人墨客吟咏的对象。相传宋代文豪苏轼，吃了久负盛名的石首鮰鱼后，写过一首《戏作鮰鱼一绝》：“粉红石首仍无骨，雪白河豚不药人。寄语天公与河伯，何妨乞与水精鳞。”清代的浦起龙在《读杜心解》卷三之六《峡隘》中说：“闻说江陵府，云沙静眇然。白鱼切如玉，朱橘不论钱。”……

以“笔架鱼肚”为食材可以烹出如“虾仁鱼肚”“鸡茸鱼肚”“海参鱼肚”“红烧鱼肚”等多款菜式，厨师甘泉到底是“鮰鱼大王”嫡传弟子，烹制鮰鱼菜式包括“笔架鱼肚”等菜肴确有心得，他给我们烹制的是“笔架鱼肚”菜式中的经典菜品——“石首鸡茸鱼肚”。烹饪这款菜的要领是把鱼肚浸入热水中，然后洗净抹干，用油炸发三次，再洗去油脂，使之洁白松软；坐锅于旺火上入香菇、冬菇炒匀，加入鱼肚与鸡胸肉剁成的鸡茸相烩煨烧，加作料，勾流芡即成。

端上桌的“石首鸡茸鱼肚”色泽柔和，芡汁光洁明亮，有点像一盘冰淇淋，以眼观之，真有“白鱼切如玉”之感。鱼肚肥润松软，口感鲜嫩滑爽，口味浓厚鲜美。

能够把“鸡茸笔架鱼肚”制成这般成色，这般口感，其技艺的核心，诚如甘泉所言，是要恰如其分地做到“去脂还原”，而这主要在于对用油、油温和炸制时间的精准把控。

我的感觉，没有一二十年的司厨实践，要把“鸡茸笔架鱼肚”的高大上品质做到位，恐怕很难。

“粉蒸鮰鱼”荆楚风

我的一位老同学春节前回汉省亲，他从我们就读的学校毕业后，分配在东北工作了将近 40 年，40 年的时光，他总共只回过武汉三五次。

这次回汉，他把能够联系到的老同学都召集了起来。对于包括我在内的大多数同学，这算是我们毕业后将近 40 年的首度聚首。

来而不往非礼也。于情于理，我都得做东隆重回请一下老同学。于是，我问客杀鸡，直接问老同学：“回武汉最想吃点什么?”老同学回答说：“最想吃‘粉蒸鮰鱼’，在我们武汉这边这么简单的菜，在东北那旮旯怎么就那么难以吃到口呢?”

我非常理解在外地工作了几十年的老同学舌尖上的乡愁。

他生于武汉长在武汉，而且他家就在现今汉口航空路新世纪百货商场附近，这里曾是武汉享有盛名的“老大兴园”酒楼位置，老同学的家离“老大兴园”酒楼的距离不足百五十米。住在这一片区域的居民，家里凡有重大事项需要请客吃饭的，“老大兴园”是他们的首选。“老大兴园”以长江鮰鱼为食材烹饪的鮰鱼菜式是他们传承百余年的镇店之宝，其中“红烧鮰鱼”“粉蒸鮰鱼”在武汉三镇可谓闻名遐迩。这间餐馆在百多年时间里先后出现了曹雨亭、刘开榜、汪显山、孙昌弼四代“鮰鱼大王”，他们做鮰鱼菜的功夫好生了得。

去“老大兴园”请客吃饭，点上一款招牌菜“粉蒸鮰鱼”，乃为正常的待客之道。从小到大，老同学在“老大兴园”吃饭，应不下几十次，依照人体器官的记忆理论，“粉蒸鮰鱼”给老同学留下了深刻的味觉记忆，也在情理之中。

虽然“老大兴园”停业已经有十年了，但好在在武汉这座城市找一家能吃到“粉蒸鮰鱼”的餐馆不算什么难事。于是，择了一个日子，我邀了一帮老同学，一同去了武昌三环线离华师一附中不远的“聚缘庄”生态园聚餐叙旧。

我为什么选在离汉口市中心有将近一个小时车程的“聚缘庄”生态园聚餐呢？因为这家酒店的老板之一许水元是厨师出身，且是“鮰鱼大王”孙昌弼的弟子，擅做鮰鱼菜式，以长江鮰鱼为食材烹制的“粉蒸鮰鱼”亦是“聚缘庄”的招牌菜式之一，在武汉好“粉蒸鮰鱼”这一口的好吃佬中，有良好的口碑。

“粉蒸长江鮰鱼”的确值得说道。长江鮰鱼是名贵淡水鱼食材，“粉蒸鮰鱼”是传统湖北菜中的经典菜馔，一直在武汉乃至湖北餐饮市场久销不衰。

“粉蒸长江鮰鱼”能够成为经典湖北菜式，依我之见，大概是它满足了三个条件：其一食材珍贵，其二烹饪方法独到，其三有美好的故事传说。

资料显示，长江鮰鱼，又名江团，学名长吻鮠，属鲇形目、鲿科、鮠属，是我国独有的淡水名贵野生鱼类，分布于长江流域部分江段。鮰鱼肉肥而不腻，春秋两季最为肥嫩。从药理上讲，鮰鱼具有补中益气、开胃利水之功效。

依凭着长江江鲜丰饶的特点，湖北厨师极其善于以鮰鱼食材烹制鮰鱼菜式，其中“粉蒸长江鮰鱼”是除了“红烧长江鮰鱼”之外最著名的鮰鱼菜肴。“蒸”的烹调方法，是湖北厨师最为擅长的烹饪技法之一。以蒸笼为炊具做菜，起源于汉代，是汉族饮食文化的一朵奇葩，其中竹蒸笼以原汁原味，蒸汽水不倒流，蒸出的菜品色香味俱全饮誉全球。湖北传统菜中的“沔阳三蒸”“天门蒸菜”等都是以蒸笼蒸制而成，是湖北饮食文化的一张特色名片。

许多人嫌鮰鱼菜肥腻，以米粉拌长江鮰鱼入蒸笼蒸制的方法，较好地解决了鮰鱼油腻的问题。制作“粉蒸鮰鱼”的基本方法是，将鮰鱼从腹部剖开，去内脏，洗净沥干，切成 6 厘米见方的鱼块，再用水清洗一下，沥干水放入大碗加米粉、盐、绍酒等调料腌渍 5 至 8 分钟。将腌渍好的鱼装盘放入蒸笼蒸 10 分钟。将蒸熟的鱼块由笼内取出，逐块整齐地码入垫有纱布的笼屉，在旺火上再蒸 10 分钟取出，翻扣入盘。将炒锅置中火上，放入猪油烧热，加鸡汤、酱油、料酒、醋、味精、湿淀粉烧成卤汁，起锅浇在鱼块上，淋上麻油，撒上葱花、姜末即成。

在蒸制鮰鱼的过程中，米粉吸收了水汽，也吸收了蒸制过程中鮰鱼溢出的油脂，这样成菜后的“粉蒸鮰鱼”就具有了肥而不腻的美味特点。

在民间传说中，有关鮰鱼还有一段神话故事。

传说鮰鱼原为天上监管鱼族之神，因向往人世间的爱情生活，趁天庭的警备人员松懈之机，从天庭飞向人间。后被天庭警备人员发现，报告了玉皇大帝。玉帝下旨，将鱼族之神镇在长江江底的巨石之下。有一天，黄鹤在江面飞翔，听见从江底传来的呼救声，便潜入江底，发现鱼族之神被巨石所压的惨状，十分同情，便飞回天庭向玉帝禀奏，希望能免去鱼族之神的苦役。

玉帝说鱼族之神触犯天条，为天律所不容，除非他放弃身份，等待万年后再用新身份供职天庭。鱼族之神回应说，我愿变身鮰鱼，游于长江嘉鱼簰洲湾段，春秋之季让渔人捞起，让厨师烹成菜肴，供世间百姓饱腹充饥。

玉帝点头恩准。于是，世间才有了多款鮰鱼菜式，世代为百姓享用……

“聚缘庄”生态园的“粉蒸长江鮰鱼”没给我这个请客者丢脸：鮰鱼鱼肉洁白细腻，脂肪鲜嫩丰富，因了米粉的作用，口感肥而不腻，确为一道美味佳肴。

老同学吃后，不禁感慨：“这正是我记忆中的味道，就冲着经常能够吃到‘粉蒸长江鮰鱼’这样的老口味，我退休后就赶紧回武汉养老，到时请你帮忙张罗一下，看武汉哪里的房子合适，先把住的地方定下，然后我就回家。”

呵呵，传说中美食自有美食的力量，这次，一道美食却让外出谋生的故人加快了回家的步伐，发生在与我关系较近的同学身上，让我眼见为实了。

大快朵颐“卤蹄髈”

因为要出版《武汉味道》之故，我需要找包括卢永良先生在内的几位武汉籍中国烹饪大师组字画稿。卢先生是个大忙人，一年到头总在满世界的机场、火车站辗转，现身于各种烹饪美食大赛、美食电视节目当评委。

用现在网络语言表述，卢永良不是在当评委，就是在去当评委的路上。

这两天，我在媒体上瞅着他带队参加上海“2015 世界厨王争霸赛”，获得了季军，刚刚比赛归来，便去他当顾问的单位——“醉江月”（紫阳路）酒店，找到卢永良先生。此行我有两个目的，一是要办成公事，二来顺便在“醉江月”酒店吃上他们的招牌菜式“醉月一品蹄髈”。

公事办完，正好到了饭点，我们一行便留下来用餐。餐桌上我特意点了“醉月一品蹄髈”。

对于不喜油腻的人来讲，会觉得卤蹄髈不算是上得了台面的美味。对于嗜吃猪肉的一类人，卤蹄髈绝对是能大快朵颐的至味。原因无他，就在于卤蹄髈口口是肉，吃得过瘾。在一些表现新中国成立前土匪生活的影视作品中，经常有盘踞于山洞里的大小土匪用手抓着一只肥蹄髈大啃大嚼的镜头，编导们似乎认为只有如此这般大嚼猪蹄髈的吃相，才能体现他们大块吃肉、大口喝酒、论秤分金的江湖气势。

实话实说，土匪们那种大嚼猪蹄髈的吃相，看着就让我生出了馋劲儿。虽然猪蹄髈不算是我的最爱。

如果把我归类，我应该算是不特别喜欢吃猪蹄髈，也不反对吃猪蹄髈的一类吧。

猪蹄髈是江南地区的称呼，北方人称肘子，长江流域和西南地区称蹄髈。一只猪有四只蹄髈，以烹菜后的口感而论，猪蹄髈有前后之分，两者小有差异。前肘，也称前蹄髈，其皮厚、筋多、胶质重、瘦肉多，常带皮烹制，肥而不腻。宜烧、扒、酱、焖、卤、煨汤等。如“红烧肘子”“菜心扒肘子”“红焖肘子”“蹄髈藕煨汤”等都算是名菜。

后肘，又名后蹄，因结缔组织较前肘多，且因猪的后蹄承受较多猪体本身的重量，皮老而韧，质量较前肘差。用后蹄髈烹饪的菜肴，虽然烹饪方法与做前蹄一样，但成菜的口感较前蹄烹成的菜肴要差一些，所以在市场上，同样是猪蹄髈，前蹄比后蹄的价格稍贵。

我们在“醉江月”酒店吃到的卤蹄髈，是卢永良先生的弟子，也有中国烹饪大师头衔的苏忠高的手艺，在“醉江月”酒店的菜谱上这道菜叫做“醉月一品蹄髈”。

“醉月一品蹄髈”其实是一道传统的荆楚风味菜，烹饪方法为卤，其流传的历史超过百年，相传为清咸丰年间湖广总督官文的家厨所创，是被曾国藩评价为“才具平庸”的天朝老官僚官文的最爱。

官文，满族人，出身军人世家，最初是殿前蓝翎侍卫，后任荆州将军，杨霈被撤职，官文调任湖广总督。而湖广总督府所在地，就在今天武昌紫阳湖边，清朝后期紫阳湖成为湖广总督府的代称。官文不谙政事，诸事皆决于家奴，时人称湖广总督府有“三大”，即妾大、门丁大、庖人大。官文一生讲究吃喝玩乐，他的官做到哪里，就把家厨班子带到哪里。官文家厨中有位天门籍的厨师，他做的一款卤蹄髈最合官文胃口，隔三岔五官文都要享受一顿。每逢有京官到湖北视察，或者有同僚及贵客到总督府赴宴，席上都必有卤蹄髈，席间，官文总是不遗余力地盛赞卤蹄髈的美妙，或出于阿谀奉承，或真的吃得好，众人也都对其赞誉有加。乃至于后来湖北官场中人，以能吃到总督府卤蹄髈的次数，来暗喻官文总督对其宠爱程度。

官文因帮助曾国藩镇压太平天国农民起义立有大功，被清廷封为“一等果威伯”，官居一品，湖北官场中人干脆就在背地里把卤蹄髈叫成“一品卤蹄髈”了。

后来官文调任直隶总督，那位做卤蹄髈的天门厨师年龄也大了，不肯随官文北上，便留在武昌定居，以自己的烹饪手艺立身，开了间餐馆，招牌菜便是“一品卤蹄髈”。经过数代荆楚厨师的传承和改善，此菜已成为具有荆楚风味特色的湖北传统菜式。

总体来讲，如果不是过分嗜吃猪蹄髈，偶尔吃一下对人体是有较好养生功效的。从中医药理分析，猪肘味甘咸、性平，有和血脉、润肌肤、填肾精、健腰脚的作用。猪蹄入胃经，可填肾精而健腰脚，滋胃液而滑皮肤，长肌肉可愈痔漏及治疗毒瘤疮等，助血脉能充乳汁，较肉尤补。现代医学认为，猪肉为人类提供优质蛋白质和必需的脂肪酸。猪肉可提供血红素（有机铁）和促进铁吸收的半胱氨酸，能改善缺铁性贫血。猪蹄髈营养丰富，含较多的蛋白，特别是含有大量的胶原蛋白质，和肉皮一样，是使皮肤丰满、润泽，强体增肥的食疗佳品。

“醉月一品蹄髈”橙黄中透出些许的酱色，与蹄髈里溢出的油脂混合成一种油亮色，十分勾人的食欲。其肉质滑润而不过于酥烂，略有嚼劲，肥而不腻，味道醇厚。“醉月一品蹄髈”与一般卤猪蹄味道的不同之处在于，其使用了独特的卤水配方，加了酱油、各种调料及八角、陈皮等多味中草药材，以湖北特有的卤制方法——“酱卤”而成。

吃“醉月一品蹄髈”不能太斯文，得大块大块地吃，唯有如此，才能体味猪蹄髈独有的肉香味和细腻的韧劲，所以，这道菜更适宜于佐酒而不适宜下饭。我个人的感受，卤猪蹄的确特别能解酒。

只要吃过“醉月一品蹄髈”这道菜，就会无师自通地知晓成语“大快朵颐”是个什么意思了，而且保证一辈子都不会忘记。

传统楚菜“龙穿衣”

能够吃到湖北传统菜式“龙穿衣”，我颇费了些周折。

原本以为，在武汉偌大的餐饮市场上，能够见到传统的本帮菜式“龙穿衣”，应该不算个难事，却没想到事情的难度远远超出了我的想象。我辗转问了相熟的几位 40 岁左右的湖北菜烹饪大师，他们都说不知道湖北有这道传统菜式，更不会做了。后来有人将已故中国烹饪大师汪建国的弟子、现任职于湖北三五醇酒店运营总监的郑邵奎推荐给我，我这才算是问对了门路，找对了人。

何以然哉？原因很简单，郑邵奎师从汪建国时，当年的鄂菜泰斗汪建国曾经教他做过这道菜。

湖北三五醇酒店离我工作单位不远，于是选了个得闲的时间，便去了郑邵奎那里，吃他亲手做的“龙穿衣”。

从菜名上看，“龙穿衣”是以“寓意命名法”的方法命名的，我们从字面上看不出此菜到底是用什么样的食材和烹饪方法制成的。

简单地说，“龙穿衣”是一道以鲭鱼、猪瘦肉、猪肥肉为主食材制成的鱼菜。以鱼喻“龙”，以点缀在鲭鱼身上的猪肉片为“龙衣”。

按照《三楚名肴》等多本书籍的记载，“龙穿衣”是湖北的传统鱼菜，起源不在武汉，而是在江汉平原的洪湖县，原因无他，“四处野鸭和菱藕，秋收满畈稻谷香”的洪湖盛产鲭鱼，为当地厨师做出花样百出的鲭鱼菜式创造了条件。

唐代诗人王昌龄在《送程六》诗中说：“冬夜伤离在五溪，青鱼雪落脍橙荠。武冈前路看斜月，片片舟中云向西。”王诗中提到的青鱼即是鲭鱼，主要分布于我国长江以南的平原地区，长江以北较稀少。它是长江中下游和沿江湖泊里的重要渔业资源和各个湖泊、池塘、沟渠中的主要养殖对象，为我国淡水养殖的“四大家鱼”之一。鲭鱼个体大，生长迅速，肉质肥嫩，味鲜腴美，尤以冬令最为肥壮。

会吃鱼的老饕知道，鲭鱼尾是鲭鱼的精华，徽菜中有一款著名的菜式叫“鲭鱼划水”，即“红烧鲭鱼尾”，被认为是以鲭鱼烹成的至味。

“龙穿衣”是道颇费工夫的鱼菜。主食材为鲭鱼、肥瘦猪肉，配料为水发木耳、鲜香菇、鸡蛋、玉兰片。烹制程序大体如下：将鲭鱼宰杀洗净，片取鱼肉洗净沥干水分；将鱼皮朝下，肉朝上放在砧板上，剞十字花纹，切成7厘米长、3厘米宽的块，加精盐、黄酒浸渍；将猪瘦肉洗净剁成茸，猪肥膘切成米粒丁；香菇洗净去蒂切末；玉兰片浸发洗净，切片；木耳去蒂洗净，备用。取鸡蛋打入碗内，放入肉茸、肥膘肉丁、精盐、味精、姜末、葱花、胡椒粉、香菇末、淀粉搅拌成馅；将馅均匀地挤在鱼肉面上，逐个卷成圆筒；将鸡蛋加面粉、淀粉拌成全蛋糊，倒入盘内；将鱼肉卷逐个蘸匀蛋糊；锅内倒入猪油，用旺火烧至6成热，将挂糊的鱼卷下入油锅，待炸到呈浅黄色时，倒在漏勺内沥油；原锅内下高汤，放入鱼肉卷、虾蛋、冬笋片、黑木耳、精盐、酱油同煮；待煮沸后，将锅移到小火上烹烧至透味；下味精，用淀粉勾芡，淋入猪油，起锅装盘，撒上胡椒粉即可。

由上可知，制作“龙穿衣”既考验厨师砧板上的刀功，又考验厨师站炉子的火功，能够把这款菜做好，确属不易。

一款鱼菜，烹制工艺如此繁复，如此耗工费时，这就很好理解，武汉餐饮市场上为什么很难见到了。

也是，在现在餐饮市场讲究出菜速度快，制作标准化程度高的大背景下，但凡费时费物费力、技术含量高且菜价、毛利率不高的菜品，在餐馆的菜谱上已很难站住脚了。

但依我看来，不管怎么说，流传久远的传统湖北菜式，那是前人留给今人的宝贵财富，不能因为这款菜式的制作工艺繁复，就让这款菜肴在今人的手上断续失传。一款又一款菜式因为这样或那样的原因在今人手上失传，既对不起古人，也对不起后人，是我们这代人对传统文化传承的失职，至少是一种短视行为。这是题外话，就此打住。

话说回来。到底是烹饪大家的嫡传弟子，郑邵奎亲手烹饪的“龙穿衣”装盘很是好看：色泽红润、连鱼皮带鱼肉的一条橙红色鲭鱼，静卧在椭圆形的细白盘里，猪肉制成的“龙衣”片片穿在鱼的身上，整个色调橙白相映，温暖诱人。伸箸一尝，鱼肉外酥内软，最大的特点是一款菜里吃出两种味道：鱼有肉味，肉含鱼香。在我们日常生活中经常能见到的四大家鱼种类中，鲭鱼的鱼刺不算最多，“龙穿衣”选取的鱼肉，避开了不少的鱼刺，所以，我对这款“龙穿衣”的评语，定为既是佐酒佳肴，也是下饭的好菜。郑邵奎的这道鱼菜出品，当得起我的较高评价。

当然，在偌大的武汉，我希望不只能在郑邵奎这里吃到“龙穿衣”，其他经营本帮菜式的餐馆都应有“龙穿衣”飨客。毕竟，湖北菜式中的一大特点，就是鱼菜种类全，烹调方法多。湖北人对鱼菜的喜爱，是沁到了骨子里的喜爱，作为以满足顾客消费为己任的餐厅酒店，让消费者吃得满意，是应尽的责任，也是应尽的义务。

“橘瓣鱼汆”如画美

与湖北名厨邹志平相约很久，一直没有机会去他当行政总厨的安华酒店小坐。“五一”小长假，正好能抽出一天的空闲，便专程去了安华酒店，吃了一桌邹志平主理的菜式。

邹志平师从已故鄂菜大师汪建国和鄂菜旗手卢永良，现已有20多年的司厨经历。除了已经是湖北经济学院旅游与酒店管理学院的副教授外，他还是多家大型知名餐企的总厨。按照业界的普遍说法，他是卢永良的衣钵传人，尤其是在做淡水鱼菜上把师傅的精湛技艺学得很到位。

席间，我特意点了一款“橘瓣鱼汆”。

我知道，做这款菜肴最能体现卢氏门派烹鱼技巧的精要。30年前，在全国烹饪名师技术表演赛上，卢永良正是凭借“橘瓣鱼汆”等鱼菜夺得了大赛金奖，也是在那次比赛之后，湖北菜被官方认可进入全国十大菜系行列。

2006年，邹志平在全国烹饪大赛上，以“橘瓣鱼汆”参赛，获得赛会金奖。“橘瓣鱼汆”为过去不知名的湖北菜系争得了荣誉，在湖北菜发展过程中有一种特殊的意义。

鱼汆也称鱼丸子、鱼圆子，是传统的荆沙风味菜式，向以吃鱼不见鱼，鱼含肉味，肉有鱼香，清香滑嫩，入口即溶被人称道。

说得更绝对一些，能不能做好鱼汆，是衡量一个湖北本帮菜厨师技术好坏的标尺。以我在多家本帮菜餐馆试菜的经验，如果一个湖北本帮菜厨师的鱼丸子能够做得很好，他做出的其他湖北菜式，就不会差到哪里去。

在湖北，鱼汆的传承历史可谓久矣。

相传鱼汆的制作，起源于春秋时的楚国。楚国的都城在古荆州郢都。楚王有一貌美妃子，其嗜吃鱼腥，却不善捋刺，每每忍不住吃一顿鱼宴，必定会鱼刺鲠喉，痛苦异常。楚王看在眼里，痛在心里。楚王爱妃心切，遂下令御膳房管事，让御厨做出一道是鱼却吃鱼不见鱼的鱼菜，限 10 日之内交菜，否则必定重罚。

此时正是最热的三伏天。一天，两天，七天，八天过去了，御膳房的厨师们眼见大祸即将临头，个个诚惶诚恐。第九天，御膳房管事大概是急昏了头，一下子买了好多鱼，厨房里还剩不少鱼没用完。眼看鱼已离刺将要腐烂，浪费食材也是管事的罪过。有个与管事关系较好的厨师想帮管事一把，他急中生智，索性把鱼刺全部剔除，将鱼肉剁碎成茸，掺进几个鸡蛋，加上一些豆粉，又倒点白酒除腥，然后做成糕放在蒸笼里蒸熟。是为鱼汆的前身——鱼糕。

厨师用筷子夹起蒸熟后的鱼糕在灯下照看，不见一根鱼刺，举箸一尝，鱼糕的鱼味浓厚。第二天，也就是楚王限令厨师交菜的最后一天，御厨把鱼糕切成块装碗蒸热，端给楚王验菜。楚王从鱼糕里看不到鱼刺，便让王妃动箸品尝。王妃刚尝了一小块便喜出望外，继而大块大块地吃将起来，并对楚王表示，这是她平生吃到的最好一款鱼菜。

楚王非常高兴，赏了御厨金银若干。

后来不知道经过多少代厨师的改进，长方形的鱼糕成了圆形的鱼汆，这既保证了菜式鲜嫩泡酥的口感，又使菜式外表光滑圆润，富于喜感。

经过包括卢永良在内的当代厨师们的改进，圆形的鱼汆又变形成为橘瓣形状，其外观的美感较圆形的鱼汆更胜一筹。因为这种鱼汆的形状像一瓣瓣剥开的橘肉，所以称其为“橘瓣鱼汆”。

现在，“橘瓣鱼汆”作为湖北标志性菜肴在全国具有广泛的影响，有两个人功不可没：一个是天门籍中国烹饪大师杨同生，他因为善做鱼汆而被业界尊为“鱼汆大王”。一个是中国烹饪大师卢永良，他不仅对鱼汆菜式做了理论上的量化分析，还在不同的国家级别烹饪大赛上以“橘瓣鱼汆”多次拔得头筹，并在全国各地和法国、意大利、俄罗斯、日本、韩国及东南亚等国家表演推介过这道菜式。所以，现在外埠厨师都知道湖北菜里有一道叫“橘瓣鱼汆”的著名鱼菜。

邹志平做“橘瓣鱼汆”确有心得，在 2006 年全国烹饪大赛上，他以这道荆楚名菜获得赛会金奖。总结起来，他能把“橘瓣鱼汆”做得不同凡响，大抵是如下操作程序：

一是选用食材非常讲究。寻常百姓的家宴，通常以鳡鱼为原料，但邹志平选用的是两斤以上的翘嘴鲌和白鲢，除去鳞、内脏，剥除骨刺，取鱼背脊肉洗净，剁成鱼茸，再以生姜、生粉、葱末、鸡蛋清、盐、味精调味。

二是依据鱼的种类不同，加水的次数和数量也不同。使用翘嘴鲌一般需要加入鱼肉重量的 2/3 清水，而使用白鲢则只需要加入鱼肉重量的 1/2 清水。加水时需边加水边顺着盆边向一个方向搅拌，直到把鱼茸搅成糊状为止。

三是成形与调味。将盛有温水的大锅架在火上，将鱼肉用手挤成半圆形，形状像橘瓣一样，逐个轻轻滑入锅内。

鱼汆全部入锅后，将火调到最旺，煮一刻钟左右，用勺背拨动鱼汆再加一勺冷水，5 分钟后起锅，再用冷水浸漂鱼汆。

“橘瓣鱼汆”的调味以咸、鲜为主。开旺火依次放入猪油、生姜、盐、味精等，加少量的水烧开后下鱼汆，待鱼汆翻滚时起锅盛入碗内，配上葱花，一道形如橘瓣、晶莹洁白、鲜嫩软和、汤鲜可口、口感 Q 弹的“橘瓣鱼汆”就做成了。

在安华酒店吃“橘瓣鱼汆”是一次难得的美好经历，总结起来就是三好：好吃、好看、好玩。

“橘瓣鱼汆”装盘极为考究：一个托盘托着一张茶色矮脚茶几，茶几上铺着一张卢永良作的武昌鱼国画（印刷品），细白瓷的圆钵盛着一钵鱼汆，搁在国画之上，圆瓷钵与国画一起构成了一幅画面，感觉上有点儿像我们在街头时常所见的行为艺术作品。

此外，茶几底下的托盘还藏有玄机，里面装着干冰块。服务员上菜时，手提一柄茶壶，将壶中的温热水对着托盘里的冰块一冲，立时，白雾像流云一般弥漫开去，将一桌佳肴隐匿得若隐若现。这情境颇有点儿像我们在庐山游玩时的感受，云雾飞来，像雾帐一样把群山和游人罩住，云里雾里，让人有住在天宫般的缥缈之感。

白雾还没散净，我们便迫不及待举起筷子伸向白瓷圆钵里的鱼汆，如果此时从包房门前向餐桌这边看过来，我们食客与这一桌菜肴及袅袅散去的白雾，绝对堪称一幅奇妙的图画。

哦，吃邹志平主理的“橘瓣鱼汆”，真是一次诗情画意的就餐体验。

《味蕾上的乡情》后记

我曾在拙著《楚天谈吃》后记中说过，《楚天谈吃》只是我写饮食随笔的开始，写饮食随笔的工作日后还将继续。这本《味蕾上的乡情》是我这两年写的饮食随笔的结集。随着这本书的付梓，也算是兑现了我在《楚天谈吃》后记中给读者许下的诺言。

记不清楚是前些时日的哪一天，我与30年前相识的一拨老文青聚会，餐桌上有位著作等身的朋友起身给我敬酒说："衷心祝贺庆伟兄混成了'齐白石'(吃白食，武汉方言把'吃'念'qí'音)，在武汉上高档餐馆吃饭不要钱——岔的。"

这话说得调侃味儿浓，似乎不太中听，但朋友说的确是实情。

仔细想想，一年365天，我大概有300天在各个餐馆酒肆流连，哪一次不是面对再怎么努力也吃不完的一大桌菜肴？更重要的是，吃了这么多的席面，又有哪一次是自己掏腰包买的单？说句大实话，如果真是自掏腰包去吃那么多次餐馆，吃那么多高大上的菜肴，我至少该破产10次了。

我能够经常"齐白石"，也不是没有缘由的。

两年前，我与几位同仁共同创办了一份覆盖餐饮行业全产业链的杂志——《色香味商情》，2014年百花文艺出版社出版了我的饮食随笔集《楚天谈吃》，之后，我被媒体冠以美食评论家的头衔，自此我一步踏入餐饮行业的圈子，因工作需要成为一名职业好吃佬。于是，到各种类型的餐厅酒楼试菜考察，成为我日常工作的内容之一。也从那时开始，我的生活与我的工作扭成了一根天津大麻花，工作即是生活，生活即是工作，有时连我自己都分不清到餐馆去吃饭，到底是为了生活之需还是为了工作之需。

我庆幸到了如许年龄能有这样一份美食评论的职业。试想，作为一个好吃佬，工作即是吃美食，且都是被邀请去吃餐馆里的招牌菜式，这是何等的惬意！其不仅满足了我的口腹之欲，还让我对中国的饮食文化有了更进一步的了解和深入的体验，这种物质、精神层面的兼得，我或许可以称之为是一种幸福感吧。具体怎么个幸福法，我有一比，就像老鼠掉进了米缸里。

我去各类餐馆试吃各种菜式，肯定会有不同的试吃体验。一般而言，花了代价请我去试吃的餐馆老板或厨师大佬，非常愿意听到我们对试吃菜肴的评价，所以我到餐馆试菜的主要工作，一是用嘴巴吃菜，二是用嘴巴“说菜”。

但我觉得，仅用嘴巴在很小范围内传播我的试吃体验是不够的，我更愿意把我在各个餐馆试吃的体验变成随笔文体的文字，然后利用网络新媒体和传统媒体在更大的范围传播，我以为这样的试吃才更具价值，让更多的人受惠。

于是一两年时间里，我陆陆续续写了70多篇饮食随笔，先后刊发在《第一生活》《湖北食文化》《W周刊》《湖北旅游》《长江商报》和我们的自媒体“色香味商情微信公众平台”上，然后，才有了这本《味蕾上的乡情》的问世。

因为已然成为餐饮行业的从业人员，成为一个职业好吃佬，现在去各家餐馆试菜时，与以前没有跨进餐饮门槛做业余好吃佬时的眼光有了不同，每每在餐桌上考量一款菜肴的优劣好坏时，我不仅会考察菜品的“色香味形器意养”的元素，还会兼顾菜式食材、烹饪方法、与消费者匹配关系等不同层面的内容。一言以蔽之，我现在会用餐饮专业人员的眼光，试图去解读一款菜品好吃和不好吃的原因。

但凡我去评菜，一般使用两套标准：一是按照传统菜谱的公众标准评述，另一个是按我自己个人的喜好评述。公众标准在这里无需讨论其合理性，餐饮行业的烹饪实践和顾客的饮食习惯已经形成了传统，所以传统菜式往往只要遵从传统菜谱的烹饪要求，符合工艺制作流程，烹饪出来的菜式就算是出品工整了。但说菜式好吃或不好吃，往往是很个性化的东西，所谓“食无定味，适口者珍”，任何一款菜式的味道不可能满足每个人的口味需求，俗话说“一人难调百人味”，就是这个道理。

至于我个人的口味，当然会有我个体的特性。我选取的菜肴或吃食当成文章表达的对象，一定会有我自己的选择原则：要么是这款菜式或吃食的食材有特点，要么是这款菜式或吃食的烹饪方法有特点，要么是这款菜式或吃食的装盘有特点，要么是这款菜式或吃食极具有地方特色……总之，一定是这款菜品或吃食的某一点打动了我。

前面已经说过，众口难调，我说好吃的菜品或吃食，换上别人也许会认为难吃或不好吃，这很正常。我写的饮食随笔，应该是有我个人态度的饮食随笔，是建立在我个人的味觉体验之上的。无需回避的是，由于本人视野的局限使然，书中表述的观点、判断可能不准确、不全面、不客观，但这没有办法，对于食物味道的体验，千差万别是为自然。

如果读者很满意吃到我在书中推荐的菜馔或吃食，那是餐馆一干人努力的结果；如果读者按照我书中的推荐，吃到不好吃或难吃的菜馔或吃食，那也没法，只好请读者诸君予本人以包涵了。

曾庆伟

2015 年 5 月 6 日